Leer Escribir Poseer

Chris Dixon

Leer Escribir Poseer

La nueva era de internet

OCÉANO

LEER ESCRIBIR POSEER
La nueva era de internet

Título original: READ WRITE OWN. Building the Next Era of the Internet

© 2024, Chris Dixon

Publicado según acuerdo con The Foreign Office Agència Literària, S.L.
y The Gernert Company

Traducción: Laura Paz

Diseño de portada: Rodrigo Corral Studio

D. R. © 2025, Editorial Océano de México, S.A. de C.V.
Guillermo Barroso 17-5, Col. Industrial Las Armas
Tlalnepantla de Baz, 54080, Estado de México
info@oceano.com.mx

Primera edición: 2025

ISBN: 978-607-584-016-1

Impreso en México / Printed in Mexico

Para Elena

Cuando aparece una gran innovación, casi siempre estará en un formato poco claro, incompleto y confuso.

El descubridor mismo lo entenderá sólo a medias; para todos los demás será un misterio. Para cualquier especulación que a primera vista no parezca una locura, no existe esperanza.[1]

—FREEMAN DYSON

ÍNDICE

INTRODUCCIÓN

E l internet es probablemente el invento más relevante del siglo xx. Transformó el mundo como hicieron otras revoluciones tecnológicas anteriores: la imprenta, la máquina de vapor y la electricidad.

A diferencia de varios otros inventos, el internet no se monetizó de inmediato. Sus primeros arquitectos no crearon la red como una organización centralizada, sino como una plataforma abierta a la que todos —artistas, usuarios, desarrolladores, empresas, entre otros— podían tener acceso de forma equitativa. A un costo relativamente bajo y sin necesidad de aprobación, cualquiera podía crear y compartir códigos, arte, texto, música, juegos, páginas web, emprendimientos u otra cosa que pudieran soñar.

Y lo que tú crearas, te pertenecía. Mientras obedecieras la ley, nadie podía cambiarte las reglas, exigirte más dinero ni quitarte lo que ya habías construido. El internet se diseñó para no requerir permisos y gobernarse de manera democrática, como sus redes, correos y la web original. Ningún participante tendría privilegios por encima de otros. Nadie ajeno a esas redes podría construir en ellas ni controlar sus destinos creativos y económicos.

Esta libertad y el sentido de titularidad llevaron a una época dorada de creatividad e innovación, que condujo al crecimiento del internet entre las décadas de 1990 y 2000, tiempo en que surgieron incontables aplicaciones que transformaron nuestro mundo y nuestra forma de vivir, trabajar y jugar.

Pero luego, todo cambió.

A mediados de la década de 2000, un pequeño grupo de grandes empresas arrebató el control del internet. Hoy en día, ese grupo, que representa el 1% principal, en redes sociales concentra 95% del tráfico web social y 86%

del uso de aplicaciones sociales móviles.[1] En motores de búsqueda, ese 1%
concentra 97% del tráfico de búsquedas, y dicho 1%, en sitios de comercio
electrónico, acapara 57% del tráfico de comercio electrónico.[2] Fuera de China, Apple y Google acaparan más del 95% del mercado de tiendas de aplicaciones móviles. En la última década, las cinco empresas de tecnología más
grandes crecieron aproximadamente de 25% a casi 50% de la capitalización
bursátil de Nasdaq-100.[3] Los emprendimientos y los creativos dependen
cada vez más de redes dirigidas por megacorporaciones, como Alphabet
(empresa matriz de Google y YouTube), Amazon, Apple, Meta (empresa
matriz de Facebook e Instagram) y Twitter (ahora X) para encontrar clientes, crear audiencia y conectarse con pares.

En otras palabras, el internet de pronto ya tenía un intermediario. La red
pasó de no requerir autorización a solicitarla.

La buena noticia es que miles de millones de personas tuvieron acceso
a tecnologías sorprendentes, muchas de las cuales se usaban sin costo. La
mala noticia es que, para esos mismos miles de millones de personas, un
internet centralizado, administrado por un puñado de servicios, en su mayoría basados en publicidad, implicaba menos opciones de software, una
privacidad de datos debilitada y menos control sobre sus vidas en línea. Y se
volvió mucho más difícil que esos emprendedores, creadores y otros grupos
incrementaran su presencia en línea sin tener que preocuparse de que las
plataformas centralizadas les cambiaran las reglas y se llevaran su público,
su ganancia y su poder.

Aun cuando los gigantes de la tecnología aportan un valor significativo,
sus servicios acarrean considerables factores externos negativos. Una cuestión es la vigilancia tan extensa que sufre el usuario. Meta, Google y otras
empresas basadas en publicidad operan sistemas de rastreo elaborados que
monitorean cada clic, búsqueda e interacción social.[4] Esto ha vuelto contradictorio al internet: un estimado de 40% de usuarios usa bloqueadores de
anuncios que los protegen de ese rastreo.[5] Apple ha convertido la privacidad
en la pieza central de su marketing —una indirecta medio velada a Meta y
Google—, a la par que expande su propia red publicitaria.[6] Para poder usar
servicios en línea, los usuarios necesitan aceptar complicadas políticas de
privacidad —que casi nadie lee y menos todavía pueden entender—, y permiten así que sus datos personales se usen casi de cualquier manera que
dichos servicios deseen.

Los gigantes de la tecnología también controlan lo que vemos y reproducimos. El ejemplo más visible de esto es cuando evitan que alguien use una plataforma: como cuando los servicios expulsan a la gente, por lo general sin un proceso de transparencia debido.[7] De manera alterna, la gente puede ser silenciada sin siquiera saberlo, esto es una práctica conocida como *shadowban*.[8] Los algoritmos sociales y de búsqueda tienen la capacidad de cambiar vidas, de crear o destruir negocios y hasta de influir en las elecciones, pero el código que los alimenta está controlado por grupos de directivos en las corporaciones, los cuales no se hacen responsables y permanecen ocultos al escrutinio público.

Otra cuestión más sutil e igualmente preocupante es cómo dichos agentes del poder diseñan sus redes para restringir y limitar emprendimientos: imponen rentas elevadas a los creadores y privan de derechos a los usuarios. Los efectos negativos de estas decisiones de diseño son tres: *1)* estancan la innovación, *2)* imponen impuestos a la creatividad, y *3)* concentran el poder y el dinero en manos de unos cuantos.

Lo anterior es particularmente peligroso si se considera que las aplicaciones más fuertes del internet son las redes. Casi todo lo que la gente hace en línea involucra redes: la web y el correo electrónico son redes. Las aplicaciones sociales como Instagram, TikTok y Twitter son redes. Las aplicaciones de pagos como PayPal y Venmo son redes. Plataformas como Airbnb y Uber son redes. Prácticamente todo servicio útil en línea es una red.

Las redes —las informáticas, por supuesto, pero también las plataformas de desarrolladores, marketplaces, redes financieras, redes sociales y toda la variedad de comunidades que se reúnen en línea— siempre han sido una poderosa parte de la promesa del internet. Los desarrolladores, los emprendedores y los usuarios cotidianos de internet han alimentado y sostenido decenas de miles de redes, desatando una oleada de creación y coordinación sin precedentes. Sin embargo, en su mayoría, las redes que han perdurado pertenecen a empresas privadas y son controladas por ellas.

El problema surge del permiso. En la actualidad, los creadores y los emprendedores necesitan pedir permiso a los *gatekeepers* [persona o grupo que controla la información] y a los *incumbentes* para lanzar y hacer crecer nuevos productos. En los negocios, buscar permisos no se parece en nada a pedirles permiso a tus padres o a tus maestros, de quienes recibes un simple sí o no como respuesta. Tampoco es parecido a los semáforos, que regulan el tráfico. En los negocios, los permisos se vuelven un pretexto para la tiranía. Las empresas de tecnología dominantes se aprovechan del poder de otorgar permisos para frenar a la competencia, asolar mercados y extraer rentas.

Y esas rentas son exorbitantes. El ingreso combinado de las cinco redes sociales más grandes —Facebook, Instagram, YouTube, TikTok y Twitter— suma alrededor de 150 mil millones de dólares al año. Casi todas las redes sociales más importantes tienen 100% de "tasas de aceptación" —el porcentaje de ganancia que los dueños toman de los usuarios de esas redes—, o una cifra cercana. (YouTube es un caso atípico con una tasa de aceptación de 45%, por motivos que comentaré más adelante.) Esto quiere decir que una amplia mayoría de esos 150 mil millones se va a las empresas en lugar de a los usuarios, creadores y emprendedores que contribuyen, construyen encima y aportan valor para todos.

Los teléfonos móviles —que dominan la computación hoy en día a nivel internacional— subrayan el desequilibrio. La gente pasa en promedio siete horas al día en dispositivos conectados al internet.[9] Aproximadamente, la mitad de ese tiempo se dedica al uso de teléfonos, en los cuales las aplicaciones ocupan 90% de su tiempo.[10] Esto quiere decir que la gente pasa alrededor de tres horas al día bajo el yugo del duopolio de tiendas de aplicaciones Apple y Google. Ambas compañías cobran hasta 30% de los pagos.[11] Eso es más de diez veces la norma en la industria de pagos. En otros mercados es inaudito ver tasas de aceptación tan pronunciadas, lo cual refleja el poderío que han llegado a tener estas empresas.

A esto me refiero cuando digo que las redes corporativas ponen impuestos a la creatividad. El impuesto es literal.

Los gigantes de la tecnología también despliegan su poder para suprimir la competencia, reduciendo así las opciones de los consumidores. Facebook y Twitter dieron un famoso giro antisocial a inicios de la década de 2010, al podar las empresas de terceros que construían aplicaciones para los usuarios tomando como base sus plataformas. Esas abruptas represiones castigaron a muchos desarrolladores y, por ende, a los usuarios al ofrecerles menos productos, menos opciones y menos libertad. La mayoría de las demás grandes plataformas sociales han ejecutado la misma jugada. En la actualidad, casi ninguna actividad de los nuevos emprendimientos se lleva a cabo usando una red social como base. Los desarrolladores ya aprendieron a no poner sus cimientos en arenas movedizas.

Hagamos una pausa: las redes sociales, sean en persona o en línea, son la esencia de la conexión y la coordinación humanas. Son de las aplicaciones más ampliamente utilizadas por personas de todas las edades y, sin embargo, ningún emprendimiento reciente ha sobrevivido, ya no digamos prosperado, en esas plataformas en muchos años. Y todo por una simple razón: así lo dictan los gigantes de la tecnología.

Facebook no es el único *gatekeeper* caprichoso. Otras plataformas son igual de implacables, como Facebook mismo señaló en respuesta a demandas antimonopolio presentadas por la Comisión Federal de Comercio y fiscales generales estatales en los últimos meses del año 2020.[12] "Esta restricción es estándar en la industria", dijo un vocero de Facebook sobre las prácticas de neutralización de terceros, citando políticas similares en LinkedIn, Pinterest, Uber y otros.

Las plataformas más grandes son anticompetitivas. Amazon detecta qué productos son los más vendidos en sus tiendas y luego les corta las piernas a sus creadores vendiendo más baratas sus propias versiones básicas.[13] Mientras que minoristas en físico como Target y Walmart lo hacen todo el tiempo —venden su propia versión de marcas genéricas junto con las marcas de renombre—, la diferencia es que Amazon no es sólo la tienda, sino la infraestructura. Sería como si Target no controlara únicamente los anaqueles de la tienda, sino los caminos donde se construyeran esas tiendas. Es demasiado control para que una sola corporación haga uso de él.

Google también abusa de su poder. Además de cobrar altas cuotas de pagos móviles, Google enfrenta escrutinio por usar su motor de búsqueda popular para potenciar la preeminencia de sus propios productos por encima de los de sus competidores.[14] Muchas búsquedas hoy en día sólo muestran publicidad pagada, incluyendo los productos de Google, al inicio de la página, desplazando a sus pequeños rivales. Google también recolecta y registra de forma agresiva la información del usuario para mejorar la segmentación de sus anuncios. Amazon practica un juego similar, posicionando sus propios productos encima de otros[15] y recabando datos de la gente para incrementar su negocio de publicidad de 38 mil millones de dólares[16] que crece cada vez más rápido, a la zaga sólo de Google (225 mil millones)[17] y Meta (114 mil millones).[18]

Apple comete pecados similares. Mientras que muchas personas prefieren usar los dispositivos de Apple, la empresa con frecuencia rechaza competidores de su tienda de aplicaciones y exprime a los que deja entrar, al grado de que ahora está envuelta en múltiples demandas de alto nivel. Epic, el desarrollador del ultrapopular juego *Fortnite*, es uno de los demandantes, y llevó a Apple a juicio después de que la compañía les impidiera el acceso a los desarrolladores a la tienda de aplicaciones. Spotify, Tinder, el creador de etiquetas de localización, Tile y otros, han levantado quejas similares por las elevadas cuotas de Apple y sus reglas anticompetitivas.[19]

Las plataformas de los gigantes de la tecnología tienen más que sólo la ventaja de jugar en casa. Se les permite reescribir las reglas de todo el juego para su propio beneficio.

¿Es eso tan malo? Muchas personas no tienen problema con la manera como son las cosas o no le dan demasiadas vueltas. Se sienten satisfechos con las comodidades proporcionadas por los gigantes de la tecnología. Vivimos en una era de abundancia después de todo. Puedes conectarte con quien quieras (asumiendo que los dueños de las redes corporativas estén de acuerdo). Puedes leer, ver y compartir cuanto quieras. Hay bastantes servicios "gratuitos" para saciarnos —el precio de entrada únicamente son nuestros datos. (Como dicen: "Si es gratis, entonces tú eres el producto".)

Muchas personas se sienten felices con el *statu quo*. Quizá pienses que el intercambio vale la pena, o es posible que no veas otra alternativa viable para vivir en línea. De cualquier manera, sea cual sea tu postura, una tendencia es innegable: las fuerzas centralizadas están atrayendo el internet hacia el interior, recolectando poder en el núcleo de lo que se suponía iba a ser una red descentralizada. Este giro hacia dentro asfixia la innovación, haciendo que el internet sea menos interesante, menos dinámico y menos justo.

En la medida que cualquiera reconoce un problema, por lo general, asume que lo único capaz de frenar a los gigantes existentes son las regulaciones gubernamentales. Eso podría ser parte de la solución. Pero las regulaciones muchas veces tienen el efecto secundario imprevisto de cimentar el poder ya existente de esos gigantes. Las grandes empresas pueden lidiar con costos de cumplimiento y complejidades normativas que sobrepasan a los emprendedores más pequeños. La burocracia restringe a los principiantes. Necesitamos un campo de juego nivelado. Y para ello, necesitamos una regulación consciente que respete esta verdad fundamental: los emprendimientos y las tecnologías ofrecen una forma más efectiva de revisar el poder de los incumbentes [empresas u organizaciones que dominan en el internet].

Es más, las respuestas normativas instintivas ignoran lo que distingue al internet de otras tecnologías. Muchas de las peticiones usuales para tener regulaciones asumen que el internet es similar a las redes de comunicación anteriores, como el teléfono y la televisión por cable. Pero esas redes viejas, basadas en hardware, difieren de internet, una red basada en software.

El internet depende, por supuesto, de una infraestructura física de la que son dueños los proveedores de telecomunicaciones, como cableado, ruteadores, torres celulares y satélites. Históricamente, esta infraestructura ha sido una capa de transporte estrictamente neutral, tratando todo el tráfico de internet sin parcialidades. Hoy, la regulación de la "neutralidad de la red" está en constante cambio, pero hasta ahora la industria ha mantenido en gran medida sus políticas de no discriminación. En dicho modelo, el software tiene prioridad. Ejecutar el código en la periferia de la red —en PC, teléfonos y servidores— es lo que dirige el comportamiento de los servicios de internet.

Este código se puede actualizar. Con el set correcto de características e incentivos se pueden propagar nuevos softwares por internet. Gracias a su naturaleza maleable, el internet es capaz de rediseñarse por medio de la innovación y las fuerzas del mercado.

El software es especial porque tiene un rango casi ilimitado de expresividad. La mayoría de todo lo que puedas imaginar se puede codificar en software; este último es la codificación del pensamiento humano, lo mismo que la redacción o el dibujo o las pinturas rupestres. Las computadoras toman esos pensamientos codificados y los ejecutan a grandes velocidades. Es por eso que Steve Jobs describió alguna vez a la computadora como "una bicicleta para la mente".[20] Acelera nuestras capacidades.

El software es tan expresivo, que es mejor si no se concibe como ingeniería, sino como una forma de arte. La plasticidad y la flexibilidad del código ofrecen un espacio de diseño inmensamente rico, mucho más cerca de la gama de posibilidades de actividades creativas como esculpir y escribir ficción, que de actividades ingenieriles como construir puentes. Sucede igual que con otras formas de arte: los practicantes desarrollan con regularidad nuevos géneros y movimientos que cambian fundamentalmente lo que es posible.

Eso es lo que está ocurriendo hoy en día. Así como el internet parece estarse consolidando de una manera irreparable, emergió un nuevo movimiento de software capaz de reimaginar el internet. El movimiento tiene el potencial de traer de vuelta el espíritu del internet de los primeros tiempos, asegurar derechos de titularidad para los creadores, reclamar la propiedad y el control del usuario y romper con el yugo que tienen los gigantes de la tecnología en nuestras vidas.

Por eso creo que hay una mejor manera de hacerlo y esto apenas es el principio. El internet todavía puede cumplir la promesa de su visión original. Los emprendedores, tecnólogos, creadores y usuarios pueden volverlo una realidad.

El sueño de una red abierta que fomente la creatividad y el emprendimiento no tiene por qué morir.

Tres eras de las redes

Para entender cómo llegamos hasta aquí, ayuda estar familiarizados con los grandes rasgos de la historia del internet. A continuación daré un repaso breve, el cual desarrollaré con mayor detalle en los capítulos siguientes.

Lo primero que debemos saber es que el poder del internet deriva de cómo están diseñadas las redes. El diseño de red —la forma en que los nodos están conectados, interactúan y forman una estructura global— podría parecer un tema técnico arcano, pero es el factor más relevante al determinar cómo se distribuyen los derechos y el dinero por todo el internet. Incluso las pequeñas decisiones iniciales sobre el diseño pueden tener consecuencias profundas a la larga sobre el control y la economía de los servicios del internet.

En pocas palabras, el diseño de red determina los resultados.

Hasta hace poco, las redes venían en dos tipos contrapuestos. El primero, las "redes de protocolo", como el correo electrónico y la web, son sistemas abiertos controlados por comunidades de desarrolladores de software y otros accionistas de redes. Dichas redes son igualitarias, democráticas y no requieren autorización: abiertas a cualquiera y con acceso gratuito. En estos sistemas, el dinero y el poder tienden a fluir hacia la periferia de la red, incentivando que los sistemas crezcan a su alrededor.

Las "redes corporativas" son el segundo tipo: éstas son poseídas y controladas por empresas, en lugar de comunidades. Son como jardines amurallados con un solo guardián; son parques temáticos controlados por una sola megacorporación. Las redes corporativas dirigen servicios centralizados que requieren permisos, los cuales les facilitan desarrollar rápidamente características avanzadas, atraer inversiones y acumular ganancias para reinvertir en el crecimiento. En tales sistemas, el dinero y el poder fluyen hacia el núcleo de la red, hacia las empresas que poseen esas redes, y lejos de los usuarios y los desarrolladores en la periferia de la red.

Para mí, la historia del internet se desenvuelve a lo largo de tres actos. Cada acto quedó marcado por una arquitectura de red predominante. En el primer acto, la llamada "era de leer", cerca de 1990 a 2005, las primeras redes de protocolo de internet *democratizaron la información*. Cualquiera podía teclear unas cuantas palabras en un buscador web y leer sobre casi cualquier tema en las páginas web. En el segundo acto, la "era de leer/escribir", más o menos entre 2006 y 2020, las redes corporativas *democratizaron las publicaciones*. Cualquiera podía escribir y publicar para públicos masivos por medio de entradas en redes sociales y otros servicios. Ahora hay un nuevo tipo de arquitectura, que favorece el tercer acto del internet.

La arquitectura representa una síntesis natural de los dos tipos anteriores y está *democratizando la posesión*. En los albores de la "era de leer/escribir/poseer", cualquiera puede volverse accionista de red y obtener poder y ventajas económicas que antes sólo disfrutaba un pequeño número de compañías afiliadas, como accionistas y empleados. Esta nueva era promete contraatacar la consolidación de los gigantes de la tecnología y devolver el internet a sus raíces dinámicas.

La gente puede leer y escribir en internet, pero ahora también puede *poseer*.

Un nuevo movimiento

Este nuevo movimiento se conoce con varios nombres.

Algunos lo llaman "cripto", dado que el cimiento de su tecnología es la criptografía. Otros lo llaman "web3", insinuando que nos lleva a la tercera era del internet. En ocasiones uso ambos nombres, pero por lo general me quedo con términos bien definidos como blockchain y "redes de blockchains" [en inglés *blockchain network*], que son las tecnologías impulsoras de dicho movimiento. (Muchos practicantes en la industria se refieren a las redes de blockchains como protocolos, pero yo evito usar esta etiqueta para distinguirlas mejor de las redes de protocolo, dos conceptos muy distintos en este libro.)

Sea cual sea el término que prefieras, la tecnología central de las blockchains presenta ventajas únicas si sabes dónde y cómo mirar.

Algunas personas te dirán que las blockchains son un nuevo tipo de base de datos en el que varias partes pueden confiar, además de editar y compartir. Es un inicio. Una mejor descripción es que las blockchains son una nueva clase de computadora, una que puedes meter en tu bolsillo o tener en tu escritorio, tal y como harías con un smartphone o una laptop. No obstante, las blockchains entran en la definición clásica de computadoras. Guardan información y ejecutan reglas codificadas en un software capaz de manipular dicha información.

La relevancia de las blockchains recae en la forma tan única en que ellas, y las redes creadas sobre ellas, están controladas. Con computadoras tradicionales, el hardware controla el software. El hardware existe en el mundo físico, donde le pertenece a un individuo o a una organización, y tiene control sobre él. Eso quiere decir que, al final, una persona o un grupo de personas está a cargo de ambos, el hardware y el software. La gente puede cambiar de opinión y, por ende, cambiar el software que controla en cualquier momento.

Las blockchains invierten la relación de poder entre el hardware y el software, como el internet antes que ellos. Con ellas, el software gobierna una red de dispositivos de hardware. El software, en toda su expresiva gloria, está a cargo.

¿Por qué es importante esto? Porque las blockchains son computadoras que pueden establecer, por primera vez en la vida, reglas inviolables de software. Esto les permite hacer compromisos firmes, ejecutados por el software, con los usuarios. Un compromiso determinante involucra la titularidad digital, la cual deja el poder económico y regente en manos de los usuarios.

Es posible que aún te preguntes: "¿Y qué? ¿Qué problemas resuelven las blockchains?".

La capacidad que éstas tienen de hacer compromisos fuertes sobre cómo se comportarán en el futuro permite que se creen *nuevas redes*. Las redes de blockchains resuelven problemas que antes asolaban a las arquitecturas de red. Pueden conectar a las personas en redes sociales mientras que empoderan a los usuarios frente a los intereses corporativos. Pueden sustentar plataformas de venta y redes de pago que faciliten el comercio, pero con tasas de aceptación consistentemente más bajas. Habilitan nuevos formatos de medios monetizados, interoperables y de mundos digitales inmersivos, así como productos de inteligencia artificial que compensen —en lugar de canibalizar— a los creadores.

De modo que, sí, las blockchains crean redes, pero a diferencia de otras arquitecturas de red —y éste es el punto clave—, tienen resultados más deseables. Pueden incentivar la innovación, reducir los impuestos para los creadores y permitir que la gente que contribuye a las redes participe en la toma de decisiones y obtenga beneficios.

Preguntar: "¿Qué problemas resuelven las blockchains?" es como preguntar: "¿Qué problemas resuelve el acero mejor que, digamos, la madera?". Puedes construir un edificio o una vía férrea con cualquiera de los dos. Pero el acero nos dio edificios más altos, vías más resistentes y obras públicas más ambiciosas desde el inicio de la Revolución Industrial. Con las blockchains podemos crear redes que sean más justas, más durables y más resilientes que las redes de hoy.

Las redes de blockchains combinan los beneficios sociales de las redes de protocolo con las ventajas competitivas de las redes corporativas. Los desarrolladores de software obtienen acceso abierto, los creadores consiguen relaciones directas con su público, se garantiza que las tarifas sean bajas y los usuarios adquieren derechos económicos y de gobernanza. Al mismo tiempo, este tipo de redes obtienen las funcionalidades técnicas y financieras para competir con las redes corporativas.

Las redes de blockchains son un nuevo material de construcción para crear un mejor internet.

Ver la verdad

Las nuevas tecnologías muchas veces son controversiales. Las blockchains no son la excepción.

Muchos asocian las blockchains con estafas y planes para hacerse rico rápidamente. Existe un poco de verdad en esas acusaciones, pero también eran ciertas afirmaciones similares sobre manías financieras del pasado

promovidas por la tecnología, desde el auge del ferrocarril en la década de
1830 hasta la burbuja del "punto com" de la década de 1990. Dicha década
estuvo llena de fracasos espectaculares, como Pets.com y Webvan.[21] El debate público se enfocó sobre todo en la oferta pública inicial y en los precios
de las acciones, pero también hubo emprendedores y tecnólogos que vieron
más allá de las altas y bajas, se pusieron manos a la obra y crearon productos
y servicios que eventualmente sí cumplieron las expectativas. Hubo quienes
especularon, pero también hubo otros que construyeron.

Hoy en día, existe la misma división cultural respecto de las blockchains.
Existen dos grupos; uno, al que yo llamo "el casino", suele ser el más ruidoso
de los dos, y sus principales intereses son el comercio y la especulación. En
el peor de los casos, esta cultura de la apuesta ha conducido a catástrofes,
como la bancarrota del exchange de criptomonedas FTX. Este grupo recibe
casi toda la atención mediática, lo cual influye en la imagen pública de la
categoría entera.

El otro grupo, al cual llamo "la computadora", es por mucho el más serio
de los dos, y está motivado por una visión a largo plazo. Los practicantes de
este grupo comprenden que los aspectos financieros de las blockchains sólo
son el medio para un fin, una forma de alinear incentivos hacia una meta
más grande. Se dan cuenta de que el verdadero potencial de usar blockchains es construir mejores redes y, por ende, un mejor internet. Son personas más calladas y no llaman tanto la atención, pero son quienes tendrán
efectos más duraderos.

No quiere decir que la cultura de la computadora no esté interesada en
hacer dinero. Yo trabajo con capitales en riesgo. Casi toda la industria de la
tecnología se rige por la ganancia. La diferencia es que toma tiempo que
la innovación real genere rendimientos monetarios. Es por eso que la mayoría de los fondos de capital de riesgo (incluido el nuestro) están estructura-
dos como fondos a diez años, con periodos de retención largos a propósito.
Producir nuevas tecnologías valiosas puede tomar hasta una década, y en
ocasiones más. La cultura de computadora es a largo plazo. La cultura de
casino, no.

Así que se trata de la computadora versus el casino para definir la narrativa
de este movimiento de software. Por supuesto, tanto el optimismo como el
cinismo se pueden llevar demasiado lejos. La burbuja "punto com", seguida
de una caída, les recordó a muchos eso.

La forma de percibir la verdad es separar la esencia de una tecnología de sus usos y mal usos específicos. Un martillo puede construir una casa, pero también puede demolerla. Los fertilizantes a base de nitrógeno ayudan al crecimiento de cosechas que alimentan a miles de millones de personas, pero también se pueden usar en explosivos. Los mercados bursátiles ayudan a las sociedades a destinar capital y recursos donde sean más productivos, pero a su vez permiten burbujas especulativas destructivas. Todas las tecnologías tienen la capacidad de ayudar o dañar; las blockchains también. La cuestión es cómo podemos maximizar lo bueno y minimizar lo malo a la vez.

Determinar el futuro del internet

Este libro busca compartirte una apreciación de la esencia de las blockchains, la tecnología —es decir, la computadora— y todas las emocionantes novedades que puede hacer. Mi esperanza es que, a lo largo del camino, llegues a comprender exactamente qué problemas resuelven las blockchains y por qué se necesitan con tanta urgencia las soluciones que presentan.

El pensamiento, las observaciones de primera mano y los modelos mentales que comparto aquí son resultado de mi experiencia a lo largo de veinticinco años de carrera en la industria del internet. Empecé como desarrollador de software, luego me volví emprendedor en la década de 2000. Vendí dos compañías, una a McAfee y la otra a eBay. Sobre la marcha, empecé a invertir, haciendo apuestas tempranas en empresas como Kickstarter, Pinterest, Stack Overflow, Stripe, Oculus y Coinbase, todas las cuales tienen productos utilizados extensamente hoy en día. Desde hace mucho tiempo he sido un defensor del software y de que las redes pertenezcan a las comunidades, y he estado escribiendo en mi blog sobre el tema, incluyendo tecnología y emprendimiento, desde 2009.

Mi propio camino hacia las redes de blockchains empezó en la década de 2010, después de reflexionar sobre el fracaso de las redes de protocolo como la RSS, un protocolo de publicación de código abierto, en contra de rivales que pertenecen a corporaciones, como Facebook y Twitter. Son experiencias que me redirigieron hacia un nuevo modelo de inversión, el cual guía mi filosofía hoy por hoy.

Creo que, para comprender el futuro del internet, hay que comprender su pasado. Para tal fin, en la primera parte del libro trazo la historia del internet, enfocándome en las dos eras más recientes, desde principios de 1990 hasta hoy.

En la segunda parte me adentro en el tema de las blockchains, explicando cómo funcionan y por qué importan. Muestro cómo las blockchains y los tokens se pueden usar para construir redes de blockchains, y explico los mecanismos técnicos y económicos a partir de los cuales funcionan.

En la tercera parte muestro cómo las redes de blockchains empoderan a los usuarios y a otros participantes de la red, respondiendo una pregunta muy común en algunos: "¿por qué blockchains?".

En la cuarta parte abordo cuestiones controversiales de frente, incluyendo temas de políticas y regulaciones, y la dañina cultura de casino que ha surgido alrededor de las blockchains y cómo hiere su percepción pública y mina su potencial.

Por último, en la quinta parte, sumando a la historia y los conceptos presentados con anterioridad, me adentro aún más en las áreas que se entrecruzan, como las redes sociales, los videojuegos, los mundos virtuales, los negocios de medios, la creación colaborativa, las finanzas y la inteligencia artificial. Espero poder dar una idea del poder que tienen las redes de blockchains y cómo pueden apuntalar mejores versiones de las aplicaciones ya existentes junto con aplicaciones nuevas que antes no era posible crear.

Este libro encapsula lo que he aprendido a lo largo de mi carrera en internet. He tenido el privilegio de trabajar con muchos emprendedores y tecnólogos excepcionales. Mucho de lo que comento aquí lo aprendí de ellos. Espero que, si eres un constructor, fundador, líder corporativo, legislador, analista, periodista o alguien que sólo desea comprender qué está pasando y hacia dónde nos dirigimos, este libro te ayude a crear, navegar y ser parte del futuro.

Las redes de blockchains son, considero, la fuerza más creíble y de mayor conciencia civil para aportar un contrapeso en la consolidación del internet. Creo que esto es el principio, no el final, de la innovación en internet. Aunque hay un sentido de urgencia atrás de esa convicción: Estados Unidos ya está perdiendo el liderazgo en este nuevo movimiento, ya que la participación global de desarrolladores de software aquí pasó de 40% a 29% en los últimos cinco años.[22] Es probable que el rápido ascenso de la inteligencia artificial también acelere la tendencia hacia la consolidación de los gigantes de la tecnología. La inteligencia artificial promete muchísimo, pero tiende a favorecer a las compañías bien capitalizadas con grandes acumulaciones de datos.

Las decisiones que tomemos ahora determinarán el futuro del internet: quién lo construye, lo posee y lo utiliza; dónde ocurre la innovación; cómo será la experiencia para cada uno. Las blockchains y las redes que éstas vuelven posibles desbloquean el extraordinario poder del software como forma de arte y el internet como su lienzo. El movimiento tiene una oportunidad para cambiar el curso de la historia, para recrear la relación de la humanidad con lo digital, para reimaginar lo que es posible. Cualquiera puede participar: desarrollador, creador, emprendedor o usuario.

Éste es un cambio para crear el internet que quieres, no el internet que heredaste.

PRIMERA PARTE

Leer. Escribir.

POR QUÉ LAS REDES IMPORTAN

Estoy pensando en algo mucho más importante que las bombas.
Estoy pensando en computadoras.[1]
—JOHN VON NEUMANN

El diseño de la red es destino.

Las redes son la infraestructura organizacional que permite a miles de millones de personas interactuar inteligiblemente. Ellas establecen quiénes son los ganadores y los perdedores en el mundo. Sus algoritmos deciden hacia dónde fluirán el dinero y la atención. La estructura de una red determina cómo evolucionará ésta y dónde se acumularán la riqueza y el poder. Dada la escala de internet hoy en día, las decisiones iniciales sobre el diseño del software, sin importar qué tan pequeñas parezcan, pueden tener consecuencias en cadena. La pregunta central al analizar el poder en internet es quién controla una determinada red.

Por eso, los críticos que atacan la industria del emprendimiento tecnológico debido a que ponen más énfasis en el mundo digital que en el mundo físico —en los "bits" más que en los "átomos"— pierden de vista el objetivo.[2] La influencia de internet se extiende mucho más allá del reino digital. Entrecruza, permea y moldea panoramas sociales y económicos a gran escala.

Incluso los inversionistas en pro de la tecnología juegan con la idea.[3] Como alguna vez mencionó Peter Thiel, capitalista de riesgo y cofundador de PayPal: "Queríamos carros voladores, y en lugar de eso nos dieron 140 caracteres". La indirecta era para Twitter, que originalmente limitaba los mensajes a 140 caracteres, pero el propósito es criticar la frivolidad percibida en la industria tecnológica en general, obsesionada con el software.

Los mensajes pueden parecer frívolos, pero afectan todo, desde pensamientos y opiniones personales hasta los resultados de las elecciones y las pandemias. La gente que insiste en que los tecnólogos no se están enfocando lo suficiente en problemas como luz, alimentación, transporte y vivienda pierde de vista que los mundos digital y físico están interconectados y entrelazados. Las redes de internet median las interacciones de la mayoría de la gente con el "mundo real".

La fusión de lo físico y lo digital se da de manera discreta. La ciencia ficción en ocasiones representa a la automatización como un proceso visible, donde una cosa física se reemplaza por otra en sustitución directa. En realidad, casi toda la automatización se da de forma indirecta, en ella los objetos físicos transmutan hacia redes digitales. Los agentes de viaje robotizados no reemplazaron a los agentes de viaje humanos. En cambio, los motores de búsqueda y las páginas web de viajes absorbieron sus tareas. Las oficinas de correo y los buzones todavía existen, pero manejan volúmenes mucho menores de correspondencia desde el auge del correo electrónico. Los aviones personales no han alterado el transporte físico, pero algunos servicios de internet, como las videoconferencias, han hecho innecesarios, en muchos casos, los viajes.

Queríamos carros voladores, pero en su lugar obtuvimos Zoom.

La gente tiende a subestimar el mundo digital por la novedad de internet. Consideremos el lenguaje que se utiliza. Prefijos subordinados como "e-" en *e-mail* y en *e-commerce* deprecian el valor de las actividades digitales, comparadas con sus contrapartes en el "mundo real": *mail* (correo) y *commerce* (comercio). Sin embargo, el correo es cada vez más correo electrónico y el comercio es cada vez más comercio electrónico. Cuando la gente se refiere al mundo físico como el mundo real, no se da cuenta de en dónde pasa cada vez más su tiempo. Innovaciones como las redes sociales, que en un inicio se descartaron por no parecer serias, ahora pueden dar forma a todo, desde la política internacional, los negocios y la cultura, hasta la visión del mundo de una persona.

Las nuevas tecnologías fusionarán aún más el mundo digital con el físico. La inteligencia artificial hará que las computadoras sean más inteligentes. Los visores de realidad virtual y realidad aumentada incrementarán las experiencias digitales, volviéndolas más inmersivas. Las computadoras conectadas a internet que están integradas en objetos y lugares —también llamadas dispositivos de internet de las cosas— permearán nuestros ambientes. Todo a nuestro alrededor tendrá sensores para comprender el mundo, además de activadores para alterarlo. Esto se gestionará por medio de redes de internet.

De modo que, sí, las redes importan.[4]

En su nivel más básico, las redes son listas de conexiones entre personas o cosas. En internet, se suelen catalogar las cosas hacia las que podría dirigir su atención la gente. También se informa a los algoritmos lo que atrae más la atención. Si visitas tus redes sociales, los algoritmos generarán en tus canales toda clase de contenido y publicidad basados en tus presuntos intereses. Los "Me gusta" en redes sociales y las clasificaciones en los marketplaces dirigen el flujo de ideas, intereses e impulsos. Sin esta selección, internet sería un diluvio: desestructurado, abrumador, inútil.

La economía de internet potencia las redes. En una economía industrial, las empresas acumulan poder sobre todo por medio de economías de alcance y escala, es decir, por formas de disminuir los costos de producción. Bajar el costo marginal de producir más acero, automóviles, medicamentos, agua azucarada carbonatada o cualquier otro artilugio, le da una ventaja a quien quiera que sea dueño e invierta en los medios de producción. En internet, los costos marginales de distribución son insignificantes, así que el poder se acumula principalmente de otra manera: por medio de los efectos de red.

Los efectos de red determinan que su valor crece con la adición de cada nuevo código o punto de conexión. Los nodos pueden ser líneas de telefonía, centros de transporte, como aeropuertos, tecnologías orientadas a la conexión, como las computadoras o, incluso, personas. La Ley Metcalfe, una conocida formulación del efecto de red, estipula que el valor de una red crece cuadráticamente, lo que indica que es proporcional al número de nodos al cuadrado (es decir, que aumenta por un exponente de 2). Para quienes tienen un pensamiento matemático, una red con 10 nodos sería 25 veces más valiosa que una red con dos nodos, mientras que una red con 100 nodos sería 100 veces más valiosa que una con 10 nodos, y así sucesivamente. La ley recibe su nombre de Robert Metcalfe, un cocreador de Ethernet y el fabricante de electrónicos 3Com, quien popularizó la idea en la década de 1980.[5]

Dado que no todas las conexiones de red pueden ser igual de útiles, algunos abogan por que haya variaciones a la ley.[6] En 1999, David Reed, otro científico informático, propuso su propia interpretación y le dio su nombre: ley de Reed, la cual estipula que el valor de redes grandes puede escalar exponencialmente con el tamaño de la red.[7] La fórmula aplica mejor para las redes sociales, donde la gente son los nodos. Facebook tiene casi 3 mil millones de usuarios activos al mes.[8] De acuerdo con la Ley Reed, eso quiere decir que el valor de red de Facebook es de 2 elevado a la 3 mil millonésima potencia, una cifra tan cegadoramente inmensa, que se necesitarían 3 millones de páginas para imprimirla.

Sea cual sea la aproximación que prefieras del valor de una red, una cosa es clara: las cifras crecen, y rápido.

Tiene sentido que los efectos de red dominen internet, la máxima red de redes. La gente se conglomera alrededor de otra gente. Servicios como Twitter, Instagram y TikTok son valiosos porque cientos de millones de personas los usan. Lo mismo pasa con muchas redes que componen internet. Cuantas más personas intercambien ideas en la web, más rica será esa red de información. Cuantas más personas se transmitan mensajes por medio del correo electrónico y WhatsApp, más relevantes serán esas redes de comunicación. Cuantas más personas realicen negocios mediante Venmo, Square, Uber y Amazon, más valiosos serán esos marketplaces. Como regla: más gente, más valor.

Los efectos de red aprovechan pequeñas ventajas y las convierten en avalanchas. Cuando las corporaciones tienen el control, tienden a cuidar sus ventajas celosamente, dificultando que cualquiera se vaya. Si estableces una audiencia en una red corporativa, salirte de ella implica renunciar a tu público, así que no se recomienda que lo hagas. Esto explica en parte por qué el poder se ha consolidado en manos de unas cuantas empresas grandes de tecnología. Si esta tendencia continúa, internet podría acabar siendo todavía más centralizado, comandado por intermediarios poderosos que usan su autoridad para reducir la innovación y la creatividad. Si esto no se controla, conducirá a un estancamiento económico, a la homogeneidad, a la improductividad y a la inequidad.

Algunos actores que elaboran políticas buscan neutralizar a las compañías de internet más grandes con regulaciones.[9] Entre sus soluciones incluyen bloquear intentos de adquisición y proponer dividir las compañías en partes. Otras propuestas regulatorias requieren que las empresas interoperen, lo que permite integraciones sencillas entre las redes.[10] Los usuarios podrían entonces llevar sus conexiones a donde quisieran, y leer y publicar contenido en las redes de acuerdo con sus preferencias. Algunas de estas propuestas podrían frenar a las empresas establecidas y crear espacio para los competidores, pero la mejor solución a largo plazo es construir nuevas redes desde cero, que no conduzcan a concentraciones de poder por el simple motivo de que no pueden hacerlo.

Muchos emprendimientos bien financiados están intentando crear nuevas redes corporativas. Si tienen éxito, inevitablemente lidiarán con los mismos problemas de las redes corporativas grandes de hoy. Lo que necesitamos son nuevos contendientes que puedan ganar en el mercado contra las redes corporativas, a la vez que provean beneficios sociales mayores. En específico, necesitamos redes que aporten beneficios como los que otorgan las redes de protocolo abierto y sin permisos que caracterizaron a internet en sus inicios.[11]

2

REDES DE PROTOCOLO

Lo que muchas veces se le dificultó entender a la gente sobre el diseño era que no había nada más allá de URL, HTTP y HTML. No había una computadora central "controlando" la web, no había una red única donde funcionaran estos protocolos, ni siquiera una organización donde se "ejecutara" la web. La web no era una "cosa" física que existía en cierto "lugar". Era un "espacio" donde la información podía existir.[1]
—TIM BERNERS-LEE

Breve historia de las redes de protocolo

En el otoño de 1969, el ejército de Estados Unidos arrancó la primera versión del internet: ARPANET, que tomó su nombre de la Agencia de Proyectos de Investigación Avanzada (ARPA, por sus siglas en inglés) del Departamento de Defensa.[2]

Una amplia comunidad de investigadores y desarrolladores encabezó el desarrollo del internet a lo largo de las siguientes dos décadas. Estos académicos y entusiastas de la tecnología trajeron consigo una tradición de acceso abierto. Creían en el intercambio libre de ideas, en las oportunidades equitativas y en la meritocracia. Ante sus ojos, la gente que usaba los servicios de internet —los usuarios— debía tener el control. La estructura y la gobernanza de sus comunidades de investigación, sus grupos de asesores y sus grupos de trabajo encarnaban sus ideales democráticos.

El internet impulsó esta cultura cuando cambió a los usuarios del gobierno y los académicos por el público en general a principios de la década de 1990. Conforme más personas se unieron a la red, heredaron el *ethos* igualitario. El ciberespacio estaba radicalmente abierto. Como John Perry Barlow, poeta y activista y, en ocasiones, letrista de Grateful Dead, escribió en 1996, en su *Declaración de independencia del ciberespacio*: "Estamos creando un mundo al que todos pueden entrar sin privilegio ni prejuicio asignado por raza, capacidad económica, fuerzas militares o condición social".[3] El internet representaba libertad, un nuevo comienzo.

El mismo espíritu enriqueció la tecnología misma. El internet quedó sustentado por protocolos sin permisos, sets de reglamentos para que las computadoras participaran en las redes. En tiempos antiguos, "protocolo", de la palabra griega *prōtokollon*, significaba "primera hoja de un volumen", muchas veces haciendo referencia al índice. Con el tiempo, la palabra evolucionó para significar "convenciones diplomáticas" y, más adelante, en el siglo xx, significó "estándares técnicos para el software". El contexto informático se extendió con el advenimiento de ARPANET porque los protocolos —accesibles y abiertos para todos— fueron fundamentales para el desarrollo del internet.

Piensa en los protocolos como algo análogo a los lenguajes naturales, como el inglés o el suahili. Permiten a las computadoras comunicarse entre ellas. Si cambias tu forma de hablar, existe el riesgo de que otras personas no te entiendan. Dejas de interoperar, en lenguaje técnico. Si eres lo suficientemente influyente, podrías hacer que otros cambien su forma de hablar también porque los dialectos se pueden escindir en nuevos lenguajes, pero sólo si otras personas participan. Tanto los protocolos como los lenguajes requieren consenso.

Los protocolos se superponen uno encima de otro y, finalmente, en los dispositivos computacionales, en lo que se llama el *stack*.[4] Para un científico informático, conocer todas las capas del *stack* y los detalles entre ellas puede ser útil. (Un modelo popular, llamado modelo de Interconexión de Sistemas Abiertos, osi por sus siglas en inglés, identifica siete capas.) Para este análisis, sólo imagina tres capas donde la más baja consista de hardware: servidores, pc, smartphones, dispositivos conectados a internet, como televisiones y cámaras, junto con el hardware de la red que los conecta a todos. Otras capas construyen encima de esta base.

Arriba de la capa física se encuentra la capa de red, conocida simplemente como un protocolo de internet, o ip por sus siglas en inglés.[5] Dicho protocolo define cómo se formatean, dirigen y rutean paquetes de información entre las máquinas de la primera capa. Vint Cerf y Robert Kahn, investigadores en el mismo laboratorio responsable de ARPANET, desarrollaron este estándar en la década de 1970. (El laboratorio, ARPA, renombrado más adelante DARPA, también ayudó a inventar tecnologías futuristas, como los vehículos invisibles para los radares y el GPS).[6] La red terminó oficialmente de implementar el protocolo de internet el 1 de enero de 1983, una fecha que casi todos consideran el cumpleaños del internet.

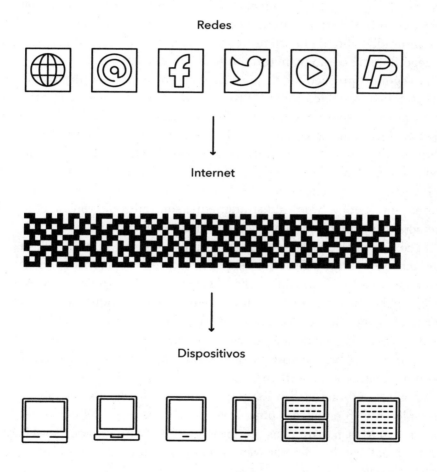

Encima de la capa de internet se encuentra la capa de aplicación, llamada así porque es donde las aplicaciones orientadas al usuario se conectan. Principalmente dos protocolos definen esta capa, el primero es el correo electrónico. El protocolo detrás del correo se llama Protocolo Simple de Transferencia de Correo, SMTP por sus siglas en inglés.[7] Jon Postel, investigador de la Universidad del Sur de California, creó el protocolo para estandarizar la comunicación vía correo electrónico en 1981, y su contribución dejó listo el correo electrónico para su adopción generalizada. Como cuentan Katie Hafner y Matthew Lyon en su historia del internet *Where Wizards Stay Up Late* (*Donde los magos se quedan despiertos hasta tarde*): "Así como el LP se inventó para conocedores y melómanos, pero permeó en la industria entera, el correo electrónico primero creció entre la comunidad élite de los científicos informáticos trabajando en ARPANET y luego floreció como plancton por todo el internet".[8]

El segundo protocolo del que han florecido muchas aplicaciones es la web, también conocida como el Protocolo de Transferencia de Hipertexto, o HTTP por sus siglas en inglés. Tim Berners-Lee, científico británico, inventó el protocolo, junto con el Lenguaje de Marcado del Hipertexto, o HTML por sus siglas en inglés, para formatear y procesar las páginas web, mientras trabajaba en el laboratorio suizo de física CERN (Organización Europea para la Investigación Nuclear) en 1989. (Aunque las personas suelen usar las palabras "internet" y "web" indistintamente, son redes diferentes: el internet conecta dispositivos; la web vincula páginas web).

El correo electrónico y la web tuvieron éxito por su simplicidad, su generalidad y su apertura. Después de que se crearon estos protocolos, los programadores los codificaron en clientes de correo electrónico y navegadores web, muchos de los cuales eran un código abierto. Cualquiera podía descargar a un cliente (lo que la mayoría de la gente llamaría una aplicación hoy en día) para que se uniera a una red. Los clientes construían encima de los protocolos y daban acceso y participación a la gente en las redes subyacentes. Los clientes son como portales o umbrales para las redes de protocolo.

La gente interactúa con los protocolos por medio de los clientes. Por ejemplo, la web empezó a popularizarse sólo después del debut del navegador web Mosaic para consumidores en 1993, justo uno de esos clientes.[9] En la actualidad, los clientes web más populares son navegadores privados como Google, Chrome, Apple Safari y Microsoft Edge, mientras que los clientes más populares de correo electrónico son Gmail (propiedad de Google, alojado en sus servidores) y Microsoft Outlook (propiedad de Microsoft, descargable en máquinas locales). Una amplia gama de softwares, tanto privados como de código abierto, también sigue disponible para ejecutar servidores de la web y el correo electrónico.

El sistema de comunicaciones que apuntala el internet se diseñó para ser descentralizado y, por tanto, lo suficientemente resiliente para sobrevivir un ataque nuclear. El sistema trató todos los nodos de manera equitativa para que pudiera continuar funcionando aun si las secciones se destruían. El correo electrónico y la web heredaron esta filosofía de diseño. Todos los nodos son "iguales", ninguno con privilegios por encima de otro.

Red de protocolo

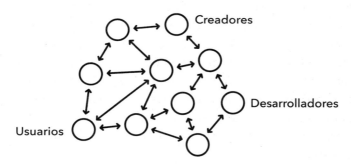

Un componente del internet sí se diseñó, sin embargo, de otra manera, y controlaba una función especial: el nombramiento.

Nombrar es un requerimiento en todas las redes. Los nombres son las clases de avatares más básicas de todas, componentes esenciales para crear comunidades. Yo soy @cdixon en Twitter y mi página web es cdixon.org. Esos nombres amigables facilitan que otras personas me identifiquen y se comuniquen conmigo. Si la gente quiere seguirme, ser mi amigo o enviarme algo, lo hacen haciendo referencia a uno de mis nombres.

Las máquinas también tienen nombres. En internet, las computadoras se identifican unas a otras por lo que se llaman direcciones de protocolo de internet, series de números que es difícil para un humano recordar, pero sencillo para las máquinas. Imagina tener que invocar números para cada página web que quieras visitar. ¿Buscas algo en Wikipedia? Prueba con 198.35.26.96. ¿Buscas un video de YouTube? Teclea 208.65.153.238. La gente necesita directorios, como las listas de contactos en los teléfonos, como apoyo para la memoria.

A lo largo de las décadas de 1970 y 1980, una organización conservaba el directorio oficial de internet.[10] El Centro de Información de la Red del Instituto de Investigación de Stanford juntó todas las direcciones en un solo archivo, HOSTS.TXT, el cual actualizaba continuamente y distribuía a todos en la red. Cada vez que una dirección cambiaba o se unía otro nodo a la red (lo cual sucedía seguido), todos tenían que actualizar su archivo de hosts. Conforme crecía la red, registrar todo se volvió complicado. La gente necesitaba un sistema menos aparatoso que le sirviera como única fuente de verdad.

Aquí entra el sistema de nombres de dominio, o DNS por sus siglas en inglés.[11] Paul Mockapetris, un científico informático de Estados Unidos, inventó esta solución al dilema de nombrar redes en 1983.[12] En su interior, el DNS es complejo, pero la idea central es simple: mapear nombres amigables para los humanos con las direcciones IP de las computadoras físicas. El sistema era jerárquico, pero también extendido. En el más alto nivel, una colección de organizaciones internacionales —agencias afiliadas al gobierno, universidades, empresas, grupos sin fines de lucro y más— manejaron trece sets de servidores raíz que hoy en día siguen siendo las principales autoridades en el sistema.

Desde la década de 1980 hasta el auge del internet comercial, en la década de 1990, un equipo dirigido por Postel administró el DNS en la Universidad del Sur de California.[13] En 1997, *The Economist* resumió la importancia de su papel: "Si la red tiene un dios, probablemente es Jon Postel".[14] Al despegar el internet se volvió necesaria una solución a más largo plazo para la gobernanza del DNS. En el otoño de 1998, el gobierno de Estados Unidos empezó a hacer una transición de la supervisión del espacio nominal del internet a una nueva organización, una sin fines de lucro: Corporación de Internet para la Asignación de Nombres y Números, o ICANN por sus siglas en inglés. (En octubre de 2016, la ICANN se volvió independiente[15] y se mudó a un modelo de gobernanza global con múltiples accionistas, el cual continúa supervisando el sistema que usamos todavía.)

El DNS es crucial para que funcione el internet. Cuando buscas una página web en un navegador, como google.com o wikipedia.org, tu proveedor de servicios de internet rutea la petición mediante un servidor especial llamado solucionador de DNS, el cual pide a los servidores de dominios de más alto nivel, responsables por los sufijos de dominio como .com o .org, que le den más indicaciones. Estos servidores de alto nivel entonces señalan hacia servidores de menor nivel que proveen las direcciones IP adecuadas para que tu navegador te lleve hacia donde quieres ir. Todo este proceso se llama consulta de DNS y se da en un instante cada vez que tratas de conectarte a una página web. (Para volver las consultas más veloces, los proveedores de DNS también guardan, en caché, las direcciones IP en los servidores más cercanos a los usuarios.)

Los protocolos esenciales para el correo electrónico y la web son de uso libre, excepto por el DNS, el cual cobra modestas cuotas que van hacia el ICANN y los registradores de internet. Siempre y cuando los usuarios paguen las cuotas, por lo general alrededor de 10 dólares al año, y mientras se rijan por la ley, pueden hacer lo que les plazca con sus nombres de dominio. Los usuarios pueden comprarlos, venderlos o conservarlos indefinidamente. Las cuotas se comportan más como impuestos a la propiedad que como tarifas de renta.

Los nombres son un punto de inflexión importante en el control de las redes. En redes como Twitter y Facebook, los dueños corporativos controlan los nombres. Yo soy @cdixon en Twitter, pero la red es dueña de este nombre. Twitter lo puede revocar, puede cobrarme más dinero o quitarme mi público. Al controlar mi nombre, Twitter también controla mi relación con otra gente. Puede modificar algoritmos que muestren mis publicaciones con mayor o menor frecuencia, por ejemplo. Yo no tengo poder, excepto el de abandonar la red.

La decisión clave en el diseño del DNS es que los usuarios, no la empresa ni ninguna otra autoridad superior, poseen y controlan sus nombres. Específicamente, los usuarios controlan el mapeo entre sus nombres y sus direcciones IP. Pueden, entonces, trasladar sus nombres de una computadora a otra en cualquier momento y por cualquier motivo, y ejecutar cualquier software que quieran, sin perder sus conexiones de red ni nada de lo que hayan construido.

Digamos que soy host de cdixon.org en los servicios de alojamiento web de Amazon. Imagina que Amazon decide cobrarme más dinero, limitar mi página web, censurar mi contenido o hacer cualquier otra cosa que yo no quiera. Yo simplemente puedo transferir mis archivos a otro proveedor de servicios y redirigir el registro de DNS de cdixon.org. Incluso podría elegir autoalojarme, el equivalente digital de vivir fuera del sistema. Cuando redirijo mi nombre, todas mis conexiones de red permanecen intactas. La gente todavía puede enviarme correos electrónicos, y los enlaces de entrada que usan los motores de búsqueda para clasificar mi sitio aún funcionan. El cambio hacia un nuevo proveedor de alojamiento se da tras bambalinas. Es invisible para otros participantes de la red. Amazon lo sabe y entonces es consciente de que debe actuar dentro de los parámetros de las normas de red y las fuerzas del mercado, o arriesgarse a perder clientes.

Esta simple decisión de diseño —que le da a los usuarios total control de sus nombres— hace que el negocio se mantenga honesto. Restringe a Amazon y a otras empresas, obligándolas a ofrecer servicios competitivos a precios competitivos. Las empresas todavía pueden beneficiarse de las barreras de entrada tradicionales en los negocios, como las economías de escala (cuantos más servidores tengan, menores serán sus costos y mayores serán sus márgenes), pero no pueden recurrir a efectos de red para atrapar a los usuarios como hacen las redes centralizadas.

Contrasta cómo funciona el DNS con lo que sucede cuando intentas dejar un servicio como Twitter o Facebook. La mayoría de las redes corporativas tienen una característica para "descargar tu información y borrar tu cuenta". Recibes registros de tus publicaciones y quizá de tus seguidores y amigos. Pero pierdes tus conexiones de red y tu público porque esas personas seguían tu cuenta de Twitter o de Facebook, y no puedes redirigir esa cuenta a un servicio nuevo. No controlas el mapeo. Puedes obtener los datos, pero pierdes tu red. Estas características para "descargar información" son fintas. Tienen un gesto hacia la apertura y la libertad, pero no hacen nada por incrementar las opciones del usuario. La empresa tiene total control. Tu única opción es quedarte o irte y empezar de cero en alguna otra parte.

Servicios corporativos como Facebook y Twitter dirigen redes que interoperan con la web, usando componentes como HTTP, pero no son parte de la web de ninguna manera significativa. No se adhieren a las costumbres y normas tan arraigadas en ella. De hecho, rompen con los múltiples postulados técnicos, económicos y culturales de la web, como la apertura, la innovación sin permisos y la gobernanza democrática. Estas redes centralizadas son esencialmente redes separadas que se ubican adyacentes a la web. Tienen sus propias reglas, economía y efectos de red.

La genialidad del DNS es que los usuarios son dueños de sus nombres de la misma manera que son dueños en el mundo físico, aportando el equivalente en línea de los derechos de propiedad. Cuando eres dueño de algo, tienes un incentivo para invertir en él. Es por eso que, desde la década de 1990 hasta hoy, ha habido tanta inversión en negocios relacionados con el correo electrónico y la web, redes creadas alrededor del DNS.

Darles a los usuarios el control de sus nombres podría parecer una pequeña elección de diseño, pero ha tenido una cascada de consecuencias, permitiendo finalmente que nuevas industrias crezcan y florezcan, desde motores de búsqueda y redes sociales, hasta medios y sitios de comercio electrónico.

Como efecto secundario, la propiedad digital puede engendrar mercados especulativos. Comprar y vender dominios es una industria multimillonaria. Los dominios de palabras cortas en inglés con .com por lo general se venden por millones de dólares. (Un ejemplo reciente es voice.com, que se vendió por 30 millones de dólares.) El mercado de los nombres de dominios sube y baja, creando y terminando con fortunas alternativamente. De esa manera, el mercado de dominios es similar a los bienes raíces, que también sufren rachas de especulación y, cada cierto tiempo, burbujas (incremento excesivo de los precios). Los tokens de blockchain, que permiten una forma más novedosa de propiedad digital, como ya comentaré más adelante, también han engendrado mercados especulativos. En todos estos casos, la especulación es un efecto secundario. Sin embargo, los aspectos positivos de la propiedad superan por mucho los negativos.

En la actualidad, la moderación de contenido es un tema muy discutido, sobre todo respecto a las redes sociales. El correo electrónico y la web, sin embargo, no moderan contenido. Tienen un solo trabajo: entregar información de manera confiable. La filosofía es que si los protocolos fueran a hacer la supervisión, se fragmentarían y se volverían disfuncionales. Diferentes regiones tienen distintas leyes y costumbres, y lo que es ilegal en un país puede ser permisible en otro. Para ser universales, los protocolos no deben tener opiniones.

La moderación de contenido sigue sucediendo, pero la hacen los usuarios, los clientes y los servicios construidos en la periferia de la red. Podría parecer arriesgado: ¿se puede confiar en que las masas descentralizadas se supervisen a sí mismas con éxito? No obstante, en la práctica, el sistema funciona bien. Los clientes y los servidores imponen leyes, regulaciones y moderación. Si operas una página web ilegal, los registradores de nombres de dominio y las empresas de alojamiento web la quitarán. Los motores de búsqueda la desindexarán. La extensa comunidad de desarrolladores de software, los creadores de aplicaciones y páginas web, las empresas de tecnología y los cuerpos internacionales que gobiernan la web la exiliarán. Lo mismo sucede con el correo electrónico. Los clientes y los servidores en la periferia de la red filtran *spam*, *phishing* y otros contenidos maliciosos. Las leyes y los incentivos hacen que el sistema funcione.

El correo electrónico y la web, apoyados por el DNS, han traído poderosas redes generales al internet. El diseño les permite a los usuarios ser dueños de lo que más importa: sus nombres y, por ende, sus conexiones y todo lo demás que decidan construir encima de la red.

Los beneficios de las redes de protocolo

Las redes de protocolo confieren propiedad a los usuarios, lo cual beneficia a todos los participantes de la red, incluyendo creadores, emprendedores, desarrolladores y otros.

Como sucede con todas las redes, las de protocolo tienen efectos de red: se vuelven más valiosas conforme más personas las usan. El correo electrónico es útil porque es ubicuo, pues son muchas las personas que tienen direcciones de correo. La diferencia entre una red de protocolo como el correo electrónico y una red corporativa como Twitter es que el efecto de red del correo electrónico hace crecer una comunidad en lugar de una compañía. Ninguna empresa posee ni controla el correo electrónico y cualquiera puede tener acceso a él por medio de software creado por desarrolladores independientes que apoyan el protocolo subyacente. Depende de los desarrolladores y los consumidores decidir qué construir y qué usar. Las decisiones que afectan a la comunidad las toma ella misma.

Puesto que las redes de protocolo no tienen un intermediario central, no cobran "tasas de aceptación" ni cuotas por el dinero que fluye a través de la red. (Comentaré las tasas de aceptación y sus efectos a profundidad en el capítulo "Tasas de aceptación".) Es más, la estructura de las redes de protocolo proveen garantías firmes de que nunca cobrarán tasas de aceptación. Esto incentiva la innovación en ellas. Si estás construyendo algo encima del correo electrónico o la web, sabes que puedes invertir tiempo y dinero, pues lo que sea que construyas será tuyo y tú tendrás el control. Esta promesa inspiró a Larry Page y Sergey Brin, Jeff Bezos, Mark Zuckerberg e incontables otros emprendedores de internet.

Los usuarios también se benefician de las redes de protocolo. Tener un mercado de software vibrante y bajos costos de sustitución implica que los usuarios puedan comparar precios. Si a los usuarios no les gusta cómo funciona un algoritmo o cómo un servicio rastrea su información, se pueden cambiar. Si los usuarios pagan cuotas de suscripción o miran anuncios, el dinero obtenido se va directamente a los creadores, en lugar de a los intermediarios de la red, incentivando que se invierta todavía más en el contenido de su preferencia.

Cuanto más predecibles sean los incentivos, mejor, así como en el mundo físico, donde leyes predecibles como los derechos de la propiedad promueven la inversión. La interacción entre los negocios privados y los sistemas de carreteras es una analogía útil. Dado que los sistemas de carreteras son predeciblemente abiertos y en su mayoría gratuitos, la gente y los negocios están dispuestos a construir algo a partir de ellos, es decir, están dispuestos a invertir en recursos como edificios, vehículos y comunidades, cuyo valor corriente dependa de las carreteras. Esto, a su vez, estimula que se use más la carretera, lo que entonces promueve más inversiones privadas. En una red bien diseñada, el crecimiento engendra crecimiento, y crea un sistema sano y dinámico.

Las redes corporativas, como Facebook y Twitter, tienen incentivos impredecibles y, por tanto, inversión limitada de terceras personas. Las redes corporativas suelen tener tasas de aceptación altas, lo que permite reclamar una parte mayor de la ganancia que fluye a través de la red y mermar las utilidades que de otro modo podrían fluir hacia la periferia. Hoy en día, las redes corporativas incumbentes —incluyendo Facebook, Instagram, PayPal, TikTok, Twitter y YouTube— pertenecen a compañías con capitalizaciones bursátiles agregadas en el rango de los billones de dólares.

Es razonable asumir que si estas redes fueran protocolos, una porción significativa de ese valor se distribuiría entre los desarrolladores y creadores en la periferia.

Estas dinámicas explican por qué el correo electrónico, en particular el envío de boletines, está viviendo un renacimiento entre tantos creadores de contenido.[16] El correo electrónico provee a los creadores una relación directa con su público, sin que haya mediaciones de operadores de red centrales, los cuales podrían tener la posibilidad de cambiar la economía, las reglas de acceso o las clasificaciones de contenido a su venia. Si los servicios de boletines como Substack, que funcionan a través del correo electrónico, cambiaran las reglas o las tasas, los usuarios simplemente se irían y se llevarían con ellos a sus suscriptores. (Muchos de estos servicios en la actualidad permiten a los usuarios exportar listas de suscriptores de correo.) La capacidad de poderse ir disminuye los costos de sustitución y, por ende, las tasas de aceptación. Es el poder de desvincular los nombres de los servicios en las redes de protocolo. Los usuarios tal vez no comprendan los detalles del diseño de red, pero sí intuyen sus propios riesgos económicos, sobre todo después de muchos años de problemas bien documentados entre los creadores de contenido y las redes corporativas.[17]

Los desarrolladores de software van todavía más allá en su desencanto. A inicios de la década de 2010, empresas como Facebook y Twitter, a pesar de presentarse originalmente como abiertas y acogedoras, azotaron la puerta de sus redes y revocaron los accesos de los desarrolladores. En enero de 2013, cuando Vine, una aplicación de video de formato corto (adquirido por Twitter unos cuantos meses antes), hizo su debut, Mark Zuckerberg personalmente aprobó su neutralización.[18] De acuerdo con documentos del juicio revelados años más tarde, Zuckerberg aprobó que se le quitara a Vine el acceso a la interfaz de programación de aplicaciones de Facebook, o API por sus siglas en inglés, una conexión de software que las aplicaciones usan para interoperar. "Sí, dale", le dijo a otro ejecutivo. Esta medida incapacitó el crecimiento de Vine, y Twitter descontinuó el servicio en 2017, después de años de abandono. La caída de Vine es conocida. Pocas personas recuerdan las represiones de Facebook de aplicaciones como BranchOut (búsqueda de empleo),[19] MessageMe (mensajería),[20] Path (red social),[21] Phhhoto (creador de GIF)[22] y Voxer (chat de voz).[23]

La promesa de propiedad motiva a constructores e inversores por igual. Dado que las redes de protocolo no tienen cuotas de red —y se garantiza que nunca las tengan—, se incentiva muchísimo que los emprendedores construyan sobre ellas. Por ejemplo, la web original era difícil de navegar y consultar. Docenas de equipos técnicos crearon compañías para resolver este problema, incluyendo algunas reconocidas, como Yahoo y Google. Cuando el spam se volvió un serio problema a finales de la década de 1990,[24] los capitalistas de riesgo fundaron decenas de empresas para atender la cuestión, un esfuerzo que en su mayoría tuvo éxito. Sigue habiendo spam, por supuesto, pero nos hemos vuelto mucho mejores para manejarlo.

Compara esto con la manera en que las redes corporativas, entre ellas Twitter, abordan el spam, los bots y problemas similares hoy en día. Las compañías externas no tienen incentivos para resolver problemas. Sólo la empresa misma intenta solucionarlos, reduciendo la cantidad de talento y recursos que podrían estar ayudando. Es por eso que algunas de estas redes se ahogan en bots y spam en la actualidad.

Yo acredito las oportunidades que tuve como emprendedor al diseño de las redes de protocolo. A inicios del nuevo milenio, problemas como el *phishing* y el *spyware* eran rampantes. Hoy es difícil imaginar qué tan mala era la situación. En aquel entonces, la mayoría de la gente usaba una versión notoriamente insegura del navegador web de Microsoft que facilitaba mucho que se instalaran solos softwares maliciosos en sus PC.[25] En 2004, cofundé SiteAdvisor, un emprendimiento de seguridad web que desarrolló una herramienta para proteger a los usuarios de estas amenazas. Dado que la web es una red de protocolo, pudimos rastrear haciendo *crawling* y analizar páginas web y crear softwares que funcionaran dentro de los navegadores y los motores de búsqueda. No necesitamos pedir permiso. Ninguna empresa es dueña de la web ni del correo electrónico.

Los desarrolladores no necesitan permiso para crear clientes y aplicaciones en las redes de protocolo. Estas redes están abiertas, lo cual permite que la comunidad desarrolladora independiente resuelva problemas y desarrolle nuevas características. Aún mejor, los constructores y creadores pueden capturar cualquier valor económico que hayan creado. Estas condiciones e incentivos hacen posible que los mercados den solución a problemas que los protocolos no resuelven.

Habría sido imposible que mi emprendimiento se hubiera construido sobre una red corporativa. Las redes corporativas son inhospitalarias para los fundadores, y la mayoría de los capitalistas de riesgo saben que no deben financiar a personas que construyan sobre ellas. McAfee eventualmente adquirió nuestra empresa por una prima porque sabía que nosotros éramos dueños de lo que construíamos. La web no podía cambiar las reglas ni la renta. No había poder supremo que pudiera llevarse lo que habíamos hecho. La web, como comunidad, de la cual formábamos parte, tuvo éxito por el protocolo de arquitectura y los incentivos que creó.

La caída de la RSS

Desde los albores del correo electrónico y la web, ninguna red de protocolo ha tenido éxito a escala. No es por falta de ganas. En los últimos treinta años, los tecnólogos han creado muchas redes nuevas de protocolo confiables. A principios de los años 2000, Jabber, un protocolo de mensajería instantánea de código abierto (desde entonces renombrado XMPP), trató de asimilar AOL Instant Messenger y MSN Messenger.[26] Más adelante en esa década, OpenSocial, un protocolo de red social de plataforma múltiple, trató de competir con Facebook y Twitter.[27] Diaspora, una red social descentralizada que hizo su debut en 2010, también lo intentó.[28] Estos protocolos fueron técnicamente innovadores y crearon comunidades apasionadas, pero ninguno se volvió de uso masivo.

El correo electrónico y la web en parte tuvieron éxito por sus condiciones históricas especiales. En las décadas de 1970 y 1980, el internet consistía en un pequeño grupo de investigadores colaborativos. Las redes de protocolo crecieron en ausencia de una competencia centralizada. En años más recientes, las redes de protocolo nacientes han tenido que competir con alternativas corporativas con muchas más características y recursos.

Las desventajas competitivas de las redes de protocolo tal vez se ilustran mejor con el destino de la "sindicación realmente simple", RSS por sus siglas en inglés: el protocolo que más se acercó a desafiar las redes sociales corporativas. La RSS es un protocolo con una funcionalidad similar a una red social. Te permite hacer listas de usuarios que quieres seguir y les permite a esos usuarios enviarte contenido. Los administradores web pueden insertar código en sus sitios para sacar actualizaciones en un formato llamado XML, versión resumida de "lenguaje de marcado extensible", cada vez que se hace una nueva publicación. Las actualizaciones se envían a los feeds personalizados de los suscriptores, quienes siguen los sitios y blogs de su elección usando su software "lector" de RSS preferido. El sistema es elegante y descentralizado. Pero es nada más el esqueleto.

A principios de la década de 2000, la RSS era un competidor confiable para redes corporativas como Twitter y Facebook. Pero para 2009, Twitter empezó a suplantar la RSS. La gente dependía de Twitter en lugar de la RSS para suscribirse al contenido de blogueros y otros creadores. Algunos miembros de la comunidad RSS pensó que estaba bien porque Twitter tenía una

API abierta y había declarado su compromiso de continuar interoperando con la RSS. Para ellos, Twitter era simplemente un nodo popular en la red de RSS. Yo me seguí preocupando por el rumbo que estaban tomando las cosas, como blogueé en aquel entonces:

> El problema es que Twitter no está realmente abierto. Para que Twitter estuviera verdaderamente abierto, tendría que ser posible usarlo sin involucrar de ninguna manera la institución Twitter. En cambio, toda la información pasa a través del servicio centralizado de Twitter. Hoy en día, los principales servicios de internet predominantes —la web (HTTP), el correo electrónico (SMTP) y la mensajería por suscripción (RSS) — son protocolos abiertos que se distribuyen entre millones de instituciones. Si Twitter suplanta el RSS, será el primer servicio principal de internet con un solo *gatekeeper* con fines de lucro [...]. En algún punto, Twitter tendrá que hacer mucho dinero para justificar su valuación. Será entonces que podamos medir realmente el impacto de tener una sola empresa controlando un servicio principal de internet.

Desafortunadamente, mis preocupaciones estaban justificadas. Conforme se hizo más popular la red de Twitter que la RSS, sólo las normas sociales —ninguna otra cosa que fuera más firme— evitaron que la compañía pusiera fin a todo. En 2013, tan pronto como hacerlo fue idóneo para sus intereses corporativos, Twitter dejó de apoyar la RSS. Google cerró Google Reader, su producto de RSS principal, ese mismo año, lo que dejó claro lo bajo que había caído el protocolo.[29]

El RSS alguna vez había sido una aproximación confiable a las redes sociales, basada en un protocolo. Mientras que las comunidades de nicho siguieron usando RSS en la década de 2010, ya no era un rival serio para las redes sociales corporativas. El declive de este protocolo se correlaciona directamente con la consolidación del poder de la red entre unos cuantos gigantes del internet.[30] Como lo describió un bloguero, "Esa pequeña burbuja mandarina" —una referencia al logo naranja de RSS— "se ha vuelto un melancólico símbolo de rebeldía contra la web centralizada que cada vez se encuentra más bajo el control de un puñado de corporaciones".[31]

Hay dos razones principales por las que la RSS perdió. Primero: sus características. Este protocolo no podía igualar la facilidad del uso y la ventaja de la funcionalidad de las redes corporativas. En Twitter, un usuario podía crear una cuenta, elegir un nombre y qué cuentas seguir, y todo estaba listo y funcionando con unos cuantos clics. La RSS era, en cambio, simplemente un set de estándares. No había una empresa detrás, así que nadie manejaba una base de datos centralizada para guardar cosas como los nombres de las personas y las listas de seguidores. Los productos que se creaban alrededor del RSS tenían características más limitadas, les faltaban mecanismos amigables para descubrir contenidos, curarlos y analizarlos.

La RSS esperaba demasiado de sus usuarios. Al igual que el correo electrónico y la web, el protocolo usaba el DNS para nombrar, pero eso significaba que los creadores de contenido tenían que pagar para registrar dominios y luego transferir esos dominios a sus propios servidores web o proveedores de alojamiento para RSS. Esta experiencia de incorporación estaba bien para el correo electrónico y la web en los primeros días del internet, cuando no había otras alternativas y cuando muchos usuarios eran tecnólogos acostumbrados a esforzarse. Pero conforme empezaron a estar en línea personas con menos disposición y conocimiento, este protocolo no podía competir. Servicios gratuitos simplificados como Twitter y Facebook ofrecían formas más sencillas para que las personas publicaran, se conectaran y consumieran, permitiéndoles amasar decenas y luego cientos de millones —y en el caso de Facebook, miles de millones— de usuarios.

Otros protocolos trataron de igualar las capacidades de los servicios corporativos y también fracasaron. En 2007, la revista *Wired* documentó su intento de crear una red social propia usando herramientas abiertas como la RSS.[32] El demo llegó a un callejón sin salida justo antes de la meta, cuando los desarrolladores se dieron cuenta de que les faltaba una pieza clave de infraestructura: una base de datos descentralizada. (En retrospectiva, a los desarrolladores les faltaba exactamente la tecnología que las blockchains aportarían más adelante.) Como escribió el equipo:

> Durante las últimas dos semanas, Wired News trató de sacar su propio Facebook usando herramientas web gratis y otros widgets. Estuvimos cerca, pero al final fallamos. Pudimos recrear quizá 90% de la funcionalidad de Facebook, pero no la parte más importante, una forma de vincular a la gente y declarar la naturaleza de la relación.

Algunos desarrolladores, como Brad Fitzpatrick, quien empezó la red de blogs LiveJournal en 1999, sugirió resolver este problema al crear una base de datos de gráficos sociales manejados por organizaciones sin fines de lucro.[33] En una publicación de 2007 llamada "Meditaciones sobre el gráfico social", propuso:

> **Establecer un software de código abierto y sin fines de lucro** (y la organización sin fines de lucro tendría los derechos) que recolectara, vinculara y redistribuyera los gráficos de todos los demás sitios de redes sociales en un único gráfico agregado global. Esto entonces se vuelve disponible para otros sitios (o usuarios) por medio de API públicos (para usuarios pequeños/casuales) y descargas de volcado de datos, con un flujo de actualización/API, para recibir actualizaciones iterativas al gráfico (para usuarios más grandes).

La idea era que una base de datos convencional que contuviera gráficos sociales podía ayudar a que la RSS igualara la integración agilizada de redes sociales corporativas. Darle el control de la base de datos a una organización sin fines de lucro la mantendría neutral de forma creíble. Implementar esto, sin embargo, requería una extensa coordinación entre los desarrolladores de software y grupos sin fines de lucro. El esfuerzo nunca cobró fuerza, y a la gente le ha costado trabajo que los grupos sin fines de lucro trabajen también en otros contextos de emprendimiento tecnológico (los cuales trato más adelante, en "El modelo sin fines de lucro").

Mientras tanto, las redes corporativas no necesitaban coordinarse. Simplemente se podían mover rápido, incluso si eso implicaba romper unas cuantas cosas.

Esto nos lleva a la segunda razón por la que RSS perdió: financiamiento. Las empresas con fines de lucro pueden conseguir capital de riesgo para contratar más desarrolladores, construir funcionalidad avanzada, subsidiar los costos de alojamiento, etcétera. Al crecer, más capital queda disponible. Las empresas como Facebook y Twitter, y casi todas las demás redes corporativas grandes, han recaudado miles de millones de dólares de inversionistas privados y públicos. La RSS era sólo un grupo de desarrolladores vagamente conectado sin ningún acceso a capital más allá de donaciones voluntarias. Nunca fue una pelea justa.

Aun en la actualidad, el financiamiento para software de código abierto está sujeto a fuerzas del mercado que, en ocasiones, aunque no siempre, corresponden a lo que es bueno para el internet. En 2012, una actualización de software introdujo una vulnerabilidad crítica al OpenSSL, un proyecto de código abierto que alimenta una gran porción del software de encriptación del internet. El virus Heartbleed puso en peligro la seguridad de grandes extensiones de comunicaciones en internet.[34] Los ingenieros de seguridad sólo lo descubrieron dos años después de su introducción. Cuando la gente investigó por qué nadie encontró el fallo antes, se enteraron de que la organización sin fines de lucro responsable de mantener el protocolo de internet, la Fundación de Software OpenSSL, consistía sólo en unos cuantos voluntarios sobretrabajados que subsistían gracias a un financiamiento insignificante, incluyendo alrededor de 2 000 dólares de donaciones directas al año.[35]

Algunos proyectos de código abierto están bien financiados porque su éxito se alinea con los intereses de las grandes empresas. El sistema operativo más utilizado en el mundo, Linux, entra en esta categoría. Las empresas que se benefician de la proliferación de sistemas operativos de código abierto, como IBM, Intel y Google, apoyan el desarrollo de Linux.[36] Pero crear nuevas redes de protocolo por lo general no se alinea con los intereses corporativos. De hecho, la estrategia de la mayoría de las empresas de tecnología es capturar, controlar y monopolizar las redes. Lo último que quieren hacer es financiar a un competidor potencial. Las redes de protocolo se encuentran en el interés colectivo del internet, pero éste no ha tenido una fuente significativa de fondos directos desde que el gobierno la financió en los primeros días.

Las redes de protocolo como el correo electrónico y la web tuvieron éxito porque llegaron antes de que hubiera alternativas serias. Los incentivos que crearon condujeron a un periodo dorado de creatividad e innovación que persiste hasta hoy, a pesar de la intrusión de los gigantes de la tecnología. Pero intentos posteriores de construir redes de protocolo no han podido volverse de uso generalizado. El declive de la RSS sintetiza los retos que enfrentan las redes de protocolo. La moraleja de la historia de la RSS también nos muestra cómo las redes de protocolo plantaron la semilla de un diseño de red más competitivo y más novedoso, uno que definiría la siguiente era del internet.

3

REDES CORPORATIVAS

Cuando estaba en la universidad, recuerdo haber pensado: esta cosa del internet es asombrosa, porque puedes buscar cualquier cosa que quieras, puedes leer noticias, puedes descargar música, puedes ver películas, puedes encontrar información en Google, puedes sacar referencias de Wikipedia, excepto que la cosa más importante para los humanos, que son otros humanos, no estaba ahí.[1]
—MARK ZUCKERBERG

Tecnologías esqueumórficas y nativas

La gente usa nuevas tecnologías de una o dos formas: *1)* para hacer algo que ya podía hacer, pero ahora puede hacer más rápido, más barato, más fácil o de mejor calidad, o *2)* hacer algo por completo nuevo que simplemente no podía hacer antes. A inicios del desarrollo de nuevas tecnologías, la primera categoría de actividades tiende a ser más popular, pero es la segunda parte la que tiene efectos más duraderos en el mundo.

Mejorar las actividades existentes se da primero porque es más sencillo. Descubrir los verdaderos poderes de un nuevo medio toma tiempo. Cuando Johannes Gutenberg, inventor de la imprenta de tipos móviles, publicó su Biblia en el siglo XV, le dio el aspecto de la copia de un manuscrito hecho a mano. ¿Quién podría imaginar que un libro fuera otra cosa? Y sin embargo, como Alan Kay, científico informático y ganador del Premio Turing una vez observó, "el verdadero mensaje de la imprenta no era imitar las Biblias hechas a mano, sino discutir, 150 años después, por otros medios sobre ciencia y gobernanza política", un catalizador para la revolución.

Hacer cosas nuevas requiere un salto imaginativo. Los primeros directores de cine filmaban sus películas como si fueran obras de teatro. Efectivamente, estaban haciendo producciones teatrales con mejores modelos de distribución. La cinematografía sólo cambió después de que verdaderos innovadores se dieran cuenta del potencial de una gramática visual nativa del formato novel. El desarrollo de la electricidad siguió un camino similar. Al principio, la gente cambió el gas y las velas por la luz eléctrica debido a su conveniencia. Sólo décadas después aprovecharía la red eléctrica para alimentar toda clase de aparatos, desde tostadores hasta Teslas.

La tecnología que toma prestado de lo que ya estaba antes en ocasiones se llama esqueumórfica. El término originalmente hacía referencia a elementos de diseño en arte que son vestigios intencionales, aunque innecesarios. Durante la era de Steve Jobs, Apple popularizó la idea como una descripción de gráficos digitales que se veían como objetos familiares,[2] por ejemplo una repisa de madera como decoración en una aplicación de lectura o el icono de bote de basura para representar los archivos borrados. El diseño esqueumórfico facilitó que la gente se adaptara a interactuar con las pantallas de la computadora. Ahora, la gente en la industria tecnológica usa el término para describir tecnologías que imitan actividades o experiencias existentes. Copiar cosas que ya existen hace que las cosas nuevas se sientan familiares y ayuda a la gente a sentirse cómoda con ellas.

El internet fue esqueumórfico en la década de 1990. En aquel entonces, por lo general, consistía de adaptaciones digitales de las cosas preinternet: páginas web que imitaban folletos y catálogos, el correo electrónico como una extensión de la escritura de una carta y compras que recordaran las ventas por catálogo. La gente la llamó la era de leer porque, si bien podía enviar correos electrónicos, añadir datos y comprar cosas, la información por lo general fluía en una sola dirección: del sitio web al usuario. Podemos compararlo con un archivo digital de solo lectura, que se puede abrir y ver, pero no editar. La creación de sitios web era una habilidad especializada en aquel entonces, y casi todas las actividades no involucraban publicar para audiencias numerosas.

Es difícil imaginarlo ahora, pero el internet de la década de 1990 y los primeros años de 2000 no se parecía en nada al internet móvil, siempre encendido y de alta velocidad, que tenemos hoy.[3] La gente se sentaba enfrente de una PC aparatosa de escritorio y se "conectaba" sólo intermitentemente, por lo general para revisar su correo, planear un viaje o buscar algo en la web. Las imágenes se cargaban con lentitud y la reproducción de videos, cuando funcionaba, era de pésima calidad. La mayoría de la gente se conectaba vía módems de acceso telefónico; eran conexiones lentas fijas, que a duras penas se movían a velocidades que la gente hoy consideraría insoportables.

Aun en la cúspide de la manía "punto com", el entusiasmo por el internet llegó sólo hasta cierto punto. Justo antes de que la emoción tuviera su clímax en marzo de 2000, la Academia Nacional de Ingeniería puso al internet en el número trece de su lista de los más grandes logros de ingeniería del siglo xx.[4] Este invento estaba por debajo de la radio y los teléfonos (sexto), el aire acondicionado y la refrigeración (décimo) y la exploración espacial (doceavo).

Luego —¡pop! — se reventó la burbuja. Las acciones se desplomaron por todas partes. En 2001, el precio por acción de Amazon llegó a un mínimo histórico.[5] La capitalización bursátil de la compañía cayó a 2.2 mil millones de dólares (menos de 0.5% de lo que es hoy). Cuando el Centro de Investigación Pew, una firma prominente de encuestas, les preguntó a los estadounidenses en octubre de 2002 si adoptarían la banda ancha, la mayoría dijo que no.[6] La gente usaba sobre todo el internet para ver su correo electrónico y "surfear" en la web. ¿En serio necesitaban que fuera más rápido? El consenso general era que el internet era agradable, claro, pero tenía usos limitados y quizá no era un buen lugar para forjarse una vida. La caída del mercado lo demostró.

Sin embargo, el internet estaba en el umbral de un renacimiento; incluso mientras la industria ardía, un pequeño, pero creciente movimiento estaba forjándose.

Para mediados de la década de 2000, los tecnólogos empezaban a explorar diseños de productos nativos de internet. Si "esqueumórfico" significa más de lo mismo, entonces "nativo" indica *novedad*. Nuevos servicios empezaron a surgir para sacar ventaja de las capacidades únicas del internet, en lugar de meramente volver a andar los mismos caminos ya recorridos por análogos fuera de línea. Las tendencias clave incluyeron bloguear, tener redes sociales, buscar citas en línea, crear currículos públicos y compartir fotos. Innovaciones técnicas como las API permitieron integraciones ininterrumpidas entre los servicios de internet. Las páginas web se volvieron interoperables. También se volvieron dinámicas, capaces de refrescarse automáticamente. "Mezclas" de aplicaciones y datos de pronto estaban en todas partes. La web se había vuelto fluida.

Richard MacManus lo dijo mejor en la primera publicación de su primer e influyente blog de tecnología, *ReadWriteWeb*, en abril de 2003. "Nunca se consideró que la web fuera sólo un sistema unidireccional de publicaciones, pero la primera década de la web ha estado dominada por una herramienta que ha sido únicamente de lectura: el navegador web", escribió. "La meta ahora es convertir la red en un sistema bidireccional. La gente común debería poder escribir en la web con la misma facilidad con que puede navegarla y leerla".[7]

Que el internet pudiera ser más que un medio sólo de lectura inspiró y revitalizó a una nueva generación de constructores y usuarios. Que esta reimaginación del internet pudiera permitir a cualquiera crear fácilmente contenido y llevarlo frente a grandes audiencias —no únicamente para *asimilar* información, sino para *transmitirla*— abrió nuevos campos enteros de posibilidades. Y así, la web empezaría su siguiente fase, en la que la gente consumiría y *publicaría* con libertad, y a una escala sin precedente: actividades que no tenían precursor en el mundo preinternet.

La era de leer/escribir, también conocida como Web 2.0, había llegado.

El auge de las redes corporativas

La era de leer/escribir también marcó un cambio en el diseño de red. Algunos tecnólogos se quedaron con la arquitectura de red de protocolo abierto, construyendo nuevos protocolos y, encima de eso, aplicaciones. Pero los desarrolladores que más éxito tendrían siguieron un rumbo distinto: el modelo de redes corporativas.

Dichas redes tienen una estructura simple. En medio, una empresa controla los servicios centralizados que alimentan la red. Esta empresa tiene completo control. Puede reescribir sus términos de servicio, determinar quién tiene acceso y redirigir cómo fluye el dinero en cualquier momento y por cualquier motivo. Las redes corporativas son centralizadas porque al final hay una persona, por lo general el ejecutivo en jefe, que determina todas las reglas.

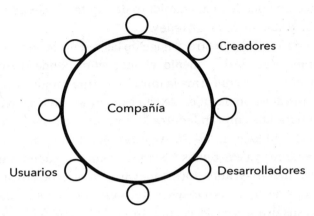

Los usuarios, los desarrolladores de software y otros participantes quedan desplazados hacia la periferia de la red, donde están sujetos a los caprichos de la corporación central.

El modelo de red corporativa permitió a una nueva generación de constructores moverse más rápido. Los desarrolladores podían enviar funciones e iterar con rapidez, en lugar de esperar a coordinarse con grupos de estándares y otros accionistas. Podían crear experiencias avanzadas e interactivas al centralizar los servicios en el interior de los centros de datos. Y de manera crucial, dado que el premio de poseer una red era irresistible para los inversionistas de capital de riesgo, podían recaudar capital para invertir en su crecimiento.

En la década de 1990, los emprendimientos de internet hicieron muchos experimentos, pero para la década de 2000 quedó claro que los mejores modelos de negocio involucraban ser dueño de una red. eBay les mostró el camino.[8] Fundada en 1995 como AuctionWeb, la empresa rápidamente se volvió favorita de la bolsa de valores[9] y la gente la consideró un caso de estudio sobre qué tan valiosas podían ser las redes. La empresa era más lucrativa que Amazon,[10] su principal competencia, y la mayoría de la gente consideraba que tenía un mejor modelo de negocio. Poseía eBay un fuerte efecto de red y no tenía inventario, con lo que reducía sus costos. Amazon tenía un efecto de red más débil y un inventario, con lo que aumentaba sus costos. El éxito de eBay, junto con otros negocios que aprovechaban el efecto de red, como PayPal (que eBay compró en 2002 y se escindiría trece años más tarde), arrancó una ola de financiamiento de capital de riesgo para emprendimientos que trataban de crear redes.

La historia de YouTube ilustra el auge de las redes corporativas. A mediados de la primera década del milenio, el internet de banda ancha en el hogar empezó a popularizarse conforme la infraestructura mejoró y los precios cayeron.[11] La reproducción de video de alta calidad se volvió algo práctico para el usuario común. Los emprendedores lo notaron y empezaron a crear nuevos negocios de video en internet. Algunas de estas empresas permitieron que los proveedores ya existentes de video, como las cadenas de televisión, también transmitieran en línea. Otras apoyaron los protocolos abiertos, como Media RSS y RSS-TV, que eran extensiones multimedia de la RSS. Otros más construyeron sus propias redes corporativas alrededor del "video social", facilitando que cualquiera con una conexión a internet pudiera publicar videos.

YouTube fue el impulsor de este último método. El servicio comenzó como un sitio de videocitas antes de expandir su enfoque al video en general.[12] La primera característica exitosa de YouTube les permitía a los usuarios insertar videos en sus propias páginas web. En aquel entonces, la página de YouTube tenía un público pequeño. Los seguidores que tuvieran los creadores de video por lo general eran de sus propias páginas web. Alojar video era caro y complejo y YouTube lo volvió gratuito y fácil.

El producto para insertar videos de YouTube es un ejemplo de una táctica que yo llamo "ven por la herramienta, quédate por la red".[13] La idea es atraer usuarios con una herramienta que se monta a cuestas de redes ya existentes, como las páginas web de los creadores de video, para luego incitar a esos usuarios a participar en otra red, como la página web de YouTube y su aplicación. La herramienta ayuda a un servicio a alcanzar a una masa crucial, punto en que los efectos de red ya pueden entrar. Con el tiempo, la red alternativa se vuelve más valiosa que las redes preexistentes y es más difícil que los competidores la repliquen. La herramienta podría mejorar conforme la empresa agregue otras funciones, pero el valor de la red aumenta mucho más rápido, a una tasa compuesta. Hoy en día, muchos servicios alojan videos gratis, pero YouTube sigue a la cabeza porque el servicio tiene un público muy grande —lo que quiere decir, una red grande. La herramienta es el gancho, pero la red es lo que crea un valor a largo plazo para los usuarios y para la compañía.

Las redes corporativas incipientes emplean esta táctica con regularidad. El gancho inicial de Instagram fue una herramienta gratuita de filtros fotográficos. Otras aplicaciones ofrecían filtros para las fotos en aquel entonces, pero casi todos costaban dinero. Instagram hizo que fuera fácil compartir fotografías retocadas en redes existentes como Facebook y Twitter,[14] mientras que las compartía a la vez en la red de Instagram. Eventualmente, la gente dejó de molestarse por compartir fotos en ningún otro lado que no fuera Instagram.

YouTube demostró el poder de esta estrategia. El servicio atrajo creadores de contenido al subsidiar el almacenamiento y los costos de ancho de banda por reproducir videos. Cualquier video se podía subir a YouTube y ser reproducido en cualquier otra página web gratis. La empresa consideró que la ventaja de controlar la red para la distribución de videos en internet excedería el costo de proveer una herramienta de inserción de video.

Aun así, YouTube necesitaba que alguien corriera con los gastos. Manejar un negocio que alojara tantos videos era una propuesta cara, y recaudar fondos externos no era una solución infalible. El capital de riesgo era una industria mucho más reducida a mediados de la década de 2000, y estaba sufriendo las repercusiones de la caída del "punto com". Puesto que los usuarios también cargaban material que infringía los derechos de autor, YouTube enfrentaba problemas legales que desafiaban su existencia.[15] Por lo que, en 2006, YouTube le vendió a Google un negocio lleno de dinero por su publicidad, cuyos fundadores visionarios reconocieron el potencial de la red, además de su sinergia con su propio negocio ya existente. La apuesta funcionó. Hoy en día, YouTube contribuye con más de 160 mil millones de dólares a la capitalización bursátil de Google, de acuerdo con los estimados de varios analistas de Wall Street.[16]

El subsidio ayuda a explicar por qué las redes de protocolo tienen tantas dificultades para competir con las redes corporativas. Los servicios vinculados con una red sustentada en la comunidad, como la RSS, no tienen una fuente de financiamiento capaz de subsidiar los costos de alojamiento al nivel que pueden las redes apoyadas en empresas. Las arcas de los proyectos que dependen de donaciones palidecen en comparación con los botines de guerra de los gigantes de la tecnología. Regalar la herramienta tiene sentido financieramente sólo cuando la empresa que subsidia —no la comunidad— es dueña del premio máximo: la red.

El problema con las redes corporativas:
el ciclo de atracción/extracción

Si le pides a la gente que nombre un ejemplo específico de competencia corporativa, probablemente citarán una rivalidad entre fabricantes de productos similares: Coca versus Pepsi, Nike versus Adidas, Mac versus PC. Los productos que son esencialmente intercambiables, en la jerga empresarial se llaman sustitutos.

La competencia entre los sustitutos es directa. Una comida, ya sea en McDonald's o en Burger King, satisfará (probablemente) el hambre de una persona, y tú no esperarías que un cliente típico visite ambos restaurantes a la hora pico del almuerzo. De la misma manera, alguien podría comprar una camioneta pickup Ford o GM, pero la misma persona probablemente no derrochará su dinero en ambas al mismo tiempo. Si un cliente va a comprar sólo un producto, los negocios se pelean por asegurarse de que sea el suyo.

Los productos que están agrupados o que se usan juntos, en cambio, se llaman complementos. El café y la crema son complementos. Lo mismo que el espagueti y las albóndigas, los automóviles y la gasolina y las computadoras y el software. Las redes sociales y los creadores de contenido, como YouTube y MrBeast, el host de uno de los canales más populares de YouTube, también son complementos. El emparejamiento refuerza el valor de las partes: ¿qué es un hot dog sin el pan, o un iPhone sin aplicaciones?

Uno podría esperar que las parejas fueran los mejores amigos, pero los complementos, de hecho, son los más grandes amienemigos (término anglosajón *frenemies*, fusión de amigo y enemigo). Si los clientes no están dispuestos a pagar más de una cantidad fija por un grupo dado, los complementos se pelearán para reclamar la mayor parte de las ventas de ese grupo. Las batallas entre los complementos puede ser brutal, asuntos de suma cero. De hecho, algunas de las competencias más feroces en negocios se dan entre quienes comparten cama.

Imagina un enfrentamiento hipotético entre los proveedores de camiones de comida, por ejemplo. Si un cliente está dispuesto a pagar 50 por un hot dog, los inteligentes productores de salchichas maniobrarán para quedarse con un margen mayor de los 50, de otro modo podrían ir con el panadero de junto. Quizá los carniceros comprarán pan al mayoreo y venderán más barato que su competencia combinando panes de menor costo con sus salchichas. O quizá comercializarán hot dogs sin pan, como un tipo de salchicha orgánica, libre de gluten. Los panaderos enojados podrían, en venganza, criar ganado e inundar el mercado con carne para bajar el precio de la salchicha en relación con el pan. O podrían introducir salchichas alemanas veganas para sacar por completo al carnicero de la jugada.

Estos ejemplos son simples, pero el punto es que más valor por un complemento significa menos valor para el otro. Ambos lados competirán por adelantarse en su búsqueda de crecimiento en el mercado de los "perros calientes", en lo que sólo se puede describir como si un perro se come a otro perro.

Los efectos de red complican la competencia entre los complementos de las redes corporativas al establecer incentivos que se encuentran en conflicto. Por un lado, los complementos de una red corporativa ayudan a que crezca la red y fortalecen su efecto. Por otra parte, los complementos de una red corporativa pueden desviar los ingresos que de otro modo habrían ido al dueño de la red. La tensión entre estos objetivos casi siempre provoca que la relación entre las redes corporativas y sus complementos se rompa.

En la década de 1990, Microsoft proveyó una demostración notoria de esto cuando hizo movidas estratégicas en contra de los complementos de su sistema operativo, Windows.[17] Microsoft quería que los desarrolladores externos de aplicaciones construyeran en Windows, pero no quería que las aplicaciones individuales se volvieran demasiado populares. Cuando le empezaba a ir bien a una aplicación, Microsoft juntaba una versión gratis con Windows, tal y como hizo con su reproductor multimedia de marca Microsoft, su cliente de correo electrónico o su navegador de internet, el más famoso. La mayoría de las aplicaciones externas que sobrevivieron a dichos ataques eran demasiado pequeñas para que Microsoft se interesara. Desde una perspectiva de maximizar las ganancias, el mejor resultado de una plataforma como Windows sería tener un montón de complementos más pequeños con un poder fragmentado y débil, pero que la suma de esos complementos hiciera más valiosa la plataforma como un todo. (La estrategia de Microsoft para aplastar los complementos fue una de las principales razones por las que el Departamento de Justicia de Estados Unidos acusó a la empresa de violar las leyes antimonopolio en 1998.)[18]

Las redes sociales también tienen una historia de conflicto con sus complementos primarios, los creadores de contenido. Considera las redes sociales modernas sustentadas en publicidad que buscan maximizar sus ganancias. La mayoría de ellas tienen costos fijos elevados para cubrir su desarrollo de software y su infraestructura. Los costos marginales son bajos: añadir más servidores y ancho de banda genera más ganancia que costos. En su mayoría, elevar las ganancias se reduce a incrementar las utilidades. Tan simple como eso.

Estas redes pueden maximizar sus utilidades de dos formas. La primera es hacer crecer la red. La forma más efectiva de lograrlo es crear un ciclo de retroalimentación positiva donde más contenido conduzca a más usuarios, y más usuarios conduzcan a más contenido. Es un círculo virtuoso. Si la gente pasa más tiempo en la red, la empresa puede ganar más con su publicidad.

La segunda forma en que una red social puede maximizar sus ganancias es por medio del contenido promocional. Los feeds sociales por lo general consisten de dos clases de contenido: orgánico y promocionado. El orgánico aparece en los feeds de los usuarios mediante los procesos usuales del algoritmo. El promocional aparece porque los creadores pagaron para que se incluya. Las redes sociales pueden sacarle jugo al hecho de que más creadores de contenido paguen. Las redes pueden cobrar más por cada promoción, y también pueden rellenar el feed de los usuarios con más contenido patrocinado. El riesgo es que en algún punto la estrategia podría degradar la experiencia del usuario y exceder la tolerancia de la gente por los anuncios.

Una táctica común que usan las redes sociales para hacer que los creadores de contenido promuevan más contenido es permitirles que logren una cierta magnitud de audiencia, y luego ajustar el algoritmo para que ya no reciban los mismos niveles de atención de manera orgánica. En otras palabras, una vez que los creadores generan ingresos significativos y se vuelven económicamente dependientes en la red, los dueños de la red frenan el alcance de los creadores para que se vean obligados a comprar publicaciones patrocinadas para mantener o acrecentar su público. Esto hace que acrecentar su público sea cada vez más caro con el tiempo. Los creadores de contenido llaman a esta jugada un "gancho", y si hablas con ellos, escucharás la queja con regularidad.

Las empresas enfrentan el mismo problema. Si lees los documentos oficiales que publicitan en redes sociales, verás que los costos de marketing de la mayoría están subiendo.[19] Las redes sociales son muy buenas para extraer la máxima ganancia de sus complementos más importantes: creadores de contenido (incluyendo anunciantes). Esto no quiere decir que ese gancho sea una conspiración nefaria por parte de la dirección corporativa. Sólo significa que las redes corporativas acabarán comportándose de esta manera si son inteligentes sobre la optimización de sus ganancias. ¿Por qué este patrón es tan consistente y duradero? Porque únicamente las redes que son inteligentes respecto de la optimización de sus ganancias sobreviven.

Los desarrolladores de software externos o independientes son la otra categoría importante de complementos de redes sociales. Los desarrolladores son valiosos para las redes porque subcontratan la producción de software nuevo. Las redes sociales muchas veces impulsan al principio el crecimiento de aplicaciones externas.[20] Más adelante, las redes identifican las aplicaciones como un riesgo competitivo y las cortan, así como Facebook hizo antes con Vine y otras.

Las redes corporativas que no aplastan los complementos muchas veces los copiarán o, en ocasiones, los adquirirán. La primera aplicación que sacó Twitter para iPhone en 2010 fue una versión renombrada de Tweetie, una aplicación externa que había adquirido ese año.[21] Poco después, Twitter descontinuó características disponibles en otras aplicaciones externas, incluyendo una variedad de lectores de feed, tableros y filtros.[22] Los desarrolladores se sintieron traicionados.[23] Andrew Stone, fundador de una de las aplicaciones afectadas, Twittelator, le dijo a *The Verge* en 2012, "Cualquiera que sea la ganancia percibida que pudiera alcanzarse al eliminar a terceros debería sopesarse contra la persistente percepción del público de que a Twitter le ganó la ambición".

Twitter estaba actuando, añadió Stone, como "el titán de la mitología griega Cronos, [que] empezó a comerse a cada uno de sus hijos conforme iban naciendo".

La creación de emprendimientos sobre las redes sociales fue algo extenso en la segunda mitad de la década de 2000, antes del revés. La creencia popular entre los emprendimientos era que, además de los teléfonos móviles, las redes sociales eran la siguiente gran plataforma para los emprendedores. Muchos de los emprendimientos más populares en ese entonces, como RockYou (red publicitaria),[24] Slide (creador de aplicaciones sociales),[25] StockTwits (rastreador bursátil)[26] y UberMedia (otro creador de aplicaciones sociales),[27] se construyeron sobre las redes sociales. Muchos fundadores amigos míos estaban creando empresas y aplicaciones sobre Facebook, Twitter y otras redes sociales en aquel entonces. Incluso Netflix introdujo una API en 2008 para impulsar el desarrollo externo, hasta que la cerró seis años después.[28]

Construir en Twitter era particularmente popular. La gente la considera-ba la red corporativa más abierta de todas, esto es, hasta que la compañía cambió sus políticas y asesinó el ecosistema de los desarrolladores.[29] Yo me preocupé en ese entonces por el hecho de que los emprendimientos depen-dieran demasiado de Twitter, una inquietud que expresé en 2009 en una publicación en mi blog, "La inevitable contienda entre Twitter y las aplica-ciones de Twitter".[30]

Debí haber escuchado mi propio consejo. Mi segundo emprendimiento, Hunch, una compañía de inteligencia artificial que cofundé en 2008, depen-día de la API de Twitter. Hunch aprendía los intereses de los usuarios y ofre-cía recomendaciones de productos basadas en la información de Twitter. Mis cofundadores y yo le vendimos la compañía a eBay en 2011, en parte fue porque la información abierta de la que dependíamos dejó de estar dispo-nible. (eBay tenía sus propios datos, los cuales podía introducir en nuestra tecnología de aprendizaje.)

La transición de redes sociales abiertas a las versiones cerradas con las que la gente está familiarizada hoy data de 2010. Un dato acerca de esto que señalé en ese entonces: Google empezó a advertir a los usuarios que querían exportar sus contactos de Google a Facebook, "Espera un segundo. ¿Estás súper seguro de que quieres importar los datos de contacto de tus amigos a un servicio que no te dejará sacarlos?".[31] En ese tiempo, Facebook per-mitía que los usuarios descargaran su información personal: fotos, infor-mación de perfil, etcétera, pero sólo como un archivo .zip poco manejable. Facebook no tuvo disponible ninguna API interoperable y fácil de usar. La empresa estaba restringiendo su gráfico social, impidiendo que cualquiera descargara fácilmente sus listas de amigos. Google atacó la política de Face-book como "proteccionismo de datos".

Conforme las redes corporativas cerraron los puños, el financiamiento de capital de riesgo para que las aplicaciones construyeran encima de platafor-mas sociales se secó. Si estas redes no iban a dejar que nadie que construye-ra con ellas creciera realmente, ¿para qué invertir ahí? Era muy distinto de la época de las redes de protocolo, como la web y el correo electrónico, cuando todos confiaban en que las redes seguirían siendo accesibles y gratuitas a

perpetuidad, y comprendían que podían crecer hasta donde se los permitie-
ra el mercado. La llegada de las redes corporativas acabó con esas promesas
implícitas. Construir encima de una red corporativa era como construir con
cimientos despedazados. El término artístico para describir este peligro de
la nueva era es: riesgo de plataforma.

Sin desarrolladores externos, las redes corporativas deben apoyarse nada
más en sus propios empleados para generar nuevos productos. Basta mirar
a Twitter para ver las consecuencias de los incentivos de red mal alineados
en acción. Más de diecisiete años después de su fundación, Twitter sigue
lidiando con terribles problemas de spam. Bill Joy, el cofundador de Sun
Microsystems, alguna vez hizo un comentario que se volvió célebre: sin importar quién eras, la mayoría de la gente más inteligente trabaja para alguien
más.[32] Cuando el correo electrónico tuvo un problema de spam, la gente
inteligente que trabajaba para otros (o que muchas veces trabajaba para sí
misma) llegó al rescate. No había caballería que llegara a ayudar a Twitter.
El riesgo de plataforma espantó a todos.

Casi todas las nuevas tecnologías siguen una "curva S", un gráfico de crecimiento a lo largo del tiempo que semeja la letra S. La curva comienza plana en la primera fase, cuando los desarrolladores de la tecnología buscan un
mercado y encuentran sus primeros usuarios. Conforme los constructores
ven que el producto y el mercado embonan, la curva se empieza a inclinar
rápidamente hacia arriba, lo que indica una aceptación general. La curva se
aplana de nuevo cuando el producto satura el mercado.

La adopción de la red tiende a seguir una curva S. Cuando las redes escalan la curva, la relación entre las redes corporativas y sus complementos se
desenvuelve en un patrón predecible. La interacción empieza siendo amis-
tosa. Las redes hacen todo lo que pueden para reclutar complementos como
desarrolladores de software y creadores de contenido para hacer que sus
servicios sean más atractivos. Los efectos de red son débiles en esa primera
etapa. Los usuarios y los complementos tienen muchas opciones, y no están
atrapados todavía. Los beneficios fluyen, la gente está feliz y todo es kum-
bayá (canción afroamericana de principios del siglo xx que se asocia con la
cercanía, con el abrazo).

Luego la relación se agria. Cuando la red sube por la curva S, la plataforma empieza a ejercer más influencia sobre usuarios y terceros. Los efectos
de red se fortalecen, pero el crecimiento se desacelera. La relación entre

la plataforma y sus complementos se vuelve hostil. Una suma positiva se vuelve una suma cero. Para que sigan entrando utilidades, las plataformas empiezan a capturar mayor cantidad del dinero que fluye a través de su red. Esto es lo que pasó cuando Facebook estranguló a Vine y a otras aplicaciones, y cuando Twitter se tragó enteros a sus vástagos externos. Las plataformas eventualmente canibalizan sus complementos.

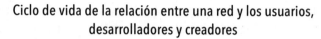
Ciclo de vida de la relación entre una red y los usuarios, desarrolladores y creadores

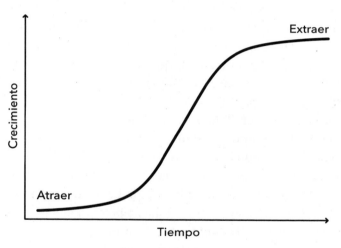

Este ejemplo puede ayudar a explicar por qué las redes más grandes muchas veces dejan de interoperar. Supón que tienes dos redes, una más pequeña con diez nodos, A, y una más grande con veinte nodos, B. Si las dos redes interoperan, ambas tendrán treinta nodos. Hay distintas formas de aproximar el valor de una red. Usemos la ley de Metcalfe, la cual indica que el valor de una red varía según el cuadrado de la cifra de nodos. Al interoperar, el valor de A salta a novecientos (treinta nodos al cuadrado) a partir de cien (diez nodos al cuadrado). B gana menos. También llega a un valor de novecientos (treinta nodos al cuadrado), pero de una base de cuatrocientos (veinte nodos al cuadrado). Así que A se vuelve 9 veces más valiosa, mientras que B se vuelve solo 2.225 veces más valiosa. A la red A le va mejor.

Es un ejemplo sencillo, pero expone por qué, cuando una red crece, añadir complementos e interoperar con otras redes se vuelve menos atractivo. El momento en que una plataforma alcanza su ventaja máxima es el mismo momento en que tiene sentido dar media vuelta. Redes más grandes tienen menos que ganar y más que perder al interoperar. ¿Por qué impulsar a competidores potenciales?

La tensa relación de Facebook con un colaborador alguna vez cercano, el creador de juegos Zynga, es prueba de estas inquietudes. Durante años, después de su fundación en 2007, Zynga era la más grande sensación en la red social. Éxitos como *Zynga Poker*, *Mafia Wars* y *Words with Friends* atrajeron decenas de millones de jugadores. En alusión al primer gran juego que sacó Zynga, *FarmVille*, en una publicación de 2011 para la revista *New York*, un escritor expuso así la popularidad de la compañía: "Básicamente cualquiera que lleve en Facebook el tiempo suficiente, que en estos días es casi todo el mundo, ha recibido en algún momento una solicitud para adoptar una vaca".[33]

Para Zynga, las vacas virtuales eran una mina de oro. Para 2012, la empresa había crecido al grado de representar porcentajes de doble dígito de las ganancias de Facebook, por vender, entre otras cosas, ganado digital.[34] Los analistas de Wall Street llamaron a la sobrada contribución de Zynga a la primera línea de Facebook un riesgo significativo. El creador de juegos podía llevarse a la gente a una plataforma de juego propia después de todo. Así que Facebook diversificó su ganancia[35] y rompió su relación con Zynga, casi aniquilando a la compañía.[36] (Zynga más adelante reinició su negocio después de años de un esfuerzo por recuperarse, y en 2022, otra empresa de juegos, Take-Two Interactive, la compró por 12.7 mil millones de dólares.)[37]

La lección: las grandes redes pueden ganar por interoperar bajo las circunstancias adecuadas, pero los rivales pueden ganar más. El intercambio favorece primero la cooperación y luego la competencia.

Yo lo llamo el ciclo de atracción/extracción. Las redes corporativas obedecen su lógica sin fallo. Para los complementos, la transición de cooperación a competencia se siente como una traición. Con el tiempo, los mejores emprendedores, desarrolladores e inversionistas desconfían de construir sobre redes corporativas. Décadas de evidencia muestran que hacerlo conllevará decepciones. Es imposible cuantificar qué tanta innovación le ha costado esto al mundo. La ventana más cercana hacia el universo alternativo donde las redes corporativas siguen siendo posesiones comunitarias es ver la actividad de emprendimiento que sigue construyendo sobre el correo electrónico y la web, la cual aún es considerable, incluso después de todas estas décadas. Cada año, los emprendedores crean millones de páginas web y boletines a la par de nuevas compañías de software, empresas de medios, sitios de comercio electrónico para pequeños negocios y más.

Algunos fundadores de emprendimientos e inversionistas, sintiéndose ardidos, se han alejado del modelo de red corporativa, yo incluido. Conozco muchas personas bien intencionadas que trabajan para redes corporativas. El problema no es la gente. Es el modelo. Los intereses de la compañía y los participantes de la red simplemente no están bien alineados, lo que resulta en una experiencia peor para el usuario. Una red corporativa que no aplica la estrategia del gancho se verá aplastada por los competidores que sí lo hagan.

La opacidad es otra desventaja de las redes corporativas. La gente deja de confiar cuando funciones como las clasificaciones del algoritmo, el filtro de spam, el retiro de la plataforma y otras decisiones se manejan en el interior de una caja negra por entidades que buscan lucrar. ¿No estás seguro por qué se suspendió tu cuenta? ¿O por qué rechazaron una aplicación tuya en una tienda de aplicaciones? ¿O por qué parece que ya no tienes tanta influencia social como solías tener? Las redes corporativas se han vuelto herramientas cruciales que afectan la vida de la gente, y son temas constantes de debate y frustración. La dirección puede cambiar; en ocasiones puede compartir tus valores y otras veces no. De nueva cuenta, el problema real es el modelo. Todos están a merced de las plataformas corporativas.

Compara esto con la transparencia de las redes de protocolo. El correo electrónico y la web están gobernados por una coalición de entidades que hacen valer las leyes, además de comunidades de usuarios y desarrolladores de software que toman decisiones sobre la tecnología. Ambos procesos son abiertos y democráticos. El software cliente tiene la libertad de añadir moderación y filtros. Si a los usuarios no les gusta cómo funciona el software, pueden cambiar a uno nuevo sin perder sus conexiones. El poder está en las manos de la comunidad. Expandir la presencia de las partes interesadas crea confianza.

Por el lado bueno, las redes corporativas como Facebook, Twitter, LinkedIn y YouTube tuvieron un papel considerable para ayudar a hacer crecer el internet a lo largo de los últimos veinte años. La introducción del iPhone en

2007 y el debut de la App Store un año después, llevó a una oleada de redes útiles que incluye WhatsApp, Snap, Tinder, Instagram y Venmo. Estas redes corporativas ayudaron a llevar servicios avanzados a cinco mil millones de usuarios de internet.[38] Hicieron posible que cualquiera con acceso a internet publicara, forjara un público y viviera potencialmente de eso. Las redes corporativas bajaron drásticamente la barra de acceso para que las personas alcanzaran amplios públicos de maneras menos especializadas y menos laboriosas que la creación de páginas web y mucho más efectivas que usar sólo el correo electrónico. De esta manera, las redes corporativas superaron las redes de protocolo. La segunda era de la web ayudó a alcanzar el sueño de los tecnólogos, a inicios de la década de 2000, de mejorar el internet de una versión de "sólo lectura" a una de "lectura/escritura".

Las redes corporativas vencieron a las redes de protocolo por la superioridad de sus características y la sustentabilidad de su financiamiento. Únicamente el correo electrónico y la web, legados del primer internet, han resistido las fuerzas centralizadoras de las redes corporativas gracias a su historia única, su longevidad y las tradiciones arraigadas, una instancia del "efecto Lindy", donde vemos que, cuanto más tiempo dure algo, más probable será que permanezca. (Aunque siempre existe la posibilidad de que incluso las redes de protocolo queden subsumidas por las redes corporativas, aun si es difícil de imaginar.)

Redes de protocolo más recientes no disfrutan de esa resiliencia. Ninguna red de protocolo confiable, después de treinta años de intentos, ha tenido éxito más allá de un nicho. Las redes de protocolo más recientes son una rareza, y las que crean los tecnólogos invariablemente luchan por cobrar fuerza. Las redes corporativas colonizan y rebasan las nuevas redes de protocolo como kudzu. Las redes exitosas sucumben a la inescapable lógica promovida por el lucro del ciclo de atracción-extracción, así como sucedió en el caso de Twitter versus la RSS y tantos otros ejemplos. El modelo corporativo simplemente se ha vuelto demasiado efectivo.

Pero el software es un medio creativo con espacio ilimitado para la exploración, y el internet apenas empieza a desarrollarse. Nuevas arquitecturas de red pueden atender los problemas creados por las redes corporativas. En específico, las redes creadas sobre blockchains pueden combinar las mejores características de las redes anteriores, beneficiando a los constructores, creadores y consumidores, y dar paso a la tercera era del internet.

SEGUNDA PARTE

Poseer.

4

BLOCKCHAINS

*Mientras que la mayoría de las tecnologías tienden a automatizar
a los trabajadores en la periferia que realizan tareas insignificantes,
las blockchains automatizan el centro. En lugar de dejar sin trabajo
al taxista, las blockchains dejan a Uber sin trabajo y permiten que
los taxistas trabajen con los consumidores directamente.*[1]
—Vitalik Buterin

Por qué las computadoras son especiales:
el ciclo de retroalimentación plataforma/aplicación

En la secuela de 1989 de *Volver al futuro*, el personaje principal viaja de 1989 al año 2015. Carros voladores iban a toda velocidad por caminos en el cielo, pero la gente seguía usando cabinas telefónicas. Los smartphones no existían.

Esto es común en la ciencia ficción antes del internet: casi ninguna historia predijo el fantástico éxito de las computadoras ni del internet. ¿Por qué los contadores de historias fallaron consistentemente en atinarle a esto? ¿Por qué las supercomputadoras portátiles conectadas a internet llegaron, en la realidad, antes que los carros voladores? ¿Por qué las computadoras y el internet mejoraron mucho más rápido que todo lo demás?

La explicación es en parte tecnológica. Las leyes de la física nos permiten reducir el tamaño de los transistores, la unidad más pequeña de la maquinaria de una computadora y, por ende, empacar más capacidad computacional en volúmenes más pequeños. La tasa que describe este proceso se conoce como la ley de Moore, llamada así por Gordon Moore, un fundador de la empresa de chips Intel.[2] La ley de Moore establece que la cantidad de transistores que pueden caber en los chips más o menos se duplica cada dos años. La historia comprueba la regla: un iPhone moderno tiene más de 15 mil millones de transistores, comparado con una PC de escritorio de 1993, que sólo tenía alrededor de 3.5 millones. Muy pocas tecnologías experimentan más de mil veces una mejoría como ésta. Las restricciones físicas en otros campos de la ingeniería son más difíciles de superar.

El resto de la explicación es que un fenómeno económico también participa: una relación recíproca entre las aplicaciones, o apps, y las plataformas que las sustentan. El iPhone de hoy contiene muchos más transistores y otros componentes que el iPhone original, pero también tiene muchas más aplicaciones, las cuales son bastante más útiles y avanzadas que las primeras versiones disponibles. Nuevas aplicaciones ayudan a vender más teléfonos, lo que a su vez lleva a un incremento en la reinversión de los teléfonos y, entonces, de nuevo hacia las aplicaciones. Es el ciclo de retroalimentación plataforma/aplicación. Las plataformas, como el iPhone, permiten que haya nuevas aplicaciones. Nuevas aplicaciones hacen que las plataformas sean más valiosas. Esa reciprocidad crea un ciclo de retroalimentación positivo de mejoras compuestas.

Los avances tecnológicos y los ciclos de retroalimentación plataforma/aplicación vuelven las computadoras más veloces, más pequeñas, más baratas y con más características. Estas fuerzas se repiten a lo largo de toda la historia de la computación. Los emprendedores crearon procesadores de texto, programas de diseño gráfico y hojas de cálculo para las PC. Los desarrolladores pusieron motores de búsqueda, comercio electrónico y redes sociales en el internet. Los constructores trajeron la mensajería, el compartir fotos y los servicios de entrega bajo demanda a los teléfonos móviles. En cada caso, la inversión alternaba entre las plataformas y las aplicaciones, creando un crecimiento rápido y de múltiples años.

El ciclo de retroalimentación plataforma/aplicación afecta tanto a las plataformas que pertenecen a la comunidad como a las que pertenecen a las corporaciones. Protocolos como la web y el correo electrónico se beneficiaron del ciclo de retroalimentación, como sucedió con el sistema operativo de código abierto Linux. En el lado corporativo, Microsoft se benefició de ciclos similares en la década de 1990 cuando los desarrolladores crearon aplicaciones para las computadoras Windows. Los desarrolladores de aplicaciones están haciendo lo mismo para los sistemas operativos móviles de Apple y Google hoy en día. En ocasiones, múltiples tendencias convergen y se amplifican unas a otras, como la interferencia constructiva entre las olas que se enciman unas en otras. Las redes sociales fueron una aplicación estrella, o killer app (cualquier software que se vuelve tan necesario o popular que se convierte en el valor principal de una determinada tecnología), para los teléfonos móviles; ayudaron a volver más populares los dispositivos. Mientras tanto, la computación en la nube ofreció infraestructura flexible que los emprendimientos podían utilizar para escalar rápidamente sus aplicaciones, como las redes sociales, para poder aguantar miles de millones de usuarios. Los teléfonos móviles volvieron accesible y costeable todo. Estas tendencias combinadas nos dieron las mágicas supercomputadoras del tamaño de la mano que hoy están presentes en todas partes y que la ciencia ficción no logró imaginar.

Los ciclos computacionales más importantes por lo general surgen cada diez o quince años.[3] Las computadoras centrales dominaron las décadas de 1950 y 1960. Las minicomputadoras reinaron en la década de 1970. Luego vinieron las PC en la de 1980. El internet despegó en la década de 1990. Y, más recientemente, los teléfonos móviles están en todas partes desde el año 2007, cuando se lanzó el iPhone. No existe una regla que diga que este patrón necesita continuar, pero sí tiene lógica: la ley de Moore sugiere que se necesitan alrededor de diez o quince años para mejorar el poder computacional cien veces, y también toma más o menos ese tiempo para que los proyectos de investigación maduren. Si el patrón de diez a quince años continúa, entonces estamos a la mitad de otro ciclo.

Múltiples tendencias dirigirán el siguiente ciclo. La inteligencia artificial (IA) es una de ellas. La sofisticación de los modelos de IA parece estar creciendo a un nivel exponencial, una función de la cantidad de parámetros en sus redes neuronales subyacentes. El paso de la mejoría sugiere que los modelos futuros serán mucho más poderosos que los que ya de por sí son impresionantes y están ahora en el mercado. Otro descubrimiento serán los dispositivos de hardware, como los automóviles que se manejan solos y los visores de realidad virtual. Estos dispositivos están avanzando rápidamente gracias a la mejoría de los sensores, los procesadores y otros componentes. Las grandes empresas, como Apple, Meta y Google están haciendo inversiones considerables en estas áreas.[4] Son las apuestas del consenso —las elecciones convencionales— para lo que sigue en la computación. Casi todos están de acuerdo en cuánto significa.

Las blockchains son distintas. No hay una apuesta consensuada. Mientras que muchas personas reconocen su potencial —incluyéndome a mí—, casi toda la industria las descarta. De hecho, una visión prevaleciente en la industria de la tecnología asume que los únicos vectores del avance tecnológico que importan son aquellos en los que ya se enfocaron los incumbentes: bases de datos más grandes, procesadores más veloces, redes neuronales más grandes, dispositivos más pequeños. Esta visión es miope. Le concede demasiada importancia a las tecnologías que se originan de instituciones establecidas, e ignoran a las surgidas de otras partes, entre la larga fila de desarrolladores externos.

Dos caminos hacia la adopción: "De dentro hacia fuera" versus "De fuera hacia dentro"

Las nuevas tecnologías siguen uno de dos caminos: "de dentro hacia fuera" o "de fuera hacia dentro".[5] Las tecnologías de dentro hacia fuera empiezan dentro de los gigantes de la tecnología. Son las más obvias de las dos, surgen totalmente horneadas del interior de instituciones establecidas y se vuelven mejores al ritmo en que los empleados corporativos, el personal de investigación y otros en la nómina las mejoran. Tienden a necesitar un capital considerable y entrenamiento formal, lo que eleva las barreras de entrada.

La mayoría de la gente reconoce el valor de las tecnologías de dentro hacia fuera incluso antes de que existan. Es fácil imaginar que supercomputadoras tamaño bolsillo conectadas a internet podrían ser populares, como Apple demostró con el iPhone. También es fácil imaginar que la gente podría querer máquinas capaces de aprender a actuar de manera inteligente y que realicen toda clase de tareas, como nos han mostrado los laboratorios de investigación universitarios y corporativos con la IA. Los incumbentes buscan estas tecnologías porque les ven un potencial obvio.

Las tecnologías de dentro hacia fuera llegaron, en cambio, a la periferia. Quienes las veían como un pasatiempo, a quienes sólo les gustaban, los desarrolladores de código abierto y los fundadores de nuevos negocios las hicieron crecer lejos de lo popular y dominante. El trabajo por lo general involucra menos capital y menos entrenamiento formal, lo cual ayuda a nivelar el campo y a quienes están dentro. Una barra más baja también ocasiona que quienes estén dentro tomen menos en serio estas tecnologías y a sus defensores.

Las tecnologías de fuera hacia dentro son mucho más difíciles de predecir y es común subestimarlas. Sus constructores trabajan en los garajes, en sótanos, en dormitorios universitarios y otros espacios que no son convencionales, fuera de su horario oficial. Juegan con sus tecnologías después del trabajo, entre clases y los fines de semana. Se sienten motivados por una filosofía y una cultura distintas que pueden verse como extrañas para el mundo exterior. Otra gente no los entiende. Los que están afuera lanzan productos a media cocción, sin un uso claro. La mayoría de los observadores rechazan sus tecnologías como si fueran juguetes extraños, poco serios, caros o incluso peligrosos.

El software es una forma de arte, como recordarás: así como esperarías que todas las grandes novelas o las pinturas vinieran de personas en instituciones establecidas, tampoco deberías esperar que todos los grandes softwares vinieran de esa dirección.

¿Quiénes son estos externos? Imagina un Steve Jobs de veintitantos años que ame la contracultura asistiendo al Homebrew Computer Club,[6] una guarida para los geeks obsesionados con las microcomputadoras que se reunían mensualmente en California, en la década de 1970. Imagina a Linus Torvalds como estudiante de la Universidad de Helsinki en 1991, codificando un proyecto personal que después se volvería su sistema operativo Linux.[7] O piensa en Larry Page y Sergey Brin, dejando Stanford y mudándose al garaje de Menlo Park en 1998 para convertir su proyecto de catalogación de enlaces web, BackRub, en Google.[8]

El valor de las tecnologías de fuera hacia dentro muchas veces no está claro antes de la invención... y puede seguir así muchos años después. La web empezó como algo a medio cocer cuando Tim Berners-Lee la inventó en un laboratorio de física suizo en 1989, pero creció exponencialmente al atraer desarrolladores y emprendedores que vieron su potencial. Como mi amigo tecnólogo Sep Kamvar bromea, si le hubieras preguntado a la gente en aquel entonces qué necesitaba para que su vida fuera mejor, lo más probable es que nadie contestara que una red descentralizada de nodos de información vinculados con hipertexto. Y sin embargo, en retrospectiva, eso era exactamente lo que necesitaban.

Los pasatiempos alimentan las industrias del futuro. El software de código abierto empezó como un movimiento de nicho en contra de los derechos de autor antes de que se popularizara. Las redes sociales empezaron como un pasatiempo entre blogueros entusiastas e idealistas antes de que el mundo abrazara la idea. El que sean aficionados de playera y sandalias quienes den vida a las grandes industrias puede parecer como una excentricidad divertida de la industria de la tecnología, pero los pasatiempos son importantes por una razón. La gente de negocios vota con su dinero: en su mayoría está tratando de crear retornos financieros a corto plazo. Los ingenieros votan con su tiempo: intentan en su mayoría inventar cosas nuevas e interesantes.

Las personas más inteligentes se entretienen con pasatiempos cuando no están restringidas por metas financieras a corto plazo. Me gusta decir que los fines de semana los más inteligentes hacen lo que todos los demás estarán haciendo a lo largo de la semana en diez años.

Estos dos modos de desarrollo tecnológico —de dentro hacia fuera y de fuera hacia dentro— se refuerzan mutuamente muchas veces, como puedes ver en la combinación de tendencias que alimentaron el crecimiento de la computación a lo largo de la última década. Como dije antes, la tecnología móvil pionera de dentro hacia fuera de Apple, Google y otros llevó a las computadoras a miles de millones de personas. Social, una tecnología de dentro hacia fuera improvisada por hackers como Mark Zuckerberg, que abandonó sus estudios en Harvard, promovió el uso y la monetización. Cloud, otra tecnología de dentro hacia fuera, encabezada por Amazon, permitió que los servicios web de back-end se ampliaran.[9] Ambos modos pueden desencadenar fuerzas muy poderosas cuando se alinean, como la fusión de núcleos.

Las blockchains son una clásica tecnología de fuera hacia dentro. La mayoría de las empresas incumbentes de tecnología están ignorando las blockchains, y algunos de sus empleados incluso las descartan y ridiculizan. Muchas personas descuidan las blockchains porque ni siquiera piensan en ellas como computadoras. Los fundadores de emprendimientos y grupos independientes de desarrolladores de código abierto están promoviendo el desarrollo de la tecnología. De esta manera, los externos en la industria encabezan este nuevo movimiento computacional, así como hicieron para las primeras redes de protocolo como la web y softwares de código abierto como Linux.

La blockchain es una nueva clase
de computadora

En un artículo de 2008, Satoshi Nakamoto, seudónimo de un inventor o un equipo de inventores (la identidad sigue desconocida), presentó la primera blockchain al punto.[10] Aunque no llamó su invención una blockchain en aquel entonces —usó los términos *"block"* y *"chain"* por separado—, la comunidad que se formó alrededor de sus ideas con el tiempo uniría las dos palabras. Su artículo describió una nueva clase de dinero digital, el Bitcoin, como "un sistema de pago electrónico basado en pruebas criptográficas en lugar de confianza, permitiendo que dos partes en acuerdo hicieran una transacción directa entre ellas sin la necesidad de un tercero de confianza". Para eliminar a ese intermediario de confianza, Nakamoto necesitaba una forma en que el sistema hiciera cálculos de manera independiente. Para este fin, describió una nueva clase de computadora, una blockchain.

Las computadoras son una abstracción, definidas por lo que hacen en lugar de con qué están hechas.[11] Originalmente, "computadores" hacía referencia a personas que realizaban cálculos. En los siglos xix y xx, la palabra se empezó a usar para denominar máquinas capaces de calcular. Alan Turing, un matemático británico, estableció una base más rigurosa en un famoso artículo de 1936 sobre lógica matemática, en el cual investigó la naturaleza y los límites de los algoritmos.[12] En él, Turing defendía lo que los científicos informáticos de hoy llamarían una máquina de estado, y lo que todos los demás simplemente llamarían una computadora.

Una máquina de estado consiste en dos partes: *1)* un lugar dónde guardar información y *2)* un medio para modificar dicha información. La información guardada se llama estado, equivalente a la memoria de una computadora. Sets de instrucciones, llamados programas, especifican cómo tomar un estado, una entrada, y producir un nuevo estado, una salida. A mí me gusta describir la computación por medio del lente del lenguaje, dado que más personas saben leer y escribir que programar. Imagina que los *sustantivos* representan el estado o la memoria: cosas que se pueden manipular. Los *verbos* representan el código o los programas: las acciones que realizan esa manipulación. Como me escucharás repetir, cualquier cosa que puedas imaginar, la puedes codificar, y es por eso que comparo la codificación con actividades creativas como la narrativa de ficción. Las computadoras son extremadamente versátiles en este sentido.

Una máquina de estado es la forma más pura de pensar en una computadora. La blockchain de Nakamoto no es una computadora física, como una PC, laptop, teléfono o servidor. Es una computadora virtual, es decir, es una computadora en función, no en una encarnación física convencional. Las blockchains son una abstracción del software que se superpone encima de dispositivos físicos. Son máquinas de estado. Así como el significado de "computadoras" alguna vez cambió de las personas a las máquinas, también lo ha hecho el término desde que engloba no sólo el hardware, sino el software.

Las computadoras basadas en software, o "máquinas virtuales", han existido desde que IBM desarrolló la primera a finales de la década de 1960 y la sacó a inicios de la década de 1970.[13] El gigante de la tecnología de la información VMware después volvió popular esta tecnología a finales de la década de 1990. Hoy en día, cualquiera puede ejecutar máquinas virtuales para descargar el tan llamado software hipervisor en una PC. Las empresas usan comúnmente máquinas virtuales para agilizar la gestión de centros de datos corporativos y son clave para las operaciones de los proveedores de servicios de nube. Las blockchains expanden este modelo de computación basada en software a un nuevo contexto. Las computadoras se pueden construir de muchas formas diferentes; están definidas por sus propiedades funcionales, no por cómo se ven.

Cómo funcionan las blockchains

Las blockchains son, por diseño, resistentes a la manipulación.[14] Están construidas sobre una red de computadoras físicas a la que cualquiera se puede unir, pero es en extremo difícil que cualquier entidad única la controle. Estas computadoras físicas mantienen el estado de computadora virtual y controlan sus transiciones a nuevos estados. En Bitcoin, estas computadoras físicas se llaman mineros, pero el término más común hoy en día es "validadores", ya que lo que hacen en realidad es validar las transiciones de estado.

Si transiciones de estado suena demasiado abstracto, una analogía quizá ayude. Piensa en Bitcoin como una hoja de cálculo sofisticada, o un registro de contabilidad, con dos columnas. (Es más complejo que eso, pero sígueme la corriente.) Cada fila de la primera columna tiene una dirección única. Cada fila de la segunda columna contiene la cantidad de bitcoins que hay en esa dirección. Las transiciones de estado actualizan las filas en la segunda columna para que reflejen todas las transferencias de bitcoin ejecutadas en la última serie. En esencia es eso realmente.

Si cualquiera se puede unir a la red, ¿cómo llega la computadora virtual a una única fuente de verdad sobre su estado? Dicho de otra manera, si la hoja de cálculo está abierta para todos, ¿cómo alguien puede confiar en los números que aparecen en sus filas? La respuesta: por medio de garantías matemáticas que involucran criptografía (la ciencia de la comunicación segura) y teoría del juego (el estudio de la toma de decisiones estratégicas).

Así es como un estado propuesto se convierte en el siguiente estado de la computadora. Durante cada transición de estado, los validadores ejecutan un proceso para alcanzar un consenso relativo al siguiente estado. En primera instancia, los validadores hacen lo que indica su nombre: validan, asegurándose de que todas las transacciones vengan con una firma digital adecuada. La red entonces elige al azar un validador para que junte transacciones calificadas y cree el siguiente estado. Otros validadores revisan para asegurarse de que el nuevo estado sea válido, que todas las transacciones agrupadas también siguen siendo válidas y que los acuerdos centrales de la computadora se han cumplido (por ejemplo, en el caso de Bitcoin, que nunca habrá más de veintiún millones de bitcoins). Los validadores emiten un voto efectivo por cada nuevo estado al construir sobre él cuando comienza la transición al siguiente estado.

El proceso está diseñado para asegurar que todos estén trabajando fuera de la misma versión válida de historia, para llegar a un *consenso*. Si un validador (o un grupo de validadores) intenta hacer trampa, los demás validadores tienen muchas oportunidades de atraparlo en su mentira y votarlo fuera. Las reglas del proceso se establecen de tal forma que por lo general necesitarías una mayoría de validadores coludidos para que no funcione.

En nuestro sencillo ejemplo anterior, la nueva copia maestra de la hoja de cálculos es la que propone el validador ganador. Por supuesto, en realidad no existe esa hoja de cálculo. Sólo hay transiciones de estado, la esencia de la computación. Cada transición de estado se denomina bloque, y los bloques están concatenados para que cualquiera pueda verificar la historia completa de la computadora al examinar los bloques. De ahí el nombre de blockchain.

Las transiciones de estado pueden contener más que sólo números que representan simples balances de cuenta. Pueden tener toda una serie de programas de computadora anidados. Bitcoin viene con un lenguaje de programación, llamado Bitcoin Script, el cual pueden usar los desarrolladores de software para crear programas que modifiquen las transiciones entre los estados. Este lenguaje de programación, sin embargo, está limitado por su diseño. En su mayoría permite a la gente enviar fondos entre las cuentas o crear cuentas controladas por múltiples usuarios. Las blockchains más nuevas, como Ethereum, la primera blockchain multipropósito, que hizo su debut en 2015,[15] permite a los desarrolladores programar lenguajes de programación mucho más expresivos.

La adición de lenguajes de programación avanzados a las blockchains es un descubrimiento muy importante. Es análogo a Apple introduciendo una tienda de aplicaciones para el iPhone (excepto que, si bien las tiendas de aplicaciones móviles están controladas, las blockchains están abiertas y no requieren permisos). Cualquier desarrollador en el mundo puede escribir y ejecutar aplicaciones, desde marketplaces hasta metaversos, en blockchains como Ethereum. Es una propiedad muy poderosa que vuelve las blockchains mucho más expresivas y versátiles que cualquier cuaderno de un contador. Es por ello que está mal pensar en las blockchains como meros registros de contabilidad para tabular cifras. Las blockchains no son bases de datos; son computadoras hechas y derechas.

Pero ejecutar aplicaciones en computadoras requiere recursos. Tanto las blockchains de aplicación específica como Bitcoin y las multipropósito como Ethereum necesitan personas que paguen por el poder computacional que valida las transiciones de estado, así que deben darle a la gente razones para invertir en estas redes. Para tal fin, Nakamoto introdujo un giro ingenioso: la divisa digital del sistema —en el caso de Bitcoin, el bitcoin— sería en sí misma la fuente de financiamiento para las computadoras que la alimentan. Otras blockchains desde entonces han copiado el diseño.

Cada blockchain tiene su propio set de incentivos internos para hacer que la gente participe. En la mayoría de los sistemas, cada nuevo bloque, o transición de estado, regala un pequeño botín a un validador afortunado. ("Validador" puede hacer referencia a las computadoras que votan sobre las

transiciones de estado o a la persona o grupo que opera esas computadoras.) Los validadores que se comportan de forma honesta —los que verifican
fielmente las firmas digitales y proponen sólo cambios válidos a la blockchain— reciben una recompensa. Este incentivo económico alienta a los
validadores para que sigan apoyando la red y se comporten con honestidad.
(El dinero también fluye hacia las blockchains por medio de cuotas que se
cobran a los usuarios; trato más al respecto de cómo funciona esto y cómo se
valoran los tokens en el capítulo "Tokenómica".)

Las blockchains no requieren permisos, así que cualquiera con una conexión a internet puede participar. Nakamoto diseñó la blockchain original,
Bitcoin, de esta manera porque creía que los sistemas financieros existentes
eran elitistas, favoreciendo intermediarios privilegiados, como los bancos.
En cambio, él quería poner a todos en igualdad de condiciones. Requerir
una solicitud o un proceso de selección introduciría nuevos intermediaros
privilegiados, recreando los problemas que él asociaba con el sistema existente. Pero este diseño tenía una complicación: si cualquier computadora
podía votar, entonces el spam y los malos actores fácilmente podían desbor-
dar la red.

La solución de Nakamoto fue cobrar una "cuota" para participar. Para votar en el siguiente estado de la máquina, un minero (en Bitcoin, es una persona que participa en el proceso de validación de transacciones en la red)
necesitaría realizar labores computacionales, lo cual cuesta electricidad, y
entregar pruebas de que hizo ese trabajo. Este sistema —adecuadamente
denominado prueba de trabajo, o *proof of work* en inglés— permitió una votación abierta, sin permisos, a la vez que filtraba el spam y otros fraudes
nefarios. Otras blockchains, como Ehtereum, han adoptado otro sistema,
llamado prueba de participación o *proof of stake* (PoS). En lugar de requerir
que los validadores gasten dinero en electricidad, la prueba de participación requiere que "apuesten" su colateral, es decir, que dejen dinero en riesgo como una garantía. Si los validadores se comportan con honestidad,
ganan recompensas monetarias. Si se les atrapa mintiendo —al votar por
transiciones de estado contradictorias o al proponer múltiples transiciones
de estado encontradas simultáneamente, por ejemplo—, su garantía colateral se les corta o se confisca.

Una de las principales críticas al Bitcoin es su consumo excesivo de electricidad, lo cual puede dañar el medioambiente. Si bien las fuentes de

energía limpia, como el exceso de energía renovable de presas y turbinas eólicas, pueden mitigar los efectos medioambientales de la prueba de participación, un mejor método sería reemplazar por completo la prueba de trabajo con sistemas que no tengan un consumo energético tan alto,[16] como la prueba de participación, y eliminar así las objeciones medioambientales a las blockchains.

La prueba de participación es tan segura como la prueba de trabajo, si no es que más, y también es más barata, más rápida y mucho más eficiente energéticamente hablando. Ethereum terminó su transición de prueba de trabajo a prueba de participación en el otoño de 2022, y los resultados han sido dramáticos. La tabla siguiente muestra el consumo de electricidad de la prueba de participación de Ethereum comparada con otros sistemas populares.

Consumo anual de energía (TWh) comparado con la prueba de participación de Ethereum[17]

	Consumo	Comparación
Sistema bancario	239	92 000 x
Centros globales de datos	190	73 000 x
Bitcoin	136	52 000 x
Extracción de oro	131	50 000 x
Todos los juegos en Estados Unidos	34	13 000 x
Prueba de trabajo de Ethereum	21	8 100 x
Google	19	7 300 x
Netflix	0.457	176 x
PayPal	0.26	100 x
Airbnb	0.02	8 x
Prueba de participación de Ethereum	0.0026	1 x

Muchas blockchains mencionadas en este libro, con la notable excepción de Bitcoin, usan pruebas de participación. En el futuro, espero que la prueba de participación suministre las blockchains más populares. Las inquietudes sobre el consumo energético no deberían impedir a nadie usar esta nueva y poderosa tecnología.

Tampoco debería serlo la popular idea equivocada de que las blockchains permiten el secretismo y el anonimato. "Cripto", una palabra que connota arte de gobernar e intriga, literalmente significa "codificado" u "oculto". La confusión respecto a que la palabra se use para describir la industria lleva a la gente a creer, erróneamente, que las blockchains ocultan información y, por tanto, son ideales para conductas ilegales. Esta imprecisión es común, por ejemplo, en la televisión y las películas, que muestran a los criminales usando criptomonedas para transferir dinero en secreto. Eso también es totalmente incorrecto.

De hecho, todo lo que sucede en las blockchains populares, como Bitcoin y Ethereum, es público y se puede rastrear. Como sucede con el correo electrónico, puedes crear una cuenta usando una identidad falsa, pero hay empresas que se especializan en quitar este anonimato, y es bastante sencillo que las autoridades policiales lo hagan.[18] Las blockchains son *tan* públicas por definición, que su transparencia innata en realidad podría perjudicar su adopción. Esto puede sonar contradictorio, dada la errónea percepción pública de lo cripto como una caja negra, pero es cierto. La gente podría sentirse renuente a usar blockchains para ciertas actividades si temen que hacerlo expondrá información sensible, como salarios, cuentas médicas o facturas. Algunos proyectos están trabajando para resolver este problema al darles a los usuarios la opción de hacer transacciones en privado. Los proyectos más avanzados emplean criptografía de última generación —sobre todo innovaciones como "pruebas de conocimiento cero"—,[19] la cual permite auditar información encriptada que pueda mitigar el riesgo de actividades ilegales y satisfacer las necesidades de cumplimiento regulatorio.[20]

Las blockchains son "cripto" no porque permitan el anonimato (porque no lo permiten), sino porque están basadas en un logro matemático de la década de 1970 llamado criptografía de clave pública.[21] Lo principal que debes saber de la criptografía de clave pública es que permite que múltiples partes que nunca antes se han comunicado realicen operaciones criptográficas entre ellas. Las dos operaciones más comunes son *1) encriptación*, que codifica información para que sólo la pueda decodificar el receptor destinado y *2) autenticación*, que le permite a una persona o a una computadora firmar la información, demostrando que es auténtica y proviene realmente de esa fuente. Cuando las personas describen las blockchains como cripto, se refieren a este último sentido de "autenticación", no de "encriptación".

Los pares de claves criptográficas pública y privada son los cimientos de la seguridad de las blockchains. La gente usa las claves privadas, números que mantiene privados, para crear transacciones en la red. Las claves públicas, en cambio, identifican direcciones públicas donde van y vienen transacciones. Una relación matemática vincula el par de claves de tal manera que es fácil derivar la clave pública de la clave privada, pero se requiere una vasta cantidad de energía computacional para derivar la clave privada de la pública. Esto es lo que permite a un usuario de las blockchains enviar dinero a alguien más firmando una transacción que básicamente dice, "Te doy este dinero". La firma es similar a firmar un cheque o un documento legal en el mundo fuera de línea, pero usa matemáticas para prevenir falsificaciones, en lugar de caligrafía.

Las firmas digitales se usan muchísimo tras bambalinas en la computación para verificar la autenticidad y la integridad de la información. Los navegadores se aseguran de que las páginas web son legítimas al revisar sus firmas digitales. Servidores de correo electrónico y clientes usan firmas digitales para asegurar que no suplanten o manipulen sus mensajes en tránsito. La mayoría de los sistemas computacionales verificarán que las descargas de software vengan de la fuente correcta y que no hayan sido alteradas al confirmar las firmas digitales.

Las blockchains usan firmas digitales también. Las usan para operar redes descentralizadas sin confianza. "Sin confianza" puede sonar confusamente ambiguo, pero cuando la gente lo dice en contextos de blockchains, se refieren a que las blockchains no necesitan una autoridad mayor —no hay intermediarios ni corporaciones centrales— que supervise las transacciones. Por medio de sus procesos consensuados, las blockchains pueden verificar por sí mismas, con seguridad, los remitentes de las transacciones, y no hay ninguna computadora con el poder de cambiar las reglas.

Las blockchains bien diseñadas usan incentivos para que los validadores se comporten de forma honesta. En ocasiones, también castigan los malos comportamientos, como en el caso de Ethereum. De nueva cuenta, los sistemas de consenso son la base de las garantías de seguridad de las blockchains. Si los costos de atacar una blockchain son lo suficientemente elevados y si casi todos los validadores actúan de forma honesta, en concordancia con sus propios intereses financieros (como ocurre con la mayoría de las blockchains populares), entonces el sistema es seguro. En el improbable caso de que un ataque tuviera éxito, los participantes podrían separarse o crear una "bifurcación dura", o *hard fork* en inglés (introducción de una nueva regla en el protocolo de la red), y revertir la blockchain a un punto de comprobación previo, otro factor disuasivo para los atacantes.

Aun si algunos usuarios son deshonestos y preferirían burlar una blockchain por dinero, el sistema mantiene a todos honestos. Ésa es su genialidad: un set de estructuras de incentivos que se autocensura a sí mismo. Por medio de recompensas económicas bien calibradas, las blockchains hacen que los usuarios se mantengan unos a otros a raya. Y así, aun cuando no confíen unos en otros, pueden confiar en la computadora virtual descentralizada que colectivamente mantienen segura.

En la práctica, esta falta de confianza permite que la gente diseñe redes que operan muy distinto de los sistemas tradicionales en línea. La mayoría de los sistemas de internet, como los bancos en línea o las redes sociales, requieren que inicies sesión para tener acceso a tus datos y tu dinero. Las empresas conservan tu información y tus credenciales de inicio de sesión en sus bases de datos, las cuales se pueden hackear o usar de forma indebida. Las redes corporativas usan criptografía en algunos lugares, pero en su mayoría dependen de una seguridad perimetral, un método que involucra un cúmulo de tecnologías, como *firewalls* y sistemas de detección de intrusos, diseñados para mantener a los foráneos y otras partes no autorizadas lejos de la información interna. El modelo es parecido a levantar una pared alrededor de un fuerte lleno de oro y luego tratar de proteger sólo a la pared. No funciona. Las filtraciones de datos son tan comunes, que ya casi ni son noticia. El modelo de seguridad perimetral favorece muchísimo a los atacantes; sólo se necesita un pequeño hueco para que un atacante se meta.

En cambio, las blockchains te permiten guardar información y dinero, pero no puedes iniciar sesión porque *no hay sesión que iniciar*. En cambio, si quieres hacer algo como transferir dinero, presentas transacciones firmadas a la blockchain. Mantienes privada tu información privada;[22] no tienes que compartirla con ningún servicio con el que no la quieras compartir. A diferencia de las redes corporativas, las blockchains no tienen un solo punto de fracaso. No hay servidores internos a los cuales "penetrar", como sí los hay en los servicios típicos de internet. Las blockchains son redes abiertas y públicas. "Penetrar" una, si lo puedes llamar así, requeriría apoderarse de una mayoría de nodos en la red, una propuesta extraordinariamente cara y enteramente impráctica.

Un concepto clave en la seguridad es la "superficie de ataque", la cual hace referencia a todos los lugares en que un atacante podría encontrar vulnerabilidades. La filosofía de seguridad de las blockchains es usar criptografía para minimizar la superficie de ataque. En el modelo de blockchain, no hay oro que robar adentro del fuerte. La información que necesita ser privada está encriptada. Exclusivamente los usuarios (y cualquiera que ellos autoricen) tienen claves para desencriptar la información. Las claves tienen que estar aseguradas, por supuesto, y los usuarios pueden optar por permitir que custodios de software externos lo hagan por ellos. La diferencia es que estos custodios sólo están enfocados en la seguridad. En el modelo corporativo, toda clase de negocios al azar con poca experiencia en seguridad tienen la tarea de guardar y manejar la información. Un hospital asegura sus expedientes médicos, un concesionario de automóviles asegura los registros financieros, etcétera. Las blockchains desagregan la seguridad de las funciones de negocios y permiten que especialistas, como los custodios, hagan lo que mejor saben hacer.

Cuando escuchas sobre presuntos hackeos de blockchains, casi siempre se refieren a ataques sobre las instituciones que usan cripto, o se refieren a ataques de *phishing* a la vieja usanza sobre los individuos. No suelen referirse a hackeos a las blockchains mismas. En la excesivamente rara instancia en que las blockchains en realidad sean hackeadas, casi siempre involucran pequeñas, desconocidas e inseguras blockchains. Un ataque exitoso puede alterar el procesamiento de la transacción o permitir que los atacantes "gasten doblemente" el mismo dinero en múltiples lugares. Estos ataques se conocen como ataques de "51 por ciento" porque sus conspiradores deben obtener control de más de la mitad de los validadores de un sistema para tener éxito.[23] Sistemas endebles, como Ethereum Classic y Bitcoin SV, han sucumbido a estos ataques. Atacar con éxito una blockchain importante, como Bitcoin o Ethereum, en comparación, sería tan costosamente prohibitiva que sería inviable.

Eso no ha evitado que la gente lo intente. Ha habido muchos intentos de atacar blockchains populares como Bitcoin y Ethereum, pero ninguno ha estado ni cerca de lograrlo. La tecnología ha sido probada bajo fuego.

Estas blockchains son, en efecto, los programas de recompensas por detectar errores más grandes del mundo. Hackearlos podría cosechar un premio económico masivo, permitiendo que los atacantes se transfieran grandes cantidades de dinero, con un valor de cientos de miles de millones de dólares. Pero esto nunca ha pasado. Las garantías de seguridad de las blockchains bien diseñadas no sólo funcionan en teoría, sino, hasta ahora, en la práctica.

Por qué son relevantes las blockchains

¿Qué podría motivar a alguien a escribir un software que funcione con blockchains en lugar de computadoras tradicionales como servidores web o teléfonos móviles? Trataré la respuesta a esta pregunta con más detalle a lo largo de la tercera parte, pero repasemos rápidamente las novedosas propiedades de las blockchains.

En primer lugar, las blockchains son democráticas. Son accesibles para todos. Las blockchains heredan el *ethos* de los inicios del internet, aportando una oportunidad equitativa de participar. Cualquiera con una conexión a internet puede cargar y ejecutar el código que quiera. Ningún usuario tiene privilegios por encima de otro y la red trata todos los códigos y toda la información de la misma manera. Es un esquema más justo que el *statu quo* cercado que encontramos hoy en la industria de la tecnología.

En segundo lugar, las blockchains son transparentes. La historia entera de su código y la información están disponibles públicamente para cualquiera que desee inspeccionarlas. Si el código y la información sólo estuvieran disponibles para algunas personas, eso dejaría a otros participantes en desventaja, lo que atentaría contra la promesa de igualdad de la tecnología. Cualquiera puede revisar la historia de una blockchain y asegurarse de que un proceso válido generó el estado actual del sistema. Aun cuando no audites personalmente el código ni la información, sabes que otros pueden hacerlo y probablemente lo han hecho. La transparencia genera confianza.

En tercer lugar, y lo más importante, las blockchains pueden crear acuerdos más firmes sobre su comportamiento futuro, es decir, que cualquier código que ejecuten seguirá operando como se diseñó. Las computadoras tradicionales no pueden establecer compromisos como éstos. Están controladas por individuos o grupos de personas, ya sea directamente, en el caso de las computadoras personales, o indirectamente, en el caso de las computadoras corporativas. Sus acuerdos son endebles. Las blockchains invierten esta relación poniendo el código a cargo. El mecanismo de consenso descrito antes y la inmutabilidad de su software hacen que las blockchains sean resistentes a la intervención humana. No necesitas confiar en las promesas de la gente ni de las empresas cuando las uses.

Ingenieros en empresas como Google, Meta y Apple piensan en las computadoras como máquinas que ellos pueden configurar para que hagan lo que ellos quieran. Quien sea que controle la computadora, controla el software. La única garantía que reciben los usuarios sobre las computadoras que operarán son largos acuerdos legales de "Términos de servicio" escritos por los proveedores de software, los cuales significan poco y casi nadie se molesta en leer, ya no digamos negociar. (Como dice el dicho, "La nube es sólo la computadora de alguien más".)

Las blockchains son diferentes. Son tan extraordinarias tanto por lo que *no* pueden hacer como por lo que *sí* pueden hacer. Una blockchain puede resistir la manipulación, una característica que podría contribuir a la malinterpretación de que se parecen más a una base de datos que a una computadora. El software de blockchain se ejecuta en las computadoras de otras personas, pero —y ésta es la clave— el software está a cargo. Una persona o empresa podría tratar de manipular el software, pero éste resistirá la interferencia. La computadora virtual seguirá operando como se tenía previsto, a pesar de los intentos de subvertirla.

Esta resistencia a ser alterada no sólo es característica de las blockchains, sino del software que se ejecuta sobre ellas. Las aplicaciones construidas sobre blockchains programables como Ethereum heredan las garantías de seguridad de la plataforma. Esto quiere decir que las aplicaciones —redes sociales, tiendas, juegos y más— también pueden hacer firmes compromisos sobre su futuro comportamiento. El stack tecnológico entero, las blockchains y cualquier cosa construida sobre ellas, puede ofrecer también estos acuerdos sólidos.

Los críticos que no logran apreciar el poder de las blockchains tienden a tener prioridades distintas. Muchas personas, incluyendo gran cantidad de trabajadores de las empresas gigantes de tecnología, se preocupan por mejorar las computadoras de acuerdo a dimensiones conocidas, como la memoria y la capacidad computacional. Ven las habilidades de las blockchains como restricciones, como debilidades en lugar de fortalezas. A las personas acostumbradas a tener rienda suelta se les dificulta apreciar que las computadoras puedan mejorar en una dimensión diseñada, en parte, para socavar su autoridad.

Los avances que caen fuera de la norma muchas veces se descartan por el mismo motivo que el pensamiento esqueumórfico prevalece más que el pensamiento nativo en las primeras etapas de desarrollo de una nueva tecnología: las nociones preconcebidas mantienen cautiva la innovación.

Aun así, te podrías preguntar por qué importan las computadoras y las aplicaciones capaces de hacer acuerdos firmes sobre el comportamiento futuro. Como demostró Nakamoto, una razón es crear una moneda digital. Un requerimiento para los sistemas financieros exitosos es confiar en sus compromisos a largo plazo. Bitcoin se compromete a que nunca habrá más de veintiún millones de bitcoins, un compromiso que vuelve las bitcoins creíblemente escasas. Bitcoin también garantiza que la gente no puede hacer trucos como "gastar dos veces" o usar el mismo dinero en dos lugares a la vez. Estas avenencias son condiciones necesarias, pero insuficientes, para que la divisa de Bitcoin tenga valor. (La moneda también necesita fuentes sustentables de demanda, un tema que comentaré en "Sinks y demanda de tokens".)

Los compromisos no tienen el mismo peso en las computadoras tradicionales porque la gente o las organizaciones que las controlan pueden simplemente cambiar de opinión. Si, hipotéticamente, Google usara los servidores estándar en sus centros de datos para acuñar GoogleCoins y declarara que sólo iba a haber veintiún millones de monedas, nada vincularía a la empresa a ese compromiso. La dirección de Google podría cambiar las reglas y el software a su venia, de manera unilateral.

Los convenios corporativos no son confiables. Incluso si Google hiciera esa promesa en sus acuerdos de servicio, en cualquier momento podría romper esos términos al editar los acuerdos, trabajar alrededor de ellos o cerrar el servicio (como ha hecho con casi trescientos productos hasta ahora).[24] Simplemente no se puede confiar en que las empresas van a cumplir las promesas que les hagan a los usuarios. El deber fiduciario le gana a otras inquietudes. Los compromisos corporativos no funcionan, y nunca han funcionado, en la práctica. Es la razón de que el primer intento creíble de crear dinero digital se hizo sobre una blockchain, no en una compañía. (En teoría, una organización sin fines de lucro podría ser capaz de generar convenios a largo plazo con sus usuarios, pero esto presenta sus propios retos, los cuales comentaré en "El modelo sin fines de lucro".)

Las monedas digitales son únicamente la primera de muchas aplicaciones novedosas que permiten las blockchains. Éstas, al igual que todas las computadoras, son lienzos que los tecnólogos pueden usar para inventar y crear. Las propiedades únicas de las blockchains desbloquean un rango de aplicaciones que simplemente no se puede crear en computadoras tradicionales. La gama entera se descubrirá con el tiempo, pero muchas involucrarán el construir redes nuevas que mejoren las ya existentes al ofrecer nuevas capacidades, menores costos, mayor interoperabilidad, una gobernanza más justa y ventajas financieras compartidas.

Algunos ejemplos incluyen redes económicas que se comprometen con tomar prestado, prestar y otras actividades bajo términos transparentes y predecibles; las redes sociales que se comprometen a mejorar la economía, la privacidad de la información y la transparencia para los usuarios; los mundos virtuales y de *gaming* que se comprometen a tener acceso libre y una economía favorable para los creadores y desarrolladores; redes de medios que se comprometen a las nuevas formas para que los creadores hagan dinero y colaboren, y redes de negociación colectiva que se comprometen a proporcionar a los escritores y artistas un pago justo cuando los sistemas de inteligencia artificial usen su trabajo. Comentaré estas y otras redes, y cómo llevan a mejores resultados, a lo largo del resto del libro (en particular en la quinta parte, "¿Qué sigue?"), pero primero veremos el mecanismo por medio del cual las blockchains permiten la propiedad.

5

TOKENS

*Las tecnologías que cambian la sociedad son tecnologías
que cambian las interacciones entre las personas.*[1]
—César A. Hidalgo

Tecnologías de uno y múltiples participantes

S i estuvieras varado en una isla desierta, solo en el mundo, el dinero no sería muy útil. Ante una falta de conectividad, tampoco lo serían las redes computacionales. Por otra parte, sí serían muy útiles un martillo, una caja de cerillos o provisiones de comida. Lo mismo una computadora autónoma si tuvieras acceso a una fuente de electricidad.

El contexto importa. Algunas tecnologías son sociales y otras no. Las redes de dinero e informáticas son tecnologías sociales. Ayudan a las personas a interactuar con otras personas. En ocasiones, siguiendo una idea de los videojuegos, la gente llama tecnologías a lo que es útil sólo para un jugador. Las tecnologías sociales son, por analogía, para múltiples participantes.

Las blockchains son para múltiples participantes. Te permiten escribir código que hace compromisos firmes. Los individuos y las organizaciones no tienen mucha necesidad de generar acuerdos consigo mismos. Es por eso que los intentos de crear "blockchains empresariales", que funcionen exclusivamente dentro de organizaciones corporativas existentes, no han tenido éxito. Las blockchains son útiles porque permiten la coordinación entre personas que no tienen relaciones preexistentes. Son más útiles cuando no son únicamente de múltiples participantes, sino de una cantidad *masiva* de participantes... de un uso extendido por todo el internet.

Cualquier tecnología que intente escalar a miles de millones de personas necesita simplificar las suposiciones. El software, donde cada línea en una base de código es una declaración lógica, puede ser complicado. En la escala del internet, que cinco mil millones de personas usan en la actualidad, se vuelve todavía más complicado. Cada interdependencia lógica superpuesta introduce una mayor probabilidad de error. Más código significa más errores.

Una forma poderosa de atender esta complejidad es por medio de una técnica de software llamada encapsulación. La encapsulación constriñe la complejidad al circunscribir unidades de código dentro de las interfaces bien definidas, haciendo que el código sea más fácil de usar. Si eso no te suena tan familiar, podría ayudar pensar en un ejemplo del mundo físico, un dispositivo que es tan simple, que la gente rara vez piensa en él: el tomacorriente.

Cualquiera puede conectarse a un tomacorriente para tener acceso a la electricidad y usar una serie de aparatos: lámparas y laptops, alarmas y aires acondicionados, cafeteras y cámaras, licuadoras y secadoras, consolas de Xbox y Modelo X y otros más. Los tomacorrientes desbloquean la red eléctrica y les dan a los humanos superpoderes sin que nadie tenga que comprender qué está pasando en ninguno de los dos lados del enchufe. Los tomacorrientes se abstraen de los detalles. La interfaz —la encapsulación— es todo lo que importa.

Dado que el software es tan flexible, el código encapsulado tiene otro beneficio: se puede reutilizar fácilmente. El código encapsulado es como los bloques de Lego. Éstos se pueden combinar en series para crear estructuras mucho más grandes y más impresionantes. La encapsulación es en particular útil cuando grandes grupos de personas están desarrollando software, como es el caso de casi todos los softwares modernos. Un desarrollador puede crear unos cuantos bloques de Lego, las piezas básicas de programas que puedan, por ejemplo, guardar, recuperar o manipular datos, o tener acceso a servicios valiosos, como el correo electrónico y los pagos. Otros desarrolladores pueden entonces tomar esos componentes y reutilizarlos sin que ninguna de las partes tenga que comprender los detalles de lo que la otra está haciendo. El bloque solo cae en su lugar.

Cuando se trata de blockchains, un concepto simplificador clave son las unidades de propiedad llamados tokens. Mientras que las personas muchas veces piensan en los tokens como activos digitales o divisas, una definición técnica más precisa sería describirlos como estructuras de información que pueden rastrear cantidades, permisos y otros metadatos para los usuarios en una blockchain. Si eso suena abstracto es porque los tokens son una *abstracción*. Dicha abstracción los vuelve fáciles de usar y simples de programar. Los tokens encapsulan códigos complicados en un envoltorio no complicado, lo mismo que el tomacorriente.

Los tokens representan propiedad

Lo que *son* los tokens importa menos que lo que *hacen*.

Los tokens pueden representar la propiedad de cualquier cosa digital, incluyendo dinero, arte, fotografías, música, texto, código, elementos de juegos, poder de voto, acceso o lo que a la gente se le ocurra después. Al usar algunos componentes adicionales, también pueden representar cosas del mundo real, como bienes físicos, bienes raíces o dinero en una cuenta de banco. Cualquier cosa que se pueda representar en código se puede envolver dentro de un token para comprar, vender, usar, guardar, insertar, transferir o lo que esa persona desee hacer con él. Si eso suena tan simple que parece trivial, es a propósito. La simplicidad es una virtud.

Los tokens permiten la propiedad y la propiedad significa control. Los tokens que funcionan en computadoras tradicionales, como el hipotético ejemplo de GoogleCoin de antes, se pueden arrebatar o cambiar a voluntad, minando el control del usuario. Los tokens que funcionan en computadoras capaces de asumir compromisos firmes sobre su comportamiento futuro —es decir, las blockchains— liberan el verdadero potencial de la tecnología.

Piensa en los juegos, por ejemplo. Los objetos digitales y los bienes virtuales han existido durante mucho tiempo en los mundos informáticos. Los juegos populares, como *Fortnite* y *League of Legends* generan miles de millones de dólares al año vendiendo bienes virtuales, como elementos cosméticos para los avatares de sus jugadores.[2] Esos tipos de bienes digitales no se compran; se prestan. Los usuarios los rentan. La empresa detrás de un juego puede quitar o cambiar los términos en cualquier momento. Los usuarios no pueden transferir sus bienes afuera del juego o revenderlos, ni hacer ninguna de las cosas que las personas asocian con la propiedad. El verdadero dueño —la plataforma— es quien manda. Si el valor de un elemento sube, el usuario no cosecha la recompensa. Casi invariablemente, los juegos desaparecen o se cancelan con el tiempo, y junto con ellos sus bienes virtuales dejan de existir en un parpadeo.

Lo mismo es cierto de las redes sociales más populares. Como hemos visto, los usuarios no son dueños de sus nombres ni de sus seguidores. Las plataformas sí. Algunos ejemplos recientes de cómo los gigantes de la tecnología pisotean a otros: cuando Facebook se renombró a sí mismo Meta en octubre de 2021, la compañía revocó unos cuantos días después el alias de una artista en Instagram, @metaverse.[3] (Después de protestas y un artículo en *The New York Times*, Meta restableció su cuenta.) De la misma manera, cuando Twitter cambió de nombre a X en 2023, requisó el alias @x de un usuario con mucha antigüedad.[4] Expulsiones como ésta suceden todo el tiempo. No tienes que buscar mucho para encontrar ejemplos de figuras políticas, activistas, científicos, investigadores, celebridades, líderes comunitarios y otros usuarios suspendidos por redes corporativas.[5] Las empresas que controlan las redes tienen completo control sobre las cuentas, las calificaciones, las relaciones sociales y más. La propiedad del usuario en las redes corporativas es una ilusión.

Las blockchains cambian el control al software gobernado por un código inmutable, no por personas, y por ende crean una propiedad real. Mediante los componentes de los tokens le imprimen carácter al concepto de propiedad.

En los inicios de la web, el concepto de una página web representaba un papel similar como componente. La idea fundacional de la web era tener un mar de información, conectada por vínculos, controlada por muchas personas distintas. Era una visión profunda y ambiciosa, una que se hubiera quedado atrapada en la complejidad. Pero las páginas web estaban diseñadas para ser unidades simples que pudieran proveer un cimiento para construcciones más complejas, componentes que, a escala, crearían el equivalente digital de las manzanas de una ciudad.

La era de lectura del internet quedó definida por la página web, la cual encapsulaba información. La era de leer/escribir estaba definida por la publicación, la cual encapsulaba el publicar, facilitando que cualquiera, no sólo los desarrolladores web, alcanzaran públicos amplios. La última fase del internet, la era de leer/escribir/poseer, está definida por un nuevo concepto simplificador: los tokens, que encapsulan la propiedad.

Los usos de los tokens

Los tokens, si bien parecen simples, no son simplistas. Son una tecnología expansiva que viene en dos tipos predominantes: tokens fungibles, como bitcoin y ether, y tokens no fungibles (NFT, por sus siglas en inglés).[6]

Los tokens fungibles son intercambiables. Un token en una serie de tokens fungibles se puede cambiar por cualquier otro token de la misma serie. Son manzanas con manzanas. El dinero es similarmente fungible. Si alguien tiene 10 dólares, no le importa qué billete de 10 tenga, sólo que tiene 10.

Con los NFT, cada token es único, de la misma manera que muchos objetos en el mundo físico son únicos. Yo tengo un set de libros —diferentes títulos, diferentes autores— en mi librero que son distintos y, a pesar de que todos son libros, no son intercambiables unos con otros. Son no fungibles.

Los tokens fungibles tienen múltiples usos, y el más prominente es una forma en que el software conserve y controle el dinero. Las aplicaciones financieras tradicionales no tienen el dinero. Tienen referencias al dinero, pero el dinero mismo reside en otra parte, como en un banco. El dinero que se conserva y se controla con el software es una idea novedosa que no existía antes de las blockchains.

El mejor ejemplo de un token fungible es la criptomoneda, como Bitcoin. Muchos debates públicos asumen que las criptomonedas son el principal uso de las blockchains. Voces prominentes que promueven Bitcoin como una alternativa al dinero controlado por el gobierno exacerban la confusión. Como resultado, muchas personas asocian incorrectamente las blockchains y los tokens con políticas libertarias, aun cuando estas tecnologías son, de hecho, políticamente neutrales.

Las criptomonedas, en cuanto a sistemas nuevos de dinero, únicamente son uno de los muchos usos de las blockchains y los tokens. Los tokens fungibles también se pueden usar para representar monedas nacionales. La gente llama monedas estables, o *stablecoins*, a los tokens vinculados con divisas, ya que tienden a ser menos volátiles que otros tokens.[7] Un error común es pensar que las monedas estables representan una amenaza para el estatus del dólar estadounidense como la reserva monetaria del mundo. De hecho, pareciera ser lo contrario. La demanda por dólares nativos del internet es tan fuerte, que la mayoría de los emisores de monedas estables han optado por vincular sus monedas estables al dólar estadounidense. El congresista de Estados Unidos Ritchie Torres (Nueva York), miembro del Comité de Servicios Financieros del Congreso, el cual monitorea la adopción de monedas estables, ha comentado que la tecnología "refuerza en lugar de desafiar la supremacía del dólar estadounidense" y ha "permitido que Estados Unidos supere a países como China en el campo de las monedas digitales, aun sin una CBDC"[8] (siglas en inglés de "divisa digital del banco central"). (Hasta ahora, el gobierno de Estados Unidos no tiene CBDC, mientras que el Banco del Pueblo de China acuña un renminbi digital.)[9]

En la ausencia de una moneda estable sustentada por el gobierno de Estados Unidos, el sector privado ha producido una serie de monedas estables que varían en la forma de mantener sus vínculos. Algunos emisores de este tipo de monedas sustentan sus tokens, uno por uno, con dinero fiduciario conservado en un banco. La USD Coin (USDC) es una moneda estable popular apoyada en dinero fiduciario y manejada por una firma de tecnología financiera llamada Circle.[10] El sistema está diseñado para que un token se pueda canjear por un dólar estadounidense. Cuando la gente confía en que los tokens se pueden canjear por dólares, valoran los tokens de esa manera, incluso si rara vez los canjean. Muchas aplicaciones usan tokens USDC para transferencias de dinero programáticas, incluyendo aplicaciones descentralizadas de finanzas (DeFi).

Las monedas estables "algorítmicas" son otro modelo. Tratan de mantener sus vínculos por medio de procesos automatizados de creación de mercado. Para permanecer solventes, automáticamente establecen una garantía bloqueada, como los tokens que se conservan en depósito, cuando los precios del mercado bajan. Gracias a una cuidadosa gestión de las reservas, algunas monedas estables algorítmicas, entre las que destaca un sistema llamado Maker, han mantenido con éxito sus vínculos, incluso durante periodos de extrema volatilidad. Otras monedas estables algorítmicas que jugaron rápido y con descuido con las garantías colaterales han colapsado, incluyendo Terra, que de manera infame sucumbió en 2022.[11]

Los tokens son softwares fundamentales de uso general. Pueden estar bien o mal diseñados. Vale la pena mencionar, por cierto, que algunas personas hacen una diferencia entre los términos "monedas", "criptomonedas" y "tokens". Como habrás notado, yo los trato casi de forma intercambiable, aunque yo, y muchos otros en la industria, preferimos "tokens", porque el término comunica la naturaleza abstracta y generalizable de la tecnología.

"Tokens" suena neutral, así que da una connotación de mayor verdad: no exagera los aspectos financieros, como sucede con "monedas", y no tiene el tono político de "criptomoneda".

Otro uso de los tokens fungibles es como combustible de las redes de blockchains. Ethereum tiene un token fungible nativo, llamado ether, que sirve para un doble propósito. El primero es como medio de pago dentro de las redes basadas en Ethereum, como las tiendas de NFT, los servicios DeFi y otras aplicaciones. El segundo es como pago de "gas", una medida de esfuerzo computacional, que Ethereum requiere para ejecutar el software en su red. Muchas otras blockchains usan el mismo diseño, requiriendo pagos de tokens para comprar recursos informáticos. El modelo de pago por uso, reminiscente de la informática en las décadas de 1960 y 1970, cuando era popular compartir tiempo en las computadoras centrales, está volviendo.

Los tokens no fungibles (NFT, por sus siglas en inglés) también tienen múltiples usos. Pueden representar propiedad de elementos físicos, como piezas de arte, bienes raíces y boletos de conciertos. Algunas personas han comprado y vendido propiedades, como departamentos, usando los NFT (vinculados a empresas de responsabilidad limitada, o LLC por sus siglas en inglés) para transferir la titularidad y mantener un registro de las transacciones, similar a un acta. Estos tokens son más famosos, sin embargo, como forma de representar propiedad de piezas de medios digitales. Los medios pueden ser cualquier cosa, incluyendo arte, videos, música, GIF, juegos, texto, memes y código. Algunos de estos tokens tienen un código adherido a ellos que puede hacer cosas como manejar las regalías o añadir características interactivas.

Dado que los NFT son tan recientes, no siempre está claro qué significa comprar uno. En el mundo físico, cuando compras una pintura, estás comprando el objeto y el derecho a usarlo. Por lo general no compras los derechos de autor de ese arte ni el derecho de evitar que otros usen su imagen. De la misma manera, cuando compras un NFT que representa una imagen artística, por lo general no compras los derechos de autor (aunque sí es posible adquirirlos; sólo depende del diseño del token).

La mayoría de los NFT hoy actúan más como copias firmadas, análogas a pinturas autografiadas o álbumes discográficos. El valor de una obra de arte depende de muchas cosas, incluyendo su escasez y apreciación crítica, pero también depende de una cierta mezcla compleja de señales sociales y culturales. La gente asigna primas económicas más allá del valor de utilidad a muchas cosas, incluyendo arte, tarjetas de beisbol, bolsos, autos deportivos y tenis. Del mismo modo, la gente puede asignar primas a los tokens que representan objetos con relevancia cultural o artística. El valor es una función de muchos factores, algunos objetivos y algunos subjetivos.

Los NFT también pueden tener una utilidad digital. Un uso popular de ellos es rastrear las transacciones para que los artistas puedan recibir regalías de sus ventas secundarias. En los juegos, estos tokens pueden representar objetos, habilidades y experiencias que les dan a los jugadores elementos y habilidades especiales: la espada de un guerrero, la varita de un hechicero, un nuevo baile. Pueden dar acceso a suscripciones, eventos o debates, como sucede en algunos clubes sociales populares cuya entrada se paga con tokens, donde los miembros se reúnen tanto digital como físicamente.

Otro uso de dichos tokens es conectar objetos digitales y físicos. Tiffany & Co. y Louis Vuitton crearon NFT capaces de ser canjeados por joyería, bolsos y otras mercancías.[12] El artista Damien Hirst creó una colección donde estos tokens representan obras de arte digitales, pero también se pueden canjear por las versiones físicas.[13] Otros de ellos difuminan la línea entre el mundo digital y el físico. Nike creó NFT que representan tenis digitales que los dueños pueden exhibir y usar en el juego de video *Fortnite*.[14] Los dueños también tienen acceso a nuevos productos y eventos como conversaciones con atletas profesionales.

Para los usuarios, los NFT actúan como un gemelo digital del objeto físico, rompiendo la barrera entre los mundos dentro y fuera de línea. Tienen los beneficios usuales de ser dueños de productos físicos más los beneficios en línea, como la capacidad de comerciar en marketplaces, mostrar en páginas sociales o equipar personajes en los juegos. Las marcas reciben una relación digital continua con sus clientes, algo que la mayoría no tiene hoy en día.

Los NFT también pueden actuar como identificadores, similar a los nombres de DNS. Recuerda que al darles a los usuarios la titularidad de sus nombres, el DNS bajó los costos de cambio en las redes de protocolo. Los identificadores de NFT pueden representar un papel similar en redes sociales más nuevas, dejando que los usuarios cambien de aplicación con sus nombres y sus conexiones intactas.

Los usuarios conservan y controlan los tokens por medio de "carteras", o *wallets*, de software. Cada cartera tiene una dirección pública, derivada de una clave criptográfica pública, que actúa como identificador. Si alguien conoce tu dirección pública, esa persona te puede enviar tokens. Si tienes la clave privada correspondiente, controlas los tokens en la cartera correspondiente.

El término "cartera" se originó en aquel entonces cuando los tokens sólo se usaban para representar divisas, pero la etiqueta es de cierta manera engañosa hoy en día. Las carteras siguen sirviendo como inventarios persistentes de tokens que se pueden llevar por todo el internet, pero también se usan para muchos otros tipos de interacciones de tokens, aplicaciones y softwares. Una mejor analogía es que las carteras son a las blockchains lo que los navegadores son a la web: son interfaces para los usuarios.

Al igual que las carteras, las "tesorerías" agrupan tokens y sirven como una interfaz para los usuarios, pero lo hacen a una mayor escala. Mientras que los individuos usan sobre todo las carteras, las tesorerías facilitan que grupos más grandes se coordinen. En Ethereum puedes escribir una aplicación de tesorería que ponga a una comunidad, muchas veces llamada organización autónoma descentralizada, DAO por sus siglas en inglés, en control. La comunidad puede votar sobre cómo administrar los bienes de la tesorería, por ejemplo, con financiamientos para el desarrollo de software, auditorías de seguridad, operaciones, marketing, investigación y desarrollo, bienes públicos, donaciones benéficas o iniciativas académicas. Tanto las carteras como las tesorerías también se pueden poner en piloto automático, invirtiendo o desembolsando dinero automáticamente, o participando en otras actividades programáticas.

Si los tokens son como células, entonces las tesorerías son como organismos enteros. Las tesorerías son reservas para múltiples participantes, controlados por un software que asegura que los tokens se muevan sólo de acuerdo con las reglas prescritas. Estas capacidades les dan a las blockchains la facultad de hacerle frente a organizaciones fuera de línea, como empresas u organizaciones sin fines de lucro, les dan músculos a las blockchains.

La importancia de la propiedad digital

Quizá todo esto suene descabellado o carente de consecuencia. A la gente le gusta bromear que las DAO son sólo un "grupo de chat con una cuenta de banco",[15] que los NFT son sólo JPEG glorificados y que los tokens no son mejores que el dinero del *Monopoly*. Hasta la palabra *token* recuerda juegos y salas de maquinitas. Pero sería un error subestimar la importancia de estas tecnologías.

Las blockchains representan un alejamiento radical del *statu quo*. Mediante los tokens, cambian el guion sobre la propiedad digital, haciendo que los usuarios sean los dueños, en lugar de los servicios de internet.

La gente está acostumbrada a lo contrario. Está acostumbrada a que todas las cosas que adquiere en línea sigan vinculadas con los servicios digitales. Lo mismo es cierto de muchas descargas. Tú no eres realmente dueño de ese libro electrónico que compraste en Amazon Kindle, ni de esa película que compraste en la tienda de iTunes de Apple, por ejemplo.[16] Las empresas pueden revocar estas compras a su voluntad. No puedes revender. No puedes transferir de un servicio a otro. Cada vez que te inscribes a un servicio nuevo, tienes que empezar de cero.

Los únicos objetos en internet que la mayoría de la gente siente que le pertenecen son sus páginas web, y únicamente cuando son dueños de sus propios nombres de dominio. Yo soy dueño de mi página web porque el dominio es de mi propiedad. Siempre y cuando yo me mantenga dentro del margen de la ley, nadie me lo puede quitar. De la misma manera, las empresas son dueñas de sus dominios corporativos. Que el único activo digital por el cual la gente siente titularidad se construya en la web no es coincidencia. Las redes de protocolo, como las redes de blockchains, respetan la propiedad digital. Las redes corporativas, no.

La mayoría de la gente está tan habituada a la normativa de la red corporativa que ni siquiera registra su peculiaridad. En el mundo físico, la gente estaría molesta si tuviera que volver a empezar cada que visitara un nuevo lugar. Damos por sentado que tenemos una identidad persistente y que pasamos un objeto de un lugar a otro. El concepto de propiedad está tan profundamente arraigado en nuestras vidas que es difícil imaginar cómo se vería el mundo si nos quitaran eso. Imagina si sólo pudieras usar la ropa que compras en el lugar donde la compraste. ¿Qué pasaría si no pudieras revender o reinvertir en tu casa o tu coche? ¿O si tuvieras que cambiarte el nombre en cada lugar a donde fueras? Éste es el mundo digital de las redes corporativas.

Tal vez la analogía fuera de línea más cercana a las redes corporativas son los parques temáticos, donde una sola empresa controla firmemente toda la experiencia. Esos parques son divertidos de visitar, pero la mayoría de nosotros no queremos que nuestra vida diaria funcione así. Una vez que pasas los torniquetes de entrada, quedas sujeto a las políticas incuestionables del dueño del negocio. En el mundo real, del otro lado de las puertas del parque, la gente tiene albedrío. Tiene la libertad de hacer lo que quiera con sus pertenencias, como abrir tiendas y negocios que revendan bienes, y llevar sus posesiones a donde le plazca. La gente obtiene valor y satisfacción de poseer cosas e invertir en ellas.

La propiedad también tiene efectos secundarios positivos. La mayoría de la riqueza de la gente proviene de la apreciación de los bienes que poseen, como sus hogares. Los dueños de sus viviendas son conocidos por invertir y cuidar esos lugares[17] y, por extensión, sus vecindarios, mucho más que los arrendatarios. Mejorar el lote de uno mejora el lote de todos.

La propiedad también es un prerrequisito para muchas ideas de nuevos negocios, así que la innovación depende de ello. Un servicio nuevo como Airbnb sólo puede existir en un mundo donde la gente es libre de hacer lo que quiera con su casa, incluyendo rentarla. El proceso de crear bienes físicos usualmente requiere tomar otros bienes como insumos y remezclarlos sin pedir permiso. Compra los insumos que quieras y haz con ellos lo que quieras porque te pertenecen. Muchos negocios toman cosas que ya existen y las reutilizan de otras formas que a sus creadores originales nunca se les hubieran ocurrido, y en ocasiones quizá ni les gusten. Dentro de los límites, como el derecho de patentes, la propiedad es una libertad básica que implica que no tengas que pedir permiso para hacer algo nuevo.

La importancia de la propiedad puede parecer obvia cuando se expone como lo hice antes, sin embargo, la mayoría de nosotros no piensa realmente sobre ella en el contexto del internet. Deberíamos hacerlo. El mundo digital sería un mejor lugar si la propiedad fuera tan generalizada ahí como en el mundo físico.

La siguiente novedad empieza pareciendo un juguete

Hoy en día, los tokens son usados por un grupo reducido de entusiastas, una minúscula porción del total de usuarios de internet, quizá unos cuantos millones de personas. Es fácil subestimar a estos primeros adoptantes de una tecnología de fuera hacia dentro que se ve rara. Pero sería un error hacerlo. Las grandes tendencias son pequeñas al inicio.

Una de las cosas sorprendentes sobre la industria de la tecnología es qué tan seguido los gigantes tecnológicos (los incumbentes) se pierden de inmensas nuevas tendencias y permiten que se levanten nuevos negocios como contendientes.[18] TikTok dominó el video de formato corto antes que cualquiera, tomando desprevenidos a gigantes como Meta y Twitter. No es que estos incumbentes fueran complacientes; casi todos ellos aplastaron, copiaron, adquirieron y construyeron de manera agresiva productos para evitar ser desplazados. Instagram y Twitter tenían capacidades de video mucho antes de que TikTok se popularizara, pero priorizaron en cambio sus productos tradicionales. Twitter cerró su aplicación de video de formato corto, Vine, en 2017. Un año después, TikTok se hizo viral en Estados Unidos.

La razón de que los incumbentes pierdan es que la siguiente novedad muchas veces empieza viéndose igualita a un juguete.[19] Es una de las principales perspectivas del difunto académico de negocios Clayton Christensen, cuya teoría de la tecnología disruptiva empieza con la observación de que las tecnologías tienden a mejorar a un paso más acelerado que el incremento de las necesidades de los usuarios.[20] A esta sencilla perspectiva le siguen conclusiones no obvias sobre cómo cambian los mercados y los productos con el tiempo, incluyendo cómo los emprendimientos son capaces de tomar por sorpresa tantas veces a los incumbentes.

Revisemos la teoría de Christensen. Conforme maduran las empresas, tienden a dirigirse a la alta gama de un mercado y mejorar los productos en incrementos. Eventualmente, añaden capacidades que exceden lo que la mayoría de los consumidores quieren o necesitan. Para este punto, los incumbentes ya desarrollaron miopía, enfocándose en nichos redituables, al grado de excluir la gama más baja de un mercado. Y así, pasan por alto el potencial de nuevas tecnologías, tendencias e ideas. Esto crea una apertura para que externos pugnaces ofrezcan productos más baratos, más sencillos y más accesibles a un abanico más extenso de consumidores que sean menos demandantes. Al mejorar la nueva tecnología, la participación de mercado del recién llegado crece hasta que eventualmente supera al incumbente.

Cuando debutan tecnologías disruptivas, muchas veces se descartan como juguetes porque se quedan cortos ante las necesidades del usuario. El primer teléfono, inventado en 1870, podía llevar la voz a corta distancia nada más. La principal compañía de telecomunicaciones de la época, Western Union, famosamente rechazó la adquisición del teléfono porque no veía cómo el aparato podía ser útil para los clientes principales de la compañía, que eran empresas y ferrovías.[21] Lo que Western Union no anticipó fue lo rápido que los teléfonos y su infraestructura subyacente mejorarían. Lo mismo pasó un siglo después,[22] cuando los fabricantes de minicomputadoras, como Digital Equipment Corporation y Data General, ignoraron las PC en 1970 y, en las décadas siguientes, cuando los líderes de las computadoras de escritorio, como Dell y Microsoft, se perdieron de los smartphones.[23] Una y otra vez, una resortera y una piedra le ganan a un torpe espadachín.

Sin embargo, no todos los productos que parecen juguetes se convertirán en la siguiente gran novedad. Algunos juguetes seguirán siendo eso, juguetes. Para distinguir entre el fiasco y el disruptor, los productos tienen que evaluarse como procesos.

Los productos disruptivos atraen fuerzas exponenciales que los hacen mejorar a un ritmo sorprendente. Los productos que mejoran incrementalmente no son disruptivos. Las mejoras que van poco a poco cosechan fuerzas débiles. El crecimiento exponencial viene de fuerzas más firmes con efectos compuestos, incluyendo efectos de red y ciclos de retroalimentación plataforma/aplicación. La composabilidad del software —una propiedad que describe al código reutilizable para que los desarrolladores lo puedan extender, adaptar y crear con mayor facilidad sobre lo que ya existe— es otra fuente de crecimiento exponencial. (Mucho más al respecto en "Software creado por la comunidad".)

La otra característica crítica de las tecnologías disruptivas es que no están alineadas con los modelos de negocios incumbentes. (Comento a detalle cómo los tokens embonan en ese molde en la quinta parte, "Qué sigue".) Puedes estar seguro de que Apple funciona en los teléfonos con mejores baterías y cámaras. Sería tonto que un emprendimiento tratara de competir con la compañía en ese caso. Apple sabe que mejorar sus teléfonos los hará más valiosos y ayudará a que su negocio central crezca: vender teléfonos. Una idea emprendedora más interesante sería algo que vuelva los teléfonos *menos* valiosos. Esto es algo poco probable que Apple persiga.

Un producto no tiene que ser disruptivo para ser valioso, por supuesto. Hay bastantes productos útiles desde el día uno y que siguen siendo útiles a largo plazo. Son los que Christensen llama tecnologías sostenidas. Cuando los emprendimientos construyen tecnologías sostenidas, muchas veces las adquieren o las copian los incumbentes. Si el momento y la ejecución de una compañía son correctos, ésta puede crear un negocio exitoso a cuestas de una tecnología sostenida.

Pocas personas dudan de la relevancia de muchas tendencias tecnológicas modernas, incluyendo la inteligencia artificial y la realidad virtual. Estos inventos aprovechan las ventajas de empresas como Meta, Microsoft, Apple y Google, que tienen el poder computacional, la información y los recursos para financiar su costoso desarrollo. Los gigantes de la tecnología invierten mucho en estas áreas. Los competidores advenedizos, como OpenAI, necesitan juntar miles de millones de dólares sólo para competir. (OpenAI ha reportado una recaudación de 13 mil millones de dólares de Microsoft.)[24] Mientras que algunas personas cuestionan cómo es que estas tecnologías se ajustarán a las formas tradicionales en que estas empresas hacen dinero, es probable que extiendan los modelos preexistentes de negocios. En otras palabras, son tecnologías sostenidas.

Para dejarlo claro: yo creo que la inteligencia artificial y la realidad virtual tienen un potencial tremendo, tanto que cofundé un emprendimiento de IA en 2008 y fui uno de los primeros inversionistas de Oculus VR (que Facebook compró en 2014). Mi punto es sólo que los gigantes de la tecnología también reconocen el potencial de estas tecnologías, lo cual las vuelve menos disruptivas en el estricto sentido de la opinión de Christensen. Aunque la gente ahora use "disrupción" de manera casual, el término tiene un significado académico preciso. Las tecnologías disruptivas son, por definición, más difíciles de detectar que las sostenidas. Eluden a los expertos, y ése es el punto. Que los incumbentes no vean la innovación disruptiva es lo que la vuelve disruptiva.

Podrían perdonarlo a uno por confundir las categorías. Incluso Christensen, el experto en la materia, erró. Famosamente leyó mal el iPhone como una tecnología sostenida, calculando precariamente que el dispositivo simplemente se extendería al mercado de teléfonos, cuando, de hecho, alteraría un mercado potencial mucho mayor: el mercado de las computadoras.[25] Tal es el dilema de los innovadores; hasta ellos inclinan la cabeza.

Los incumbentes se están abriendo de nuevo a la disrupción. Pocas compañías grandes han tomado en serio las blockchains y los tokens a la fecha, a diferencia de lo que han hecho con la inteligencia artificial y la realidad virtual. Los jugadores establecidos no reconocen su relevancia. En los años desde el debut de Bitcoin y Ethereum, sólo un gigante tecnológico ha probado bien los tokens. Meta empezó un proyecto de blockchains llamado Diem, antes Libra, en 2019. Dos años más tarde, la empresa vendió sus activos y cerró su producto relacionado con las carteras digitales, Novi.[26] No es coincidencia, desde mi punto de vista, que Meta también resultara ser también la única compañía entre los gigantes de la tecnología que aún estaba bajo la dirección de su fundador. Se necesita un visionario para siquiera intentar oponerse a lo convencional.

Los tokens tienen todas las asignaciones de una tecnología disruptiva. Son para múltiples participantes, como las páginas web y las publicaciones en línea, los disruptivos informáticos fundamentales de eras previas del internet. Se vuelven más útiles conforme la gente los usa; un clásico efecto de red que los prepara para ser mucho más que meros objetos de juego. Las blockchains que los apuntalan también están mejorando a un paso veloz, promovidas por los ciclos de retroalimentación plataforma/aplicación que generan crecimiento compuesto. Los tokens son programables, así que los desarrolladores pueden extenderlos y adaptarlos para una miríada de aplicaciones, como redes sociales, sistemas financieros, propiedades mediáticas y economías virtuales. También son componibles, es decir, la gente los puede reutilizar y recombinar en diferentes contextos, amplificando su poder.

Los escépticos que alguna vez descartaron las páginas web como "puntos com" y que de la misma manera ridiculizaron las publicaciones de redes sociales como nada más que palabrerías y nimiedades no pudieron ver su poder. No entendieron —y se perdieron— las extraordinarias fuerzas que desencadenan los efectos de red. Las nuevas tendencias y los inventos se arraigan cuando las redes que brotan a su alrededor disparan el crecimiento compuesto. Las páginas web subieron a la par de la red de protocolo de la web en la era de leer. Las publicaciones subieron a la par de las redes corporativas en la era de leer/escribir, como Facebook y Twitter.

Los tokens son, en la era de leer/escribir/poseer, el último fundamento computacional en crecer y florecer en medio de una nueva clase de redes nativas de internet.

6

REDES DE BLOCKCHAINS

Las ciudades tienen la capacidad de proveer algo para todos,
sólo porque, y sólo cuando, son creadas por todos.[1]
—JANE JACOBS

¿Qué vuelve genial a una ciudad?

Las mejores metrópolis del mundo son una mezcla de espacios públicos y privados. Parques, banquetas y otros espacios compartidos atraen visitantes y mejoran la vida cotidiana. Los espacios privados crean incentivos para que las personas construyan negocios, añadan variedad y servicios esenciales. Una ciudad que tuviera sólo espacios públicos carecería de la vitalidad creativa que los emprendedores aportan. Una ciudad que perteneciera a una empresa privada, en contraste, sería un simulacro sin alma.

Las grandes ciudades son construidas desde sus cimientos por muchas personas diferentes, con una variedad de habilidades e intereses. Lo público y lo privado dependen uno del otro. Una pizzería atrae peatones de la banqueta, volviéndolos clientes. Pero también lleva mucha gente a la banqueta y ayuda a pagar su mantenimiento con su contribución a los ingresos de la ciudad por medio de sus impuestos. La relación es simbiótica.

La planeación urbanística provee una analogía útil para el diseño de las redes. De las grandes redes existentes, la web y el correo electrónico son lo más cercano a las grandes ciudades. Como hemos dicho, las comunidades que construyen sobre estas redes las gobiernan y reciben sus beneficios económicos. Las comunidades, no las compañías, controlan los efectos de red. Los emprendedores tienen un fuerte incentivo para construir sobre estas redes por reglas predecibles que garantizan su carácter de propietarios sobre lo que construyen.

El internet debería tener el mismo balance entre los espacios públicos y los privados que vemos en ciudades sanas. Las redes corporativas son como bienes raíces privadas que los emprendedores pueden desarrollar. Son hábiles e ingeniosas. Pero sus éxitos pueden subsumir lo común, desplazar las alternativas y reducir las oportunidades de los usuarios, creadores y emprendedores.

Es necesario tener una alternativa a las redes de protocolo y corporativas para restaurar el equilibrio del internet. Yo llamo a estas nuevas redes las redes de blockchains porque tienen dichas cadenas en su núcleo. Bitcoin fue la primera red de blockchain. Satoshi Nakamoto y los demás colaboradores del proyecto la crearon con un propósito específico: las criptomonedas. Pero construcciones más generalizadas son posibles. Los tecnólogos han extendido desde entonces el diseño subyacente de las redes de blockchains —y el concepto estrechamente relacionado de los tokens, el cual permite distribuir la titularidad— a muchas más clases de servicios digitales. Lo han extendido no sólo para redes financieras, sino para redes sociales, mundos de juegos, marketplaces y más.

Antes de las blockchains, las arquitecturas de las redes eran más limitadas. Con las computadoras tradicionales, la gente que es dueña del hardware de la computadora está al mando. Pueden cambiar el software de la forma que quieran y siempre que quieran. Por tanto, cuando se diseñan redes para computadoras tradicionales, uno debe asumir que cualquier software que actúe como nodo de red puede "volverse malvado" potencialmente, cambiando su comportamiento para servir a los intereses de los usuarios de la red. Esta suposición restringe el rango de posibles diseños de redes. Históricamente, únicamente dos han funcionado: *1*) las redes de protocolo, donde una larga línea de nodos de red débiles limita la capacidad al grado de que no importa si algunos nodos se vuelven malvados, y *2*) las redes corporativas, que invierten toda su capacidad con los dueños corporativos, con la esperanza de que no actúen mal.

Las redes de blockchains lo abordan de una manera distinta. Recuerda que estas cadenas ponen el software al mando, invirtiendo la relación

tradicional que tiene éste con el hardware. Esto permite que los diseñadores de redes extraigan todas las ventajas de la expresividad del software.
Pueden ingeniar redes de blockchains para que tengan reglas persistentes
codificadas en el software que sean resilientes a los cambios en el hardware
subyacente. Las reglas pueden cubrir cada aspecto de la red, incluyendo
quién tiene acceso a ella, quién paga las cuotas, cuánto se cobra, cómo se
asignan los incentivos económicos y quién puede modificar la red y bajo
qué circunstancias. Los diseñadores de las redes de blockchains escriben el
software central de la red, pero no necesitan preocuparse de que los nodos
en la red se vuelvan malvados y socaven el sistema. Al contrario, pueden
confiar en que los mecanismos de consenso integrados mantendrán a raya
los nodos.

Las blockchains vuelven el diseño de redes tan rico y expresivo como el
software, y lo hacen sobre cimientos sólidos y resistentes. Los diseños que
describo ahora presentan lo que creo que son las mejores prácticas emergentes para las redes de blockchains, pero la amplitud de la oportunidad
otorgada por el espacio de diseño del software podría tener implicaciones
mayores que las que yo comento. Es posible que haya otros diseños de redes
—algunos ni siquiera considerados todavía— que mejoren las ideas presentadas aquí. De hecho, espero que ése sea el caso, ya que casi cualquier diseño de red que uno pueda imaginar se puede codificar en software.

Debo señalar que uso el término "redes de blockchains" de modo gené-
rico para describir tanto la infraestructura como las capas de aplicación del
stack tecnológico. Si recuerdas, el internet es como un pastel de capas. Las
redes entre los dispositivos están hasta el fondo de la pila. La infraestructura
de las redes de blockchains construye encima de esto. Algunas de las in-
fraestructuras de redes multipropósitos más populares incluyen Ethereum,
Solana, Optimism y Polygon. Encima de esta capa están las redes de blockchains de aplicación, incluyendo las redes DeFi, como Aave, Compound y
Uniswap, y redes más novedosas que alimentan cosas como redes sociales,
juegos y marketplaces.

(Una nota breve sobre terminología. Muchos practicantes de la industria
se refieren a las redes de blockchains de aplicación como "protocolos". Como
ya dije antes, evito este criterio nominal para no caer en confusión con las
redes de protocolo, como el correo electrónico y la web, que son, a mi criterio, una categoría separada. No ayuda que algunas empresas relacionadas

con las blockchains tomen sus nombres de las redes de aplicación subyacentes sobre las que construyeron. Compound Labs, una empresa que hace
software cliente [software que accede a un servidor para solicitar servi-
cios], es distinta de Compound, la red de aplicación subyacente, por ejemplo. Compound Labs desarrolla páginas web y aplicaciones que dan acceso a
Compound, la red subyacente, similar a la forma en que Google desarrolla
Gmail para tener acceso al correo.)

Comparativo de un stack de correo electrónico
con un ejemplo de stack de blockchain

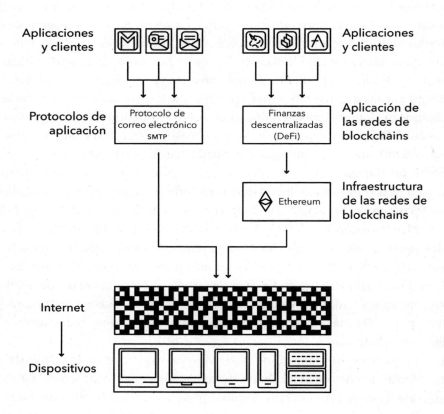

Aunque las blockchains han estado presentes por más de una década, apenas empezaron a operar a escala del internet en los últimos años. Esto se debe a mejoras en la tecnología escalable de las blockchains, la cual disminuye las cuotas de uso que cobran las blockchains y aumenta el rendimiento y la velocidad de las transacciones. En el pasado, las cuotas de transacción de las blockchains eran demasiado impredecibles y pronunciadas para actividades de alta frecuencia, como redes sociales. Imagina pagar unos cuantos dólares cada vez que quieres cargar una publicación o darle "me gusta" a algo, sería impráctico. En contraste, las redes DeFi tuvieron éxito a pesar de los límites de escalabilidad porque por lo general realizan transacciones de baja frecuencia y alto volumen. Si estás lidiando con tokens valorados en decenas, centenas o miles de dólares, pagar unos cuantos dólares de cuota no es tanta imposición.

El desempeño de la blockchain mejora a paso firme, siguiendo el mismo ciclo de retroalimentación plataforma/aplicación que ha impulsado olas anteriores en la informática. Nueva infraestructura permite nuevas aplicaciones, que a su vez promueven que la inversión dé vuelta hacia la infraestructura. Las primeras blockchains, como Bitcoin y Ethereum, actualmente procesan entre 7 y 15 transacciones por segundo (TPS) en promedio. Las blockchains de mayor rendimiento han incrementado su desempeño en múltiples órdenes de magnitud, incluidos Solana (65 000 TPS), Aptos (160 000 TPS) y Sui (11 000-297 000 TPS). Asimismo, Ethereum ha seguido entregando actualizaciones tecnológicas sobre la marcha, lo cual tiene el potencial de escalar el desempeño más de mil veces. Evaluar el desempeño de la blockchain de una manera justa y precisa puede ser un reto debido a las particularidades de cada red y los detalles involucrados en *benchmarking* (proceso de análisis y evaluación); no obstante, el progreso aquí ha sido prometedor.

Una variedad de tecnologías han contribuido a estas mejoras en el desempeño. Un ejemplo, en el caso de Ethereum, son los "rollups": redes de blockchains de segunda capa que mueven cálculos más pesados "fuera de la cadena" hacia computadoras tradicionales y luego envían los resultados de vuelta a la blockchain para que ésta pueda verificar que sean correctos. Estos sistemas de "segunda capa" construyen sobre desarrollos de ciencia informática teórica que hacen que las computadoras puedan verificar los cálculos con más eficiencia que si tuvieran que realizar dichos cálculos.

Dependen de avanzados métodos criptográficos y de teoría de juegos que a los tecnólogos les ha tomado años perfeccionar. Los rollups aumentan la capacidad de procesamiento de las blockchains mientras mantienen firmes las garantías de sus compromisos para que sean útiles en primer lugar.

Hoy, muchas aplicaciones que se pueden construir usando arquitecturas de red corporativa también se pueden construir usando arquitecturas de blockchain. Pero muchas veces se necesitan optimizaciones elaboradas de infraestructura, lo que quiere decir que los equipos de desarrollo necesitan tener experiencia tanto en la aplicación como en la infraestructura, lo cual vuelve el desarrollo más difícil y costoso.

Como hemos visto en anteriores ciclos de cómputo, un momento clave será cuando la infraestructura se vuelva lo suficientemente buena para que los desarrolladores de la aplicación ya no sientan la necesidad de pensar en su infraestructura. Si un equipo está creando un videojuego con una base de blockchain, no debería tener que preocuparse por problemas de escalamiento esotéricos de la infraestructura. Su enfoque exclusivo debería ser que el juego sea divertido. De igual manera, antes del iPhone, los desarrolladores tenían que ser expertos en diseño de aplicaciones y tecnología GPS para crear aplicaciones basadas en la localización. El iPhone abstrajo la complejidad de la infraestructura y permitió que los desarrolladores hicieran lo que mejor hacen: crear grandes experiencias de usuarios. Basadas en tendencias actuales, las blockchains deberían llegar a un punto en que la repartición de tareas actúe como una fuerza multiplicadora en los próximos años.

El beneficio de construir sobre redes de blockchains es que combinan —y mejoran— las propiedades más deseables de diseños de red anteriores. Como las redes corporativas, las redes de blockchains pueden ejecutar servicios esenciales que permitan una funcionalidad avanzada, pero lo hacen en blockchains descentralizadas en lugar de los servidores de las empresas privadas. Como las redes de protocolo, las redes de blockchains están gobernadas por las comunidades. Y ambas, las redes de protocolo y las redes de blockchains, tienen predictibilidad —además de tasas de aceptación bajas o nulas— que incita a la innovación en la periferia de la red.

Sin embargo, la economía integrada de las redes de blockchains las vuelve más poderosas de lo que las redes de protocolo alguna vez podían esperar ser, y lo digo como un viejo creyente y defensor de las redes de protocolo. Las tasas de aceptación que generan ganancias de las redes corporativas y de blockchains pueden financiar los servicios esenciales y permitir que estas redes atraigan capital y se hagan inversiones para acelerar el crecimiento. A diferencia de las redes corporativas, sin embargo, las redes de blockchains tienen una capacidad deficiente de fijar precios, es decir, no pueden subir fácilmente las tasas de aceptación (por razones que comentaré a profundidad en "Tasas de aceptación"). Esta restricción —la capacidad de fijar precios tan limitada— beneficia a la comunidad e incentiva todavía más que las personas construyan sobre la red, creen para ella y participen en ella.

Cada tipo de red tiene una forma y una estructura distintas a partir de sus cualidades únicas. Ya hemos visto cómo las redes de protocolo distribuyen el poder extensamente entre los participantes y cómo las redes corporativas son comandadas por, bueno, señores corporativos. La arquitectura de las redes de blockchains es distinta de las dos anteriores. Las redes de blockchains habitan la "zona Ricitos de Oro". Consisten en pequeños sistemas centrales rodeados de ricos ecosistemas de creadores, desarrolladores de software, usuarios y otros participantes. Mientras que las redes corporativas centralizan casi todas las actividades en un núcleo hinchado y las redes de protocolo no tienen núcleo, en las redes de blockchains el núcleo es el correcto: lo suficientemente grande para admitir los servicios básicos, pero no tan grande que monopolice la red.

Arquitectura de la red	Fortalezas	Debilidades
Red corporativa (por ejemplo, Facebook, Twitter, PayPal)	Puede aumentar, conservar y utilizar capital. Servicios centralizados: fácil de actualizar, funcionalidad avanzada.	Efecto de red controlado por la empresa; tasa de aceptación alta, reglas impredecibles. Una vez a escala (fase de extracción), incentivos endebles para que los usuarios participen y para que los creadores y desarrolladores construyan encima.

Arquitectura de la red	Fortalezas	Debilidades
Red de protocolo (por ejemplo, la web, el correo electrónico)	Gobernanza de la comunidad y efecto de red controlado por la comunidad. Fuerte incentivo para que los usuarios participen y los creadores y desarrolladores construyan encima. Cero tasas de aceptación.	No puede acumular ni conservar capital. Difícil de financiar el desarrollo central. No puede proveer financiamiento ni incentivos de red. No tener un centro de la red, donde residan el código y la información, limita su funcionalidad.
Red de blockchains	El núcleo del software puede aumentar, conservar y utilizar el capital. Mantiene servicios básicos, funcionalidad avanzada actualizable. Gobernanza de la comunidad y un efecto de red controlado por la comunidad. Fuerte incentivo para que los usuarios participen y los creadores y desarrolladores construyan encima. Bajas tasas de aceptación.	Adopción reciente y relativamente temprana, interfaces y herramientas para el usuario limitadas. El desempeño limita la sofisticación del código en cadena.

Las redes de blockchains están *lógicamente* centralizadas, pero *organizacionalmente* descentralizadas. La centralización lógica significa que el código centralizado conserva el estado canónico de la red. Las blockchains permiten que las reglas se codifiquen en el software y así no puedan ser invalidadas por el hardware ni por la gente que sea dueña del hardware. El software central se ejecuta sobre una blockchain (o "en cadena") y contiene servicios básicos de sistema que permiten a los participantes de la red hacer acuerdos sobre el estado de la computadora virtual. Dependerá del tipo de red, pero el estado básico puede representar cosas como balances financieros, publicaciones en redes sociales, acciones en juegos o transacciones en tiendas. Tener un núcleo facilita que los desarrolladores construyan alrededor de la red a la vez que aportan un mecanismo —como la capacidad de tomar una pequeña parte de las transacciones— para acumular capital que se pueda reinvertir en el crecimiento.

Las redes corporativas también están lógicamente centralizadas. Ejecutan un código básico en centros de datos de dueños privados, en lugar de en computadores virtuales distribuidas. Pero las redes corporativas también están centralizadas organizacionalmente. El diseño tiene sus ventajas, pero tiene un precio: la dirección de la empresa controla el hardware y puede cambiar las reglas de la red en cualquier momento y por cualquier motivo. Esto lleva al inevitable patrón de "atracción/extracción", el cual perciben los participantes de la red como un gancho, como se comentó en "Redes corporativas".

Las redes de blockchains evitan ese destino dejando el control de la red en manos de los miembros de la comunidad. Las comunidades pueden consistir en una variedad de accionistas, incluyendo propietarios de tokens, usuarios, creadores y desarrolladores. En la mayoría de los sistemas modernos, los cambios a las redes de blockchains sólo pueden ocurrir por voto, usualmente entre los usuarios que tienen tokens que representan derechos de gobernanza. Esto da seguridad a aquellos que dependen de que la red no cambie las reglas más que cuando sea en beneficio de la comunidad. (Trato de la gobernanza de las blockchains, incluyendo estos desafíos y oportunidades, en "Gobernanza de la red".)

Las redes de blockchains por lo general no empiezan organizacionalmente descentralizadas. En su etapa embrionaria, casi siempre tienen un pequeño equipo fundador manejado desde los puestos más altos hacia abajo. Más adelante, una comunidad progresivamente más grande de constructores, creadores, usuarios y otros asume las tareas de mantenimiento y desarrollo. No hay límite para qué tan grandes se pueden volver esas comunidades; muchas comunidades de blockchains hoy en día se encuentran entre los cientos, miles o más. El trabajo del equipo fundador es diseñar el software central para la red y un sistema de incentivos que anime al crecimiento. Después de eso, le ceden el control a la comunidad por medio de un proceso de descentralización progresiva.

Algo importante a considerar es decidir qué debería estar centralizado y qué debería dejarse al desarrollo comunitario. La meta no debería ser empacar todo en el centro e imitar a las redes corporativas. Demasiada centralización volverá a crear los mismos problemas que producen las redes corporativas. Debería haber cierta planeación central, pero los emprendedores deberían cargar con el peso del desarrollo. Como regla, si un componente del sistema se puede mover a la comunidad, así debería ser. El núcleo sólo debería realizar servicios básicos en cadena, como gestionar la gobernanza y los incentivos para la comunidad.

Un aspecto común que la comunidad podría controlar es la tesorería, el núcleo financiero de la red de blockchain. Las comunidades que controlan dichas tesorerías, como hemos cubierto, en ocasiones se denominan DAO, u organizaciones autónomas descentralizadas. Las DAO no están del todo bien denominadas. No son autónomas como los autos que se manejan solos. En cambio, son autónomas en el sentido de que están basadas en blockchains; el código que las gobierna se ejecuta en cadena y se puede autoejecutar cuando se cumplen ciertas condiciones, por ejemplo, cuando los participantes llegan a un consenso, por lo general por medio de votos de tokens. Un código en cadena puede ejecutarse a perpetuidad, correr programáticamente y conservar dinero sin depender de instituciones externas. Las DAO son como el equivalente en la red de las asociaciones de propietarios de casa, haciendo y aplicando las reglas de las comunidades, pero con más automatización.

Considera la analogía de la ciudad otra vez. En una ciudad bien diseñada, esperarías tener un palacio municipal, un departamento de policía, una oficina de correos, escuelas, equipos de saneamiento y otros esenciales. Los residentes y los negocios dependen de estos servicios, los cuales ofrecen una base sobre la que se desarrolla el resto de la ciudad. Los servicios municipales se centralizan por eficiencia, pero todavía se deben al pueblo. La comunidad controla los servicios por medio de las elecciones.

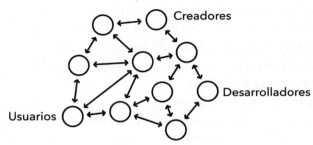

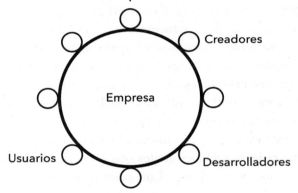

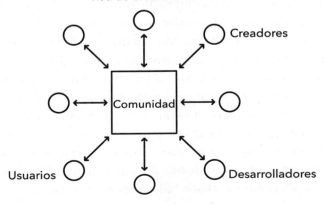

Las funciones de la blockchain tienen analogías claras con la planeación urbanística. Empezar una red de blockchains es parecido a construir una nueva ciudad sobre terreno no desarrollado. El diseñador de la ciudad construye algunos edificios iniciales y luego diseña un sistema de concesiones de tierras e incentivos fiscales para los residentes y los desarrolladores. Los derechos de propiedad —la titularidad— tienen un papel clave, aportando fuertes compromisos de que los dueños de la propiedad podrán conservar lo que poseen y sentirse cómodos invirtiendo en ello. Conforme crezca la ciudad, crecerá la base fiscal. Los impuestos se reinvierten en proyectos públicos, como calles y parques, y se entrega más tierra y la ciudad crece.

En el caso de las redes de blockchains, las recompensas de tokens son como concesiones de tierras, incentivos dados a los colaboradores por diversas actividades. Los tokens confieren propiedad, consagrando los derechos de la misma. Las tasas de aceptación son como impuestos locales, cuotas que la red cobra por tener acceso y por hacer transacciones. Las DAO son como gobiernos locales, responsables de supervisar el desarrollo de la infraestructura, resolver disputas y asignar recursos que maximicen el valor de la red. Por medio de esta combinación de características, las redes de blockchains exitosas incentivan las economías emergentes de acumulación progresiva.

Imagina que eres un emprendedor buscando abrir un negocio local. Lo primero que quieres saber es cuáles son las reglas de la ciudad en la que te encuentras. ¿Son predecibles? ¿Cualquier cambio de reglas seguirá un proceso justo? ¿Los impuestos son razonables? Si tu negocio tiene éxito, ¿recibirás el beneficio económico? La equidad y la predictibilidad te animan a invertir tu tiempo y dinero. Tu éxito y el éxito de la ciudad son mutuamente dependientes. Tienes un incentivo de ayudar a que la ciudad crezca y prospere, y la ciudad tiene un incentivo para que tú crezcas y prosperes también. Las consideraciones son las mismas en una red de blockchains.

El modelo colaborativo, progresivo ascendente, de desarrollo de software de las redes de blockchains podría parecerle extraño a quienes están más familiarizados con el modelo de desarrollo progresivamente descendente de software corporativo. Pero el desarrollo ascendente es lo que construyó las redes de protocolo y sigue construyendo el software de código abierto. Es también el mismo espíritu de colaboración colectiva que impulsa sitios web como Wikipedia. Las redes de blockchains toman ese modelo duradero y lo usan en la aplicación estrella, o killer app, de internet: las redes.

En la siguiente sección exploraremos las características más atractivas de las redes de blockchains, empezando con su forma de adoptar la apertura. Ahondaremos en la composabilidad del software y las tasas de aceptación bajas, que les dan a las redes de blockchains ventajas por encima de otros tipos de redes. Desgranaremos las finanzas de las redes de blockchains, incluyendo los incentivos y los firmes compromisos que les ofrecen a los usuarios, desarrolladores y creadores. Y veremos cómo esas propiedades incentivan la formación de verdaderas comunidades: sets de accionistas inclusivos y expansionistas que guían, gobiernan y comparten el valor de las redes que crean.

TERCERA PARTE

Una nueva era

7

SOFTWARE CREADO POR LA COMUNIDAD

Piensa zen. El proyecto no le pertenece a nadie
y le pertenece a todos.[1]
—LINUS TORVALDS

Hasta la década de 1970, pertenecer a la industria de la tecnología significaba vender hardware, incluyendo microchips, almacenamiento de datos y computadoras. Luego una idea a contracorriente se le vino a la mente a un chico astuto.[2] ¿Y si el software pudiera ser un buen negocio? De hecho, ¿qué tal que fuera un gran negocio... todavía *mejor* que el hardware? Determinado a probar su teoría, este tipo abandonó sus planes de estudiar leyes, dejó la universidad y fundó Microsoft.

Estoy hablando de Bill Gates, por supuesto. Gates reconoció que los sistemas operativos de las computadoras personales podían acumular un inmenso poder al canalizar los efectos de red. Previó que los consumidores afluirían hacia los sistemas operativos y las aplicaciones en lugar de hacia el hardware subyacente. Los desarrolladores de aplicaciones construirían para los sistemas operativos más populares, no las máquinas más vendidas. Esto crearía un ciclo de retroalimentación plataforma/aplicación autorreforzable. El software sería rey.

Los incumbentes no tenían idea de lo que les iba a pasar. En 1980, IBM accedió a licenciar la primera joya de la corona de Microsoft, el sistema operativo DOS, en un trato que le permitió a Microsoft seguir vendiendo el software a otros fabricantes.[3] IBM no logró comprender lo que estaba pasando por alto. Más fabricantes de PC estaban entrando a la batalla, copiando los diseños de IBM y volviendo el hardware de las computadoras un producto básico. Éste fue el contexto en que Microsoft inundó la zona, llevando sus sistemas operativos a todas partes hasta que se volvieron el estándar de la industria. Durante los siguientes veinte años, el software fue el negocio más lucrativo en tecnología.

Pero otro giro del ciclo tecnológico llegaría, y conforme Microsoft se volvía más poderoso, una secta de programadores activistas lo golpearon por la espalda formando el movimiento de software de código abierto. Como Tim O'Reilly, el magnate de las publicaciones sobre tecnología, describió la situación en su entrada de blog de 1998 "Software libre: alma y corazón del internet": "A pesar de todos los esfuerzos de Microsoft por convencer al mundo de que la ciudad capital del internet es Redmond, y el rival de Netscape dice que está en Mountain View, la verdadera casa matriz sólo existe en el ciberespacio, en una comunidad distribuida y global de diseñadores que crean encima del trabajo de los otros, compartiendo no únicamente ideas, sino el código fuente que implementa esas ideas".[4]

El movimiento de código abierto metería presión para bajar los precios del software. En particular, el movimiento volvería el software un producto básico del lado del servidor, la clase que se ejecuta en los centros de procesamiento de datos, un cambio que haría eco de la revuelta encabezada por Microsoft entre el hardware y el software. Los jugadores en la industria de la tecnología respondieron "subiendo en la lista", enfocándose en los servicios en lugar del software. Pronto echó raíces una nueva palabra de moda: "software como servicio", o SaaS.

Si nos adelantamos hasta hoy, la mayoría de las empresas de tecnología están en el negocio de los servicios. Cobran ya sea por servicios o por publicidad conectada con servicios. Google, Meta, Apple y Amazon, todos están en el negocio de los servicios. Lo revelador es que, incluso Microsoft, el pionero del modelo de software, ahora se considera una empresa de servicios.

En la década de 2000, al inicio de la era de leer/escribir, parecía que el cambio a los servicios podía conducir a una apertura y una interoperabilidad todavía mayor por todo el internet. Las API, que conectan los servicios de internet, eran la moda. Los desarrolladores estaban creando servicios que remezclaban, modificaban y reutilizaban otros servicios en los llamados híbridos. YouTube ganó popularidad como un widget de video que se podía insertar en los blogs y en otras páginas web. Las primeras aplicaciones de entregas y de transporte compartido se vincularon con Google Maps. Los blogs y las redes sociales aprovecharon aplicaciones de comentarios como Disqus y mostraron fotografías de terceros de sitios como Flickr. Lo hicieron gratis; nadie pidió permiso.

En aquel entonces, parecía que un espíritu de interoperabilidad podría impregnar el internet para siempre.[5] En una retrospectiva para *The Atlantic* en 2017, el periodista Alexis Madrigal captura el optimismo de la década anterior:

> En 2007, las personas de la web se sentían triunfantes. Seguro, el auge del "punto com" se había acabado, pero los imperios se estaban construyendo con los remanentes de sillas giratorias y los cables de fibra óptica y los desarrolladores desempleados. La web 2.0 no sólo era una descripción temporal, sino un *ethos*. La web se abriría. Una miríada de servicios se construirían, comunicándose por medio de API, para proveer la experiencia general del internet.

Y entonces, en otro giro del destino, iPhone debutó. El suelo sin duda cambió con el auge de los smartphones.[6] Las redes de protocolo perdieron su equilibrio y las redes corporativas ganaron el sitio más firme, como recuenta Madrigal:

> Cuando empezó esa explosión global histórica, vino con ella una guerra de plataformas. La web abierta perdió rápida y decididamente. Para 2013, los estadounidenses gastaron el mismo tiempo en sus teléfonos viendo Facebook que en todo el resto de la web abierta.

Culpa a la lógica cruel de la extracción corporativa por lo que salió mal. Como hemos dicho, el ciclo de atracción/extracción surge, ineludiblemente, de una tensión inherente en el diseño de las redes corporativas. El camino sigue la curva S de la adopción tecnológica. Pasado cierto punto, lo que es bueno para el dueño de una red entra en conflicto con lo que es mejor para los participantes de la red. A inicios de la década de 2010, los teléfonos móviles catalizaron un cambio de plataforma que aceleró el auge de las redes corporativas. Conforme estas redes ganaron terreno, su estrategia

óptima de negocios cambió de la atracción a la extracción. Con tantas redes corporativas cambiando hacia el modo de extracción a la vez, el poder
se concentró con rapidez. Las API se marchitaron, la interoperabilidad fra-
casó y el internet abierto se quedó resguardado en silos.

Modding, remix y códigos abiertos

La interoperabilidad aún persiste en algunas categorías de los servicios
de internet. Prospera, notablemente, en los juegos de video donde los
usuarios crean "mods": remixes de juegos o componentes DIY que pueden consistir en arte alterado, juegos modificados, elementos aleatorios de
juegos, añadiduras como nuevas armas o herramientas, y otros pedacitos
personalizados.

El modding (capacidad de modificar un videojuego ya desarrollado) ha
existido desde el inicio de los juegos en PC en la década de 1980. En aquel
entonces, los jugadores eran sobre todo programadores a los que les gustaba
experimentar con software: hackers en otras palabras. Los estudios de juegos sabían lo que ansiaba su público, así que abrazaron el modding. id Software, creador de *Doom*, el exitoso juego de tirador en primera persona, fue
quizá el ejemplo más famoso.[7] En 1994, un jugador de *Doom* llegó al grado
de recrear dentro del juego la película de ciencia ficción de 1986 *Aliens*, con
traje de exoesqueleto para luchar con el xenomorfo y todo. La secuela de
1996 de *Doom*, Quake, *incluso* introdujo su propio lenguaje de programación para facilitar el modding.

Hoy, el modding domina el mundo de los juegos en PC, donde las plataformas tienden a ser más abiertas que en las consolas y los teléfonos móviles. La popular tienda de juegos para PC, Steam, tiene cientos de millones
de mods y componentes para juegos generados por los usuarios.[8] No es extraño que los juegos más exitosos empiecen como mods de otros juegos,[9]
incluyendo *League of Legends* (una adaptación de un mod de *Warcraft III*
llamado *Defense of the Ancients*) y *Counter-Strike* (un mod del juego de tirador en primera persona *Half-Life*). Casi todo el contenido del popular juego *Roblox* fue generado por usuarios que crearon y remezclaron contenido
existente de otros juegos. Crear y recrear cosas es una gran parte del atractivo de jugar.

Muchos videojuegos son parques de diversiones para el modding, pero el área donde la actividad ha encontrado mayor éxito es el software de código abierto. Los colaboradores suelen trabajar como voluntarios, muchas veces de medio tiempo. Están más o menos organizados y esparcidos por el mundo, y dependen de una colaboración remota y un conocimiento compartido. Cualquiera puede reusar un código abierto en su propio software, sin costo, con mínimas restricciones.

El código abierto empezó como una idea radical,[10] parte de un movimiento político marginal de la década de 1980.[11] Los proponentes se oponían a la idea del código con derechos de autor por motivos ideológicos, creyendo que cualquiera debería poder manipular el software a su venia. La campaña se convirtió en un movimiento tecnológico más pragmático en la década de 1990, sin embargo, permanecía sobre todo en la periferia de la industria del software. No fue sino hasta la década de 2000 que el código abierto empezó a popularizarse, sobre todo después del auge del ahora ubicuo sistema operativo de código abierto Linux.

Dados los humildes orígenes del software de código abierto, tal vez te sorprenda saber que muchos softwares que se ejecutan en producción alrededor del mundo en la actualidad son de código abierto. Cuando tu teléfono se conecta a internet, habla con las computadoras en los centros de datos, la mayoría de los cuales funcionan con software de código abierto como Linux. Los teléfonos Android trabajan sobre todo con software de código abierto, incluyendo Linux. La mayoría de los dispositivos de siguiente generación, como los autos que se manejan a sí mismos, los drones y los visores de realidad virtual ejecutan Linux y otros códigos abiertos. (Los iPhones y las Mac ejecutan una mezcla de software de código abierto y patentado de Apple.)

¿Cómo es que el código abierto se adueñó del mundo? Una de las principales razones de que el movimiento fuera tan exitoso es una característica del software llamada composabilidad.

Composabilidad: software como bloques de Lego

La "composabilidad" hace referencia a una propiedad del software que permite que piezas más pequeñas se ensamblen en composiciones más grandes. La composabilidad depende de la interoperabilidad, pero lleva la idea más allá al combinar sistemas de la misma forma que uno construye usando bloques de Lego, como se mencionó en "Tokens". Componer software es como hacer música o escribir, donde las creaciones más grandes, como las sinfonías o las novelas, se componen de partes más pequeñas, como series de notas o palabras.

La composabilidad es tan fundamental para el software, que la mayoría de las computadoras asume que todo el código es componible por defecto. Las computadoras implementan esta suposición por medio de un proceso de dos pasos cuando se preparan para ejecutar un código. Primero, un programa llamado compilador convierte el código fuente del software, escrito en lenguaje que un humano pueda leer, en un lenguaje de menor nivel, que una máquina pueda leer. Luego, todos los demás pedazos componibles de código a los que hace referencia el software se introducen con un programa llamando enlazador. El enlazador vincula —o compone— todas las piezas del código en un solo archivo grande y ejecutable. Y así, el software es un arte de composición.

La composabilidad desbloquea lo mejor que puede ofrecer la humanidad. Casi todos los proyectos en GitHub, un repositorio de código en línea para desarrolladores de código abierto, contiene referencias a otros proyectos de código abierto alojados ahí. Para la mayoría de los proyectos, el grueso de su código son nuevas composiciones de otro código. El set colectivo de repositorios de código conforman un árbol ramificado en miles de millones de ideas interconectadas, creadas por millones de personas, de las cuales casi nadie se conoce entre sí, pero que trabajan en colaboración para avanzar el resguardo global de conocimiento. (Y si necesitas más prueba de la llegada del código abierto a las corrientes principales: GitHub ya pertenece, irónicamente, al antiguo más grande adversario del movimiento, Microsoft.)[12]

El poder de la composabilidad es que una vez que una pieza de software esté escrita, nunca necesita escribirse otra vez. Si buscas GitHub en tu navegador, verás código abierto gratis para casi cualquier cosa que quisieras hacer, desde fórmulas matemáticas hasta desarrollo de páginas web o gráficos para videojuegos. El código simplemente se puede copiar y reutilizar como un componente en otro software. Luego, ese otro software puede ser copiado y reutilizado, *ad infinitum*. Cuando esto sucede dentro de una empresa, la vuelve más productiva. Cuando esto sucede en repositorios de código abierto, acelera el desarrollo de software en todas partes.

Supuestamente, Albert Einstein una vez dijo que el interés compuesto es la octava maravilla del mundo.[13] Ya sea que Einstein lo haya dicho realmente o no (lo más probable es que no),[14] la sabiduría se sostiene. El capital genera interés, el cual hace crecer el capital, que entonces da más interés y acumula rendimientos todavía mayores. Los increíbles efectos del crecimiento compuesto no se limitan a las finanzas. Muchas cosas que crecen exponencialmente en el mundo lo pueden hacer por procesos compuestos subyacentes. Por ejemplo, las mejoras exponenciales en el hardware compuesto se describen en la ley de Moore, como comenté en "Blockchains". La composabilidad es la versión del software del interés compuesto.

La razón de que la composabilidad sea tan poderosa es que combina estas múltiples fuerzas, cada una poderosa en sí misma:

- *Encapsulación.* Una persona puede crear un componente y otra lo puede usar sin comprender los detalles de cómo se hizo. Esto permite que una base de código de software crezca rápidamente mientras la complejidad, y la posibilidad de errores, crezca mucho más lentamente.
- *Reusabilidad.* Cada componente necesita ser creado una vez nada más. Tan pronto como algo, como un elemento de un juego o un componente de software de código abierto, se crea, puede reusarse una y otra vez sin que se necesite el permiso de nadie. Se vuelve un componente para siempre. Cuando esto ocurre en repositorios permanentes en el internet abierto, el desarrollo de software colectivo avanza gracias a las contribuciones de una mente de colmena global.
- *La sabiduría de las masas.* Recuerda la broma de Bill Joy de que no importa qué tan listo seas o cuántas personas inteligentes trabajen para ti, la mayoría de la gente inteligente trabaja en otra parte. Reutilizar el software implica que puedes acceder a la inteligencia de todas esas personas. Hay decenas de millones de desarrolladores inteligentes con una variedad de áreas de experiencia. La composabilidad te permite absorber esa experiencia todo lo que quieras.

Por más poderosa que sea ahora, la composabilidad del software todavía no alcanza todo su potencial. Ha estado sobre todo limitada a códigos estáticos esperando en repositorios, lo contrario a servicios donde el código está vivo y ejecutándose. La razón es que la computación cuesta dinero. El modelo contribuyente que sostiene el software de código abierto —es decir, depender de donaciones caritativas y voluntarios *ad hoc*— no funciona tan bien para los servicios de código abierto. Los desarrolladores pueden prestar su tiempo para escribir software, pero necesitan financiar recursos para alojar y ejecutar el software. Lo que falta es un modelo de negocio que aporte un financiamiento constante para pagar el ancho de banda, los servidores, la electricidad y otros costos.

La composabilidad para los servicios de software se estancó cuando las redes corporativas dejaron de interoperar. Todavía pueden encontrar API para las redes corporativas de los gigantes de la tecnología, como YouTube, Facebook y Twitter, pero estas API tienen reglas restrictivas y características limitadas. Los proveedores decidieron qué información enviar, a quién y bajo qué términos. En el cambio del modo atracción a extracción, las redes corporativas apretaron su agarre y dejaron tirados a los constructores externos. Los desarrolladores externos aprendieron a no depender de ellos.

Vale la pena mencionar que sigue habiendo API populares en el espacio del software empresarial de negocio a negocio. Entre los proveedores exitosos de éstas se encuentran Stripe para pagos y Twilio para comunicaciones. Tales API esconden códigos complejos detrás de simples interfaces, así que ofrecen un beneficio de composabilidad, la encapsulación. Pero se pierden de los otros dos beneficios. El código que las alimenta es sobre todo de fuente cerrada, lo que quiere decir que no se beneficia de la sabiduría colectiva ni contribuye a la base de conocimiento global de los codificadores en todas partes. Es más, estas API sólo se pueden usar con permiso, y sus proveedores pueden cambiar las cuotas y las reglas a voluntad. Las que son con permisos son útiles en contextos corporativos, pero no avanzan la visión de un internet creado a partir de servicios abiertos y que se puedan remezclar.

Lo ideal sería que cualquiera que construya sobre otros servicios y otras API recibiera compromisos firmes de que los servicios no sólo serán abiertos, sino que lo serán indefinidamente para que puedan depender de ellos. No puedes tener garantías de apertura a menos de que los servicios sean económicamente independientes.

Donde fallaron las redes corporativas, las blockchains proveen una solución. Las redes de blockchains hacen compromisos sólidos de que los servicios que ofrecen seguirán teniendo la opción de remezclar, sin la necesidad de permisos, a perpetuidad. Lo hacen de dos maneras. Primero, ofrecen garantías sólidas y codificadas en el software de que sus precios y sus reglas de acceso no van a cambiar. Una vez que el equipo de desarrollo inicial detrás de una red de blockchains despliega su código, los servicios que impulsan son autónomos o, en ciertos diseños de red, corregibles por voto comunitario. La plataforma es confiable.

Segundo, las redes de blockchains financian los gastos de alojamiento mediante modelos económicos sustentables que usan tokens. Ethereum tiene docenas de miles de validadores, o servidores de alojamiento de red, repartidos por todo el mundo. La red misma cubre sus propios costos de alojamiento —servidores, ancho de banda, electricidad— al distribuir recompensas de tokens a los validadores. Mientras haya demanda de la red de Ethereum y los usuarios y las aplicaciones paguen las cuotas de transacción para usarla, los validadores recibirán su pago por los servicios de alojamiento que proveen. Así que el terreno sobre el que se puede construir no sólo es sólido y estable, también es rico en recursos renovables.

La catedral y el bazar

La composabilidad es una fuerza que ha superado la prueba del tiempo y ha demostrado su poder una y otra vez, más notoriamente con el éxito del software de código abierto. Sin embargo, la visión de un internet abierto, creado a partir de servicios componibles se ha quedado corto porque las redes corporativas siempre se han replegado. Conforme crecen estas redes, sus intereses cambian y pasan de ser abiertos a ser cerrados. Es inocente contar con el hecho de que una compañía no será malvada sólo porque su lema es "No seas malvado". Las empresas generalmente hacen lo que sea para maximizar sus ganancias. Si no lo hacen, no duran tanto y se quedan atrás de otras empresas que sí lo hacen.

Las redes de blockchains cambiaron el "No seas malvado" por "No puedo ser malvado". Su arquitectura provee firmes garantías de que sus datos y sus códigos seguirán abiertos siempre y listos para remezclarse.

El debate entre el diseño monolítico de las redes corporativas y el diseño viable para la composabilidad de las redes de blockchains imita un debate similar de la década de 1990 sobre el diseño de los sistemas operativos. En su famoso ensayo de 1999, *La catedral y el bazar,* el programador y defensor del software de código abierto Eric Raymond comparó dos modelos de desarrollo de software.[15] En el primero, popularizado por empresas de fuente cerrada, como Microsoft, el software se "construye al igual que las catedrales, creado con cuidado por manos de hechiceros solos o pequeñas bandas de magos que trabajan en espléndido aislamiento". En el segundo modelo, popularizado por los proyectos de código abierto, como Linux, la comunidad parece "semejar un gran y ensordecedor bazar de agendas y métodos diversos", y la filosofía rectora es "saca pronto y seguido, delega todo lo que puedas, sé abierto al punto de la promiscuidad".

Raymond favoreció la promiscuidad del bazar al aislamiento de la catedral. En una comunidad de código abierto, "cada problema será transparente para alguien" y la multitud puede trabajar junta para superar a los competidores centralizados:

> El mundo de Linux se comporta en muchos aspectos como un mercado o una ecología libre, una colección de agentes egoístas tratando de maximizar la utilidad, que en su proceso produce un orden espontáneo autocorrectivo más elaborado y eficiente que ninguna cantidad de planeación central podría lograr.

Desde el advenimiento de la programación informática, hace casi ochenta años, el péndulo siempre ha ondulado de ida y vuelta entre estos dos modos de desarrollar software. Las redes corporativas son las catedrales de hoy y las redes de blockchains, los bazares. Estas últimas traen el poder de la reutilización y el remezclado del software a una forma moderna capaz de rivalizar con las redes corporativas. Las redes del futuro pueden ser grandes ciudades, construidas por medio de las colaboraciones creativas de millones de personas con diversas habilidades e intereses que comparten recursos y trabajan juntos, bloque a bloque, hacia metas comunes.

8

TASAS DE ACEPTACIÓN

Tu margen es mi oportunidad.[1]
—JEFF BEZOS

S i fueras ejecutivo en un negocio establecido y escucharas a algún pez gordo fundador "punto com" decir la amenaza de la cita anterior a mediados de la década de 1990, te hubieras reído de su arrogancia. Más adelante te hubieras arrepentido.

Jeff Bezos, el fundador de Amazon, se estaba refiriendo, sin adornos, a su estrategia para apoderarse de la participación de mercado. El plan: minimizar la sobrecarga, cortar precios, comerse las ganancias de los rivales. Tienes que estar listo para todo. Tienes que ser imparable.

Las estructuras de costos de los minoristas, que eran la competencia de Amazon en su momento, les impidieron igualar las rebajas de precio de Amazon. Los gastos de tener una tienda física, como renta, servicios y salarios de los dependientes impusieron límites pesados a los precios de los incumbentes. Sin tiendas físicas que sostener, Amazon podía mantener sus precios bajos. Así que hizo uso de su ventaja, vendió más barato que muchos de sus competidores y los hizo quebrar.

La estructura de costos bajos de Amazon se prestaba a un modelo de negocios deflacionario, uno que mantiene o incrementa el valor de un servicio a la vez que disminuye el costo para los consumidores con el tiempo. Esta mezcla de tácticas ha sido popular desde los primeros días del internet comercial. Explica cómo Craiglist absorbió el negocio de los anuncios clasificados del periódico,[2] cómo Google y Facebook se tragaron los medios basados en publicidad[3] y cómo Tripadvisor y Airbnb taclearon la industria de los viajes.[4] En cada caso, los disruptores cortaron costos y vencieron a los incumbentes que estaban en sintonía con las estructuras de costos de una era anterior.

Las blockchains son las sucesoras naturales de esta estrategia. Así como los emprendimientos del internet les ganan a los precios altos de los negocios tradicionales, las redes de blockchains exponen el punto débil de las redes corporativas: las tasas de aceptación elevadas.

Los efectos de red dirigen las tasas de aceptación

Las redes hacen dinero cobrando cuotas en actividades como el comercio o la publicidad dentro de ellas. El porcentaje de ganancias que pasa a través de una red y que su dueño toma para sí mismo, en lugar de que pasen hacia los participantes de ésta es, como recordarás, la tasa de aceptación de la red. Con otros controles ausentes en un sistema, los efectos de red fuertes por lo general implican tasas de aceptación altas porque atrapan a los participantes de ella, que tienen pocas alternativas y a veces ninguna a la cual acudir.

En la era preinternet, la escala era el principal promotor de la fijación de precios. En el internet, los efectos de red son los que promueven la fijación de precios. Hoy en día, las más grandes empresas de redes sociales tienen tasas de aceptación muy altas, demostrando la fuerza de ese bloqueo de la red corporativa.

De las redes sociales grandes, YouTube es la más generosa con sus creadores, tomando 45% del ingreso para sí y pasando 55% a los creadores. En sus primeros días, YouTube enfrentó una dura competencia de parte de otras plataformas de video prometedoras que ofrecían compartir la mitad de sus ingresos por publicidad con los creadores. Al sentirse amenazado, YouTube estableció su "programa de socios" dividiendo las ganancias a finales de 2007, y lo ha cumplido desde entonces.[5]

Pero tanta generosidad no es común. Facebook, Instagram, TikTok y Twitter extraen alrededor de 99% de la fuente de ingresos principal de sus redes, la publicidad. Todas estas redes recientemente crearon programas

basados en efectivo para darles sobornos a sus creadores.[6] La mayoría de
estos programas toman la forma de "fondos para creadores" temporales[7]
y pilas estáticas de dinero en lugar de compartir las ganancias al estilo de
YouTube. Los creadores reciben meras fracciones del ingreso de las tasas de
aceptación de estas redes, por lo general menos de 1%, y las empresas no están obligadas a seguir apoyando estos fondos a largo plazo. Lo que es peor,
el modelo de cantidad fija puede hacer que la relación entre la plataforma
y el creador sume cero, ya que obliga a la gente a pelear por recursos limitados.[8] Hank Green, un youtuber desde hace mucho tiempo, señala: "Cuando
TikTok se vuelve más exitoso, los creadores ganan menos por vista".

Aun después de dar cuenta de sus fondos para los creadores, las redes sociales más grandes comparten casi nada con los participantes de la red. Esto
es genial para las redes, pero no para los creadores, quienes aportan contenido sin recibir a cambio una parte justa del rédito. Del otro lado de esas redes, dichas empresas usan su influencia para extraer información personal
de los usuarios en lugar de dinero, lo cual les ayuda a ganar más por medio de
una mejor focalización de sus anuncios. Los efectos de red con esta cautividad amplifican su poder de fijar precios.

Apple tiene un poder para fijar precios extraordinario gracias a su público cautivo de usuarios de iPhone combinado con el efecto de red derivado
del ecosistema de desarrolladores de iOS.[9] Apple ejerce su poder mediante reglas estrictas alrededor de los pagos, que las compañías sujetas a ellos
odian.[10] ¿Alguna vez has querido suscribirte a Spotify[11] o comprar un libro
de Amazon Kindle[12] por medio de una aplicación iOS? No puedes. Estos
negocios no quieren pagar la tasa de aceptación de Apple, que puede ser de
hasta 30%. Un atajo común que usan los desarrolladores de aplicaciones para
circunvenir a Apple es aceptar pagos sólo en navegadores web móviles, no en
las aplicaciones. (La web y el correo electrónico son los últimos santuarios libres en los teléfonos móviles.) A un nivel técnico, Apple podría invalidar este
bypass y forzar que todas las transacciones se direccionen hacia la App Store, pero Apple no se ha atrevido a tomar esa medida drástica aquí. Sin duda
habría fuertes repercusiones y quizá ramificaciones legales y regulatorias.

Algunas compañías preferirían ir a la guerra antes que desembolsar tanto
de su ingreso a Apple.[13] De hecho, los desarrolladores de aplicaciones están
tan hartos de las tasas de aceptación de dicha empresa que ya se unieron
para demandar a Apple por su posición dominante en el mercado.[14] Pero a

menos de que las cortes y los reguladores digan lo contrario (y salvo que haya algún otro inesperado castigo empresarial merecido), Apple puede —y lo hará— seguir cobrando cuotas increíblemente elevadas. Tiene ese poder porque posee una red cautiva.

Si el monopolio exacerba el cobro de tasas, la competencia lo mantiene a raya. Las tarifas de las redes de pago siguen relativamente bajas gracias a la prevalencia de opciones de pago intercambiables. Múltiples redes de pagos ofrecen servicios similares, incluyendo Visa, MasterCard y PayPal. La abundancia de opciones reduce el poder de fijar precios de los negocios, para el beneficio de los consumidores. Como resultado, las redes de tarjetas de crédito cobran 2% o 3% por cada transacción, una tasa relativamente baja, y mucho de eso va a los consumidores en forma de puntos y otros incentivos. (Uno podría argumentar que estas tasas siguen siendo demasiado elevadas, un punto que comentaré más adelante, en "Volver la infraestructura financiera un bien público".)

Los marketplaces de bienes físicos tienden a tener tasas de aceptación en un rango medio, más alto que las redes de pago, pero mucho más bajo que las redes sociales. Por ejemplo, eBay (en su mayoría bienes de segunda mano),[15] Etsy (objetos hechos a mano)[16] y StockX (tenis)[17] tienen tasas de aceptación de entre 6% y 13%. Los usuarios pueden elegir dónde vender objetos y cruzar listados en múltiples sitios. Las tasas de aceptación son más bajas en parte porque los vendedores ganan márgenes menores por esos bienes, pero también por efectos de red más débiles. Los compradores descubren objetos sobre todo mediante los resultados de búsqueda en lugar de los feeds sociales, lo cual baja el costo para que los vendedores cambien de redes. Los vendedores pueden llevar sus mercancías a cualquier red que quieran porque son dueños de los bienes físicos que venden. Cuando los participantes de la red poseen lo que es valioso para ellos, los costos de traslado caen y provocan una disminución de las tasas de aceptación.

Las redes de protocolo no tienen empresas en medio tomando una tajada de la ganancia, así que no tienen tasas de aceptación. Tú eres dueño de tu nombre de dominio y puedes llevarlo con cualquier proveedor de alojamiento que quieras, y nadie dice nada. Algunos puntos de acceso, como los proveedores de alojamiento del correo electrónico y la web, cobran por ciertos servicios; no obstante, debido a que las redes de protocolo no tienen efectos de red que favorezcan a una cierta entidad, como hacen las redes corporativas, los proveedores de alojamiento tienen poco poder para fijar precios y deben cobrar basándose en los costos de almacenamiento y networking, en lugar de un porcentaje de las ganancias. Como resultado, incluso con estas cuotas, la *tasa de aceptación efectiva* —el precio real que acaban pagando los participantes de la red por usar dicha red— sigue siendo muy baja.

Las tasas de aceptación efectivas pueden ser cuotas furtivas, como tarifas escondidas que aparecen en la caja antes de pagar. Las redes corporativas muchas veces tienen tasas de aceptación efectivas que exceden sus tasas de aceptación aparentes. Estas redes suben las tasas al menguar el alcance orgánico de los participantes de la red en feeds sociales algorítmicos y resultados de búsquedas. Una vez que los creadores, desarrolladores, vendedores y otros alcanzan cierta escala, las redes corporativas los obligan a comprar anuncios para mantener o acrecentar su público.

Habrás notado, por ejemplo, cómo una búsqueda en Google o en Amazon produce una cantidad cada vez mayor de resultados patrocinados (busca la etiqueta "patrocinado").[18] Las grandes empresas usan esta tecnología para subir las tasas efectivas de la oferta de la red, que para Google son las páginas web y para Amazon sus vendedores. En Google, una página web no paga por los vínculos orgánicos, pero tiene que pujar en una subasta por vínculos patrocinados. En Amazon, a los vendedores se les cobra una cuota, pero si quieren una ubicación patrocinada, se les cobran cuotas adicionales.[19] Google y Amazon saben que los usuarios tienden a dar clic en los primeros vínculos por las clasificaciones de los resultados de búsqueda, así que, al empujar hacia abajo los enlaces orgánicos, fuerzan de manera efectiva que las páginas web y los vendedores paguen más por la misma exposición. Como si eso no fuera suficientemente malo, estas empresas también usan valiosos espacios de la pantalla para promover sus propios productos, los cuales compiten con los de sus proveedores.

Google, Amazon y otras grandes empresas fueron disruptores en sus inicios, cuando estaban en la fase de atracción. Hoy, en su fase de extracción, están enfocados en exprimir cuanta ganancia puedan de las redes que poseen. Así, los dueños de redes corporativas no sólo succionan casi todo el ingreso de la red, sino que encuentran maneras de extraer cuotas adicionales encima de eso. Los participantes de la red se quedan colgando. Pasan años cultivando seguidores, luego las reglas cambian y se ven obligados a pagar todavía más para acceder al público que crearon.

Las altas tasas de aceptación de los gigantes de la tecnología son malas para los participantes de la red, pero geniales para su propio margen de ganancia. Meta tiene márgenes brutos de más de 70%,[20] es decir, que por cada dólar en ventas, conserva más de 70 centavos para sí (el resto se destina a pagar costos relacionados con la generación de ganancias, como el manejo de los centros de datos). Los gigantes de la tecnología que poseen redes gastan parte de esta utilidad inesperada en costos fijos, como empleados y desarrollo de software. El resto les queda como ganancia. Dentro de estas compañías, miles de empleados trabajan en administración y ventas, y algunos trabajan en nuevos proyectos de investigación y desarrollo. Pero también tienen capas de gerentes de nivel intermedio y una burocracia inútil posible gracias al exceso.

Donde los contadores ven márgenes amplios, los emprendedores deberían ver sangre. *Tu tasa de aceptación es mi oportunidad*, como Bezos diría.

Tu tasa de aceptación es mi oportunidad

Las redes de blockchains afectan a los intermediarios que buscan ingresos, y les permiten quitarles participación de mercado a las corporaciones extorsionadoras al bajar los precios. Las redes con mayor habilidad para afianzar consumidores tienen más poder para fijar precios, lo cual se traduce en tasas de aceptación más altas. Cuanto más elevada sea la tasa de aceptación de una red incumbente, más oportunidad habrá de disrupción.

Las redes de blockchains populares tienen tasas de aceptación muy bajas, las cuales varían desde menos de 1% hasta 2.5%. Esto quiere decir que el resto del dinero que fluye a través de las redes va a los participantes de la red, incluyendo usuarios, desarrolladores y creadores. Compara las tasas de aceptación de redes corporativas populares con Ethereum y Uniswap, redes de blockchains populares, y OpenSea, una tienda construida sobre redes de blockchains:[21]

Redes corporativas	Tasas de aceptación	Redes de blockchains/ aplicaciones	Tasa de aceptación
Facebook	~100%	OpenSea	2.5%
YouTube	45%	Uniswap*	0.3%
iOS App Store	15-30%	Ethereum**	0.06%

* La comisión más popular. ** Calculado como cuotas totales pagadas por los usuarios, divididas por el valor total de la transferencia de ETH y principales tokens ERC20 en 2022 (fuente: Coin Metrics).

Las redes de blockchains tienen tasas de aceptación bajas por las rígidas restricciones establecidas por sus principios fundamentales de diseño, en concreto:

- *Compromisos impuestos por el código.* Las redes de blockchains se comprometen a tomar las tasas de aceptación de entrada en el inicio y no se pueden cambiar excepto por consentimiento de la comunidad. Esto obliga a las redes a competir por participantes de la red al ofrecer el compromiso de tener tasas de aceptación más bajas. En mercados competitivos, las tasas de aceptación tenderán hacia el costo de mantenimiento y desarrollo de la red.
- *Control comunitario.* En las redes de blockchains bien diseñadas, las tasas de aceptación se pueden aumentar sólo si la comunidad así lo vota. Esto contrasta con las redes corporativas, donde el dueño puede subir las tasas de aceptación de manera unilateral, a expensas de la comunidad.
- *Código abierto.* Dado que todo el código de la blockchain es código abierto, es sencillo "bifurcar" o crear una copia de él. Si una red de blockchains sube las tasas de aceptación demasiado, un competidor puede crear una versión bifurcada con tasas más bajas. La amenaza de la bifurcación ayuda a mantener a raya las tasas de aceptación.
- *Los usuarios son dueños de lo que valoran.* Las redes de blockchains bien diseñadas interoperan con sistemas estandarizados que garantizan que los usuarios sean dueños de las cosas que les importan. Por ejemplo, muchas redes de blockchains interoperan con el Servicio de

Nombres Ethereum (ENS, por sus siglas en inglés), un sistema popular para nombrar en la blockchain de Ethereum. Esto significa que yo puedo usar mi nombre ENS (cdixon.eth) a lo largo de muchas redes distintas, y si éstas cambian las reglas o suben las tasas de aceptación, yo puedo cambiarme fácilmente a una nueva red sin perder mi nombre ni mis contactos de red. Los costos de transferencia bajos implican la reducción del poder de las redes para fijar precios y, por ende, tasas de aceptación menores.

Una crítica de las redes de blockchains es que sus tasas de aceptación bajas podrían ser temporales:[22] conforme proliferen las redes de blockchains, surgirán nuevos intermediarios que suban las tasas de aceptación, dicen los escépticos. Moxie Marlinspike, un investigador de seguridad respetado y fundador de la aplicación de mensajería Signal, escribió una entrada en su blog, que fue muy leída, declarando que, dado que los usuarios eran renuentes a tener siquiera las más minúsculas fricciones entre el usuario y la interfaz, acabarán agrupándose alrededor de aplicaciones fáciles de usar y front-end (parte visible y accesible del sistema), las cuales extraen usuarios lejos de las blockchains. Si estas aplicaciones son manejadas por empresas, entonces terminamos con el mismo problema que tenemos hoy: unas cuantas compañías con un fuerte poder para fijar precios en control.

Se trata de una crítica sabia, a veces conocida como el riesgo de recentralización. Una dinámica similar minó la RSS, como comenté en "La caída de la RSS". Twitter y otras redes corporativas extrajeron usuarios fuera del protocolo al ofrecer experiencias de usuario con menor fricción. Esta dinámica también es un riesgo para las redes de blockchains mal diseñadas.

Las redes de blockchains pueden evitar este destino si son capaces de garantizar que los usuarios mantengan la amenaza creíble de cambiar clientes front-end, incluso si los usuarios se juntan alrededor de unos cuantos populares. Para asegurarlo, la red debe estar diseñada para incluir lo siguiente:

• *Experiencias de usuario de menor fricción que empata con las de las redes corporativas modernas.* Es la razón de que las redes de blockchains necesiten un mecanismo para financiar mucho de lo que las redes corporativas financian, incluyendo desarrollo constante de software y subsidios para usuarios, como alojamientos gratis y registro de nombre. Las redes de protocolo nunca tuvieron un mecanismo de financiamiento que fuera suficiente, un motivo clave de que fracasara la RSS. (Véase "Construir redes con incentivos de tokens" para saber más sobre los mecanismos de financiamiento de las blockchains.)

- *Efectos de red que derivan en blockchains controladas por la comunidad en lugar de aplicaciones front-end controladas por la empresa.* Esto significa que las cosas que les importan a los usuarios —sus nombres, relaciones sociales y bienes digitales— necesitan estar establecidos en una blockchain y pertenecer al usuario. Las aplicaciones no son capaces de adquirir ventajas para fijar precios si los usuarios pueden cambiar fácilmente de una aplicación a otra. Cuando los usuarios son dueños de lo que es significativo, la cautividad es mucho menos probable.

Marlinspike citó la tienda de NFT OpenSea como ejemplo de una aplicación perteneciente a una empresa que podía arrebatarle el control a las redes de blockchains. Pero las redes de blockchains con que interopera OpenSea están bien diseñadas. Cuando creas una cuenta de OpenSea, lo haces con un nombre que te pertenece, unido a una blockchain como Ethereum. Todos los NFT que tienes también se guardan en una blockchain, no en servidores corporativos. Esto facilita cambiar a otra tienda llevándote contigo todas las cosas que te importan.

Marlinspike escribió esta entrada de su blog a inicios de 2022. Desde entonces, nuevos marketplaces, como Blur, han explotado los bajos costos de transferencia de las plataformas de NFT para robarle a OpenSea presencia de mercado.[23] En respuesta, OpenSea bajó sus tasas de aceptación, demostrando que la titularidad de las blockchains sí fuerzan, en práctica, los precios bajos. En cambio, competir para bajar precios es algo que casi nunca se ve entre redes corporativas.

Las tasas de aceptación bajas de las redes de blockchains crean incentivos sólidos para que los desarrolladores y creadores construyan sobre ellas. Por ejemplo, los emprendimientos de externos añaden características y aplicaciones a las redes DeFi sin miedo a arrepentirse después. Estos emprendimientos saben que pueden invertir y hacer crecer sus negocios sin el riesgo de que las redes DeFi cambien las reglas, caven bajo sus pies y extraigan las

ganancias más tarde. Muy pocos desarrolladores de software están dispuestos a volverse dependientes de redes corporativas financieras como Square
o PayPal. Pueden ofrecer estos servicios como una de múltiples opciones de
pago, pero no son tan inocentes como para depender de ellas.

Las redes de blockchains deberían estar diseñadas para tener tasas de
aceptación que sean lo suficientemente altas para financiar actividades de red
esenciales, pero lo suficientemente bajas para vencer a los competidores
corporativos. Estas redes ofrecen un nuevo modelo donde mucho más del
excedente económico se va hacia los participantes de la red y mucho menos
de él va a los balances finales y la sobrecarga burocrática.

Apretar el globo

Para comprender la industria de la tecnología es esencial entender que,
cuando una de las capas en un "stack tecnológico" se vuelve un producto
básico, otra capa se vuelve más redituable. Un stack tecnológico, en este
contexto, es un set de tecnologías que trabajan juntas para generar ingresos. Piensa en la combinación de una computadora, un sistema operativo y
aplicaciones de software como un stack tecnológico de capas creadas una
encima de la otra.

Cuando las capas se vuelven un producto básico, eso quiere decir que
pierden su influencia para fijar precios. En el mundo físico, esto suele significar que la competencia es tan reñida y los productos resultantes están
tan diferenciados, que las ganancias tienden a cero. Tal es el caso entre mercancías comunes reales, como el trigo o el maíz. En un stack tecnológico,
es más común que una capa se vuelva una mercancía común cuando los
productos y los servicios *1*) se regalan, como la aplicación de la calculadora
en un iPhone; *2*) se vuelven de código abierto, como el sistema operativo de
Linux, o *3*) están controlados por una comunidad, como el protocolo SMTP
de correo electrónico.

Clayton Christensen, de quien leímos antes en su comentario sobre la
innovación disruptiva en "Tokens", generalizó estas ideas en su "ley de la
conservación de ganancias atractivas".[24] La teoría es que mercantilizar una
capa de una pila tecnológica es como apretar un globo. El volumen de aire
permanece constante, pero se mueve hacia otras áreas. Lo mismo es cierto

de las ganancias en un stack tecnológico (más o menos, digamos, ya que los negocios no son tan determinísticos como la física). Las ganancias en general se conservan, pero se mueven de capa a capa.

Veamos un ejemplo concreto. La búsqueda de Google genera dinero cuando un usuario da clic en un anuncio de esa búsqueda. Entre el anunciante que paga y el usuario que da clic, interviene un stack de tecnologías: un dispositivo como un teléfono o PC, un sistema operativo, un navegador web, un operador de telecomunicaciones, un motor de búsqueda y una red publicitaria. Todas estas capas compiten por capturar una porción de cada dólar que pasa a través del stack. El mercado en general puede aumentar o encogerse, pero en un momento dado la competencia entre las capas es de suma cero.

La estrategia de Google respecto a la busqueda es ser dueño o convertir las capas del stack en productos comunes para poder maximizar su propia utilidad. De lo contrario, un competidor que controla otra capa podría llevarse estas ganancias. Es uno de los motivos por los que Google creó productos en cada capa del stack: dispositivos (Pixel), sistemas operativos (Android, en su mayoría de código abierto), navegadores (Chrome, más el proyecto de código abierto Chromium) y hasta servicios de operadores (Google Fi). Cuando una empresa como Google contribuye a proyectos de código abierto o saca versiones de menor costo de los productos de plataformas competidoras, no lo hace por caridad. Lo hace para cuidar sus propios intereses.

Así es como se desenvuelve la competencia en los teléfonos hoy. Dado que Apple controla el sistema operativo del iPhone y su navegador web predeterminado, Safari, la compañía puede cobrarle a Google,[25] según lo declarado, 12 mil millones de dólares al año para que Google siga siendo el motor de búsqueda predeterminado de iPhone, y Google lo acepta como el costo de hacer negocios. Apple usa la popularidad del iPhone para apretar el globo de búsqueda de Google.[26] El pago hubiera sido mucho más alto si Google no hubiera tenido la perspicacia de crear Android, dándole un buen pedazo de la participación del mercado móvil. Google ni siquiera necesita hacer dinero con Android. Sólo necesita que parte del mercado móvil contenga productos comunes para que no lo controle un competidor, como Apple, lo cual podría limitar el acceso de la gente al producto de búsqueda de Google. Así, la pelea por los sistemas operativos se extiende hacia la pelea por las ganancias de las búsquedas.

Al volver Android de código abierto (y agruparlo gratis en muchos teléfonos de fabricantes de hardware), Google persigue una estrategia clásica de la tecnología conocida como "vuelve tu complemento de uso corriente".[27] Joel Spolsky, cofundador de Stack Overflow y Trello, acuñó la frase en 2002, basándose en el trabajo de economistas como Carl Shapiro y Hal Varian de Google.[28] Google convirtió en productos básicos una gran porción del mercado de sistemas operativos móviles, asegurando así que su motor de búsqueda —la fuente real de ingresos— pudiera florecer sin obstáculos en una nueva plataforma computacional. La jugada aminoró el riesgo de la plataforma de Google en un cambio que abarcaba a la industria entera, el paso de la PC al móvil, y mejoró su poder de negociación, retirando amenazas a sus ganancias por la búsqueda.

Intel buscó una estrategia similar al convertirse en el colaborador de código más grande del sistema operativo de código abierto Linux. Los sistemas operativos son complementos de los procesadores que Intel crea. Cuando alguien compra una máquina Windows, Microsoft captura una parte de las ganancias, que de otro modo habrían ido a Intel. Cuando alguien compra una máquina Linux, más de ese dinero, en cambio, se va a Intel. Intel apoya a Linux para volver de uso común los sistemas operativos, los cuales complementan sus lucrativos procesadores.

Al aplicar la teoría de Christensen a las redes sociales, uno podría pensar en el camino que recorre el dinero desde los usuarios hacia los creadores, los desarrolladores de software y otros participantes de la red como un stack tecnológico. Las redes corporativas con altas tasas de aceptación aprietan el globo por ambos extremos. Capturan el valor en el centro de la red, en nombre del dueño de la red, a costa de las capas complementarias que construyeron encima de esa red, como los creadores y los desarrolladores de software. Los efectos de red resultantes de ese bloqueo obligan a los creadores a trabajar gratis y a los desarrolladores a portarse como les ordenen.

En el caso de los medios basados en anuncios, el anunciante es el cliente y la fuente del flujo de dinero, y los usuarios son una capa complementaria que se aprieta. La gente regala su atención y su información particular a cambio de acceso a la red. Las redes de protocolo de blockchain, por el contrario, tienen tasas de aceptación bajas y, por ende, permiten que el valor fluya a los usuarios, creadores, desarrolladores y otros participantes de la red. Aprietan el globo por en medio para el beneficio de los extremos de la red.

En este sentido, podrías pensar en las redes corporativas como gruesas y en las redes de blockchains como delgadas. Las redes gruesas reclaman más utilidades del centro de la red y crean capas complementarias delgadas, con menos utilidades, para los creadores y los desarrolladores de software. Las redes delgadas hacen lo opuesto, generan menos ganancias para el centro de la red y más para los complementos.

Imaginemos que estás diseñando un stack para redes sociales desde cero. Tus objetivos quizá incluyan ciertos conceptos de equidad, como que la gente merece ganar dinero de manera proporcional a la cantidad de valor que genera. Asimismo, tal vez tengas en mente objetivos a nivel social, como una distribución de la riqueza más uniforme. Pero supongamos, dejando otras inquietudes de lado por un momento, que tan sólo quieres una red que promueva la innovación y la creatividad. Eso quiere decir que necesitarás redes sociales delgadas, el opuesto de lo que tenemos hoy.

Piensa en ello en términos de la infraestructura de una ciudad, una analogía que seguiré retomando. Las carreteras deben realizar funciones básicas, pero no necesitas que sean semilleros de innovación. No se requiere tanta creatividad; sólo tienen que transportar autos. Por otro lado, sí es necesario que emprendedores creativos construyan *alrededor* de los caminos: creando nuevas tiendas y restaurantes, construyendo nuevos edificios, expandiendo las colonias y demás. Los caminos deberían ser delgados y sus alrededores, gruesos.

Las redes sociales deben ser servicios delgados, como las carreteras. Deben ofrecer funciones básicas y ser confiables, eficientes e interoperables. Nada más. El resto de las características se pueden crear alrededor de la red. Las capas de encima deben ser innovadoras, diversas y gruesas. Es necesario que haya un espacio inagotable para creatividad en los medios y un software que complemente las redes sociales. (Cubriremos este punto a fondo en la quinta parte, "Qué sigue".)

La web se desarrolló como una red delgada, y mira los resultados. La red misma es un simple protocolo (HTTP), y toda la innovación sucede encima, en el nivel de las páginas web. Esta estructura ha llevado a una racha de treinta años de innovación explosiva a lo largo de todo el internet.

Las redes sociales corporativas actuales están diseñadas de la otra forma, como redes gruesas. Casi todo el valor fluye hacia las redes mismas, Facebook, TikTok, Twitter y otras. En la medida en que haya innovación, eso involucra que los emprendimientos intenten crear redes sociales competitivas, en lugar de crear negocios encima. En otras palabras, los emprendimientos tienen que construir caminos enteramente nuevos y propios para poder apoyar las nuevas ciudades encima, en lugar de simplemente construir sobre los caminos públicos preexistentes. Las redes sociales apretaron el globo de tal manera que estancó la innovación.

Lo mismo es cierto para las redes sociales financieras. Los pagos deberían ser un producto de uso común sencillo y barato, un servicio básico, como enviar un correo. Tenemos la tecnología para hacerlo, como veremos en "Volver la infraestructura financiera un bien público". Esto haría que los pagos fueran una capa delgada en el stack financiero y comercial. Hoy, es a la inversa: hay unas cuantas compañías de pagos muy rentables y el campo sigue siendo área activa de emprendimiento, donde los emprendimientos y el capital de riesgo están siendo atraídos por las persistentes tasas de aceptación de la industria. De nueva cuenta, el globo se apretó en los lugares equivocados.

Las redes de blockchains son parecidas a una liga. Cambian la forma del globo, adelgazando la parte gruesa. Las DeFi hacen que pagos, préstamos y transacciones sean delgados. Lo mismo es cierto de las redes de blockchains en áreas como redes sociales, juegos y medios de comunicación. Un objetivo social más general debería ser construir nuevos stacks tecnológicos donde no se apriete a los usuarios, creadores y emprendedores, sino que se les recompense.

Sin embargo, las tasas de aceptación sólo son la mitad de la ecuación económica para las redes de blockchains. La otra mitad son incentivos de tokens que financian el desarrollo de software y otras actividades constructivas. Los tokens son una poderosa herramienta que, como muchas otras herramientas, se pueden usar para bien o para mal. Diseñados de manera adecuada, pueden hacer que una red sea un lugar atractivo para construir una carrera o un negocio. Alcanzar estos objetivos de diseño requiere una planeación cuidadosa.

Si las tasas de aceptación son el palo, los incentivos de tokens son la zanahoria.

9

CONSTRUIR REDES CON INCENTIVOS DE TOKENS

Muéstrame los incentivos y yo te mostraré el resultado.[1]
—CHARLIE MUNGER

Incentivar el desarrollo de software

Dice mucho que las redes de protocolo más exitosas fueran financiadas por programas del gobierno en las décadas de 1970 y 1980, antes de la llegada del internet comercial. El correo electrónico y la web prosperaron ante la ausencia de las redes corporativas como competidores. Citando *El manifiesto Cluetrain*, un libro publicado en 2000 que describe cómo el internet ha cambiado los negocios (y mucho más): "La red apareció como una hierba entre las grietas del monolítico imperio de acero y vidrio del comercio tradicional".[2] El internet floreció, continúan los autores, "sobre todo porque se le ignoró".

Imagina si el correo electrónico y la web hubieran tenido, en su estado incipiente, que enfrentarse a los emprendimientos corporativos. Las redes de protocolo quizá nunca hubieran sobrevivido. Probablemente les hubiera tocado el destino de otras redes de este tipo que fracasaron, como la RSS. Las corporaciones eran capaces de avasallar las redes de protocolo en parte porque tenían mucho más financiamiento para apoyar el desarrollo de software. Las empresas de tecnología podían formar enormes equipos de desarrolladores de clase mundial al ofrecerles compensaciones atractivas y beneficios financieros que las redes de protocolo no podían igualar.

Las redes no se construyen solas. Cualquier diseño de red que busque desafiar a los rivales corporativos necesita ofrecer compensaciones competitivas y beneficios económicos. Alguien necesita hacer el trabajo; que esto sea un truismo (verdad innegable) no lo vuelve menos cierto. Los incentivos importan.

Las redes de protocolo por lo general no tienen los recursos para proveer compensaciones competitivas a los desarrolladores. Les falta autosuficiencia y dependen de la buena voluntad de los voluntarios. Las redes de blockchains dependen también de terceras personas, ya sea individuos o empresas, para construir casi todos sus componentes de software, pero hay una diferencia clave entre las dos: las redes de blockchains no dependen exclusivamente de voluntarios. Tienen un mecanismo integrado para financiar a los desarrolladores.

Las redes de blockchains usan incentivos de tokens para motivar a los desarrolladores. Recuerda que los tokens son fundamentos informáticos generales para representar propiedad y que pueden representar unidades de valor que sustentan las economías de las redes de blockchains. (Trataremos los principios del diseño de economías basadas en las blockchains en "Tokenómica".) Los tokens empleados para este propósito por lo general se llaman tokens nativos; por ejemplo, el ether es el token nativo de la blockchain Ethereum. A veces, además de ser un incentivo financiero, los tokens nativos pueden conferir derechos de gobernanza a sus dueños. (Más al respecto en "Gobernanza en la red".)

Al repartir incentivos de tokens, las redes de blockchains incorporan personas ajenas a su territorio, estimulan el desarrollo de software y siguen siendo competitivos. La fuente de financiamiento permite que las redes de blockchains creen experiencias modernas de software que rivalicen con las redes corporativas.

En las redes corporativas, los empleados realizan casi todo el desarrollo de software. El trabajo que se necesita hacer en una empresa como Twitter incluye desarrollo y mantenimiento de aplicaciones, retocar algoritmos que ordenen y clasifiquen mensajes, y crear filtros para combatir el spam. Las redes de blockchains, por el contrario, hacen de manera externa esas tareas. Consiguen desarrolladores externos y estudios de software para que hagan el trabajo. Los trabajos cautivos en las redes corporativas se vuelven tareas externas, basadas en el mercado, en las redes de blockchains. Muchas veces se compensa a estos desarrolladores de fuera con tokens, volviéndolos accionistas con propiedad parcial y derechos de gobernanza en la red.

Los incentivos de tokens para los desarrolladores tienen múltiples beneficios. Primero, cualquiera en el mundo puede contribuir, expandiendo tanto el canal de talento como la base de accionistas de la red. Los colaboradores, al recibir tokens y volverse dueños parciales, tienen un incentivo para ayudar a que la red tenga éxito, construyendo software, creando contenido o apoyando la red de otras maneras. Segundo, los incentivos de tokens crean competencia para cada tarea, lo que implica que los usuarios pueden elegir entre múltiples opciones de softwares de la forma en que pueden elegir entre múltiples navegadores web y clientes de correo electrónico. Tercero, los tokens se pueden desembolsar de manera programática y transparente, a diferencia de la acción corporativa, con una mayor justicia, apertura y con menos fricciones que los sistemas análogos. (Más al respecto en "Regular los tokens".)

El objetivo de cualquier proyecto es reclutar una amplia comunidad de colaboradores, pero toma tiempo llegar ahí. En la primera etapa, los proyectos por lo general consisten en un pequeño grupo de desarrolladores que persiguen una nueva idea. En ocasiones, los primeros colaboradores trabajan de manera informal, y otras veces crean relaciones formales usando entidades legales. Los primeros desarrolladores suelen ser compensados, por lo menos en parte, con tokens. Una red bien diseñada distribuye estas recompensas de tokens de forma que el equipo tenga cierta influencia continua y beneficios después de terminado el trabajo inicial, pero no en exceso.

Cuando el código semiautónomo está listo para ejecutarse en una blockchain, los primeros desarrolladores lanzan la red. Al hacerlo, renuncian al control. Estos desarrolladores muchas veces siguen trabajando en aplicaciones que dan acceso a la red, pero éstas suelen ser sólo una de muchas aplicaciones similares. Las redes funcionan mejor cuando tienen el apoyo de una comunidad diversa y amplia. Las redes de blockchains no requieren permisos, y cuando se diseñan adecuadamente, no otorgan privilegios a ningún desarrollador de aplicaciones —ni siquiera los inventores originales de la red— por encima de otro.

Después de su lanzamiento, las redes de blockchains financian el desarrollo continuado mediante subvenciones de tokens. Diversas redes de

blockchains tienen tesorerías con un valor de cientos de millones de dólares de donde pueden distribuir subvenciones, ya sea por decisión de la
comunidad o en una forma automatizada con base en métricas predeter-
minadas.[3] Las subvenciones se destinan, por ejemplo, a desarrolladores
independientes de software para construir aplicaciones front-end, infraestructura, herramientas para el desarrollador, analíticos y más. En un
ecosistema sano, los inversionistas con fines de lucro suplementan estos
programas de subvención con algún financiamiento adicional para nuevos
proyectos, aplicaciones, servicios y otros negocios que construyen sobre la
red. (Recuerda del último capítulo qué tan predecible es que las tasas de
aceptación fomenten la inversión en redes de blockchains porque los constructores y los inversionistas saben que, si tiene éxito, recibirán los beneficios de lo que construyeron.)

La capacidad de las redes de blockchains para desembolsar incentivos de
tokens a los desarrolladores de software los coloca en un campo de juego nivelado con las redes corporativas. Las subvenciones, más las inversiones externas, permiten que las redes de blockchains compitan de forma confiable
con las cuantiosas inversiones que las corporaciones hacen al desarrollo de
software. Pero los incentivos de tokens pueden tener otras ventajas también.
Las mismas recompensas que atraen a los desarrolladores pueden atraer a
los usuarios, creadores y otros participantes de la red.

Superar el problema del arranque

Los primeros participantes de la red crean un valor significativo para las
redes corporativas, sin embargo, rara vez reciben una compensación justa
por su esfuerzo. Solamente mira a los creadores de videos que construyeron YouTube, los grupos sociales que construyeron Facebook, los influen-
cers que construyeron Instagram, los dueños de casas que construyeron
Airbnb, los conductores que construyeron Uber... y la lista sigue. Sin participantes, no hay red.

Casi invariablemente, las redes corporativas consolidan riqueza y poder
en las manos de un grupo pequeño de gente: inversionistas, fundadores,
algunos empleados. El botín se reparte entre unos cuantos suertudos. Los
efectos de red corresponden a la empresa que es dueña de la red, muchas

veces esto da como resultado que el ganador se quede con todo a expensas de los demás colaboradores. Conforme crecen las redes corporativas, los primeros usuarios son los que salen quemados. Unos cuantos afiliados corporativos hacen dinero mientras que todos los demás que ayudaron a construir la red se quedan atrás. Los primeros participantes se vuelven resentidos. Los excluyen.

Las redes de blockchains adoptan un acercamiento mucho más inclusivo. Otorgan tokens a los primeros usuarios que construyeron y participaron en las redes. Una red social de blockchains podría recompensar a los usuarios por crear contenido que es popular con otros usuarios, por ejemplo. Un juego podría retribuir a los usuarios que lo juegan bien o que aportan mods (cambios o alteraciones de un juego) interesantes. Una tienda podría premiar a los primeros vendedores que atraen nuevos compradores. Los mejores diseños no remuneran a los usuarios por pagar cuotas ni por comprar nada, sino por hacer contribuciones constructivas a la red.

Conforme crezca la red, las recompensas de tokens deberían disminuir. Más participantes hacen más útil una red; una vez que hay suficientes personas participando y los efectos de red se manifiestan, la necesidad de ofrecer incentivos disminuye. La gente que toma un riesgo al contribuir cuando el éxito de una red todavía no está asegurado, gana más.

Esto no sólo es bueno para los usuarios y los colaboradores. También es bueno para las redes. Un reto crucial al momento de crear redes es superar el problema del "arranque" o de un "arranque en frío": atraer usuarios y colaboradores antes de que suficientes de ellos estén participando para volver intrínsecamente útil la red. Esto se debe a que los efectos de red tienen doble filo: pueden acelerar el crecimiento, pero también pueden obstaculizarlo. Cuando escalan las redes, atraen nuevos usuarios sin mucho esfuerzo. Por el contrario, las redes en una subescala luchan únicamente por sobrevivir.

Las recompensas de tokens pueden ser útiles para superar el problema del arranque. Las redes DeFi como Compound fueron pioneras de este método[4] después de reconocer que los incentivos de tokens pueden reclutar usuarios durante la fase de arranque, cuando los efectos de red son débiles, como muestra la siguiente gráfica.

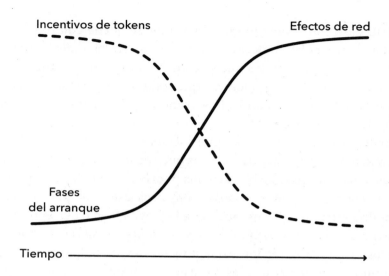

Las redes corporativas usaron técnicas similares para superar el problema de arranque, aunque en lugar de incentivos de tokens, ofrecieron subsidios. Como recordarás, cuando YouTube empezó, subsidió los costos de alojamiento de video como incentivo para que la gente contribuyera con videos a su red.

Pero los subsidios sólo llegan hasta cierto punto. Hay muchas redes que serían ampliamente útiles y deberían existir, pero no es así porque es tan difícil superar los primeros obstáculos de los efectos de red. Los incentivos de tokens ofrecen una técnica novedosa para construir redes en categorías donde los intentos previos se atascaron.

Tomemos las telecomunicaciones, por ejemplo. Durante décadas, los tecnólogos han soñado con construir un proveedor de acceso a internet con un fundamento popular. En lugar del dueño de una red corporativa construyendo y poseyendo la infraestructura, los usuarios voluntariamente instalarían puntos de acceso, como ruteadores inalámbricos, en sus hogares y oficinas. Otro grupo de usuarios se conectaría con estos puntos de acceso (en lugar de, digamos, torres celulares corporativas) para la conectividad de internet. La meta sería desplazar las empresas incumbentes de telecomunicaciones, como AT&T y Verizon, con alternativas que le pertenezcan a la comunidad.

Con los años, la gente ha intentado repetidamente empezar un servicio de telecomunicaciones popular. Estudiantes de MIT (Roofnet), empleados de un emprendimiento financiado por capital de riesgo (Fon) y vecinos de la ciudad de Nueva York (NYC Mesh) lo intentaron,[5] y todos se dieron cuenta de lo difícil que puede ser instalar una cantidad suficiente de puntos de acceso para una cobertura de red amplia. La mayoría de los proyectos se pararon en la fase de arranque.

Hasta que hubo uno que sí prosiguió. El proyecto de blockchain experimental Helium llegó más lejos que cualquier otro.[6] La red animó a la gente a instalar y ejecutar puntos de acceso a cambio de recompensas de tokens, permitiéndoles alcanzar una cobertura nacional en unos cuantos años. El proyecto todavía tiene mucho trabajo por hacer para construir el aspecto de demanda de la red. (La red inicial se basó en un estándar esotérico de networking, pero desde entonces se ha actualizado a la red celular 5G, una opción mucho más popular.) Pero Helium construyó el aspecto de abastecimiento de la red para un servicio de telecomunicaciones popular con mucho más éxito que cualquier intento previo... prueba del potencial de los incentivos de tokens.

Ahora, otros proyectos están usando métodos similares para construir redes con el objetivo de cargar automóviles eléctricos, contar con almacenamiento informático, entrenamiento de inteligencia artificial y más.[7] Todas son redes que serían útiles para el mundo, pero que se han tropezado con el problema del arranque. Los incentivos de tokens proveen una nueva y poderosa herramienta para superar los contratiempos en la construcción de redes nuevas. También pueden ayudar a romper la tendencia de que los ricos se enriquezcan más con las redes corporativas, donde sólo los empleados y los inversionistas, no los usuarios, ven beneficios cuando una red tiene éxito.

Los tokens se promocionan solos

Lograr una reacción en cadena de recomendaciones es el sueño de cualquier mercadólogo. Una persona le dice a dos personas, que a su vez les dicen a cuatro otras, éstas les cuentan a ocho más, y así exponencialmente. Tal marketing derivado de testimonios es la forma más efectiva y económica de hacer crecer un producto, una marca, una comunidad, una red. El truco es que sea contagioso.

Desde que Hotmail añadió un pie predeterminado a los correos electrónicos —*PD: Te amo. Ten tu correo gratis en Hotmail*—,[8] los fundadores han estado obsesionados con encontrar el ciclo viral correcto para hacer que sus servicios sean "infecciosos". Facebook lo descubrió para socializar en los campus universitarios. Snap llegó a los adolescentes cansados de tener un registro digital permanente. Uber encontró el secreto en un botón mágico para hacer que coches y comida aparecieran al instante.

Pero muchos usuarios se han acomodado en sus hábitos desde que aparecieron por vez primera estas redes corporativas. Como evidencia, mira las principales aplicaciones en las tiendas móviles de Apple y Google.[9] Casi todos los productos que consistentemente se quedan al inicio de esas listas se fundaron hace más de una década: Facebook (2004), YouTube (2005), Twitter (2006), WhatsApp (2009), Uber (2009), Instagram (2010), Snap (2011) y en adelante. Incluso la compañía progenitora de TikTok (2017) ha estado rondando por más de lo que te hubieras imaginado: ByteDance (2012).[10]

No estoy diciendo que los nuevos servicios nunca llegarán a ser grandes éxitos. Siempre habrá excepciones. Quizá las aplicaciones de inteligencia artificial como ChatGPT tendrán poder de permanencia y se volverán las nuevas aplicaciones principales. Pero en su mayoría, el juego ha cambiado. Si hablas con los inversionistas del internet de consumo, te dirán que los usuarios ya llenaron las pantallas de inicio de sus teléfonos y es mucho más difícil que destaquen nuevas aplicaciones. La rutina de la gente ya está establecida.

Los gigantes corporativos de la tecnología ahora son los *gatekeepers*. Para que los emprendimientos alcancen a la gente, tienen que pasar primero por estos servicios. Las redes corporativas en la fase de extracción limitan qué tanto tráfico libre reciben los nuevos negocios y los obligan a casi todos a promocionarse para seguir creciendo, como se discutió en "Tasas de aceptación". Para darse a conocer y seguir siendo relevantes, muchos emprendimientos necesitan pagar promociones.

Los emprendimientos justifican el incremento en gastos de marketing bajo la teoría de que si siguen reteniendo suficientes clientes, saldrán los números a largo plazo.[11] En la práctica, la rentabilidad marginal de la publicidad declina conforme escala el negocio.[12] Muchos emprendimientos de etapas posteriores —ya sea que vendan colchones, kits de comida, streaming de películas o cualquier otra cosa— tienen costos de adqusisición de usuarios más altos y márgenes negativos. En otras palabras, se convierten en malos prospectos de negocios.

Los tokens aportan una nueva forma de saltarse la publicidad y adquirir clientes por medio de la difusión entre pares. Los tokens empoderan a los individuos para que se vuelvan accionistas de sus redes, no sólo participantes. Cuando los usuarios tienen una sensación de pertenencia, se sienten motivados para contribuir todavía más y esparcir la palabra. Tales usuarios-difusores son más auténticos y efectivos que los programas de marketing corporativo gestionados por equipos contratados. Ganan corazones y mentes mediante publicaciones en blogs, posts y código. Participan en foros. Cantan alabanzas y gritan desde sus escritorios. Gracias a sus beneficios económicos y de otra índole, los tokens no necesitan del marketing per se; ellos se *autopromocionan*.

Las redes de blockchains dependen de una difusión liderada por la comunidad, no de la publicidad. Esto les permite crecer sin tener que pagar a los *gatekeepers* que son los gigantes tecnológicos. Bitcoin y Ethereum no tienen empresas detrás de ellos, ya no digamos presupuestos para marketing, y no obstante, decenas de millones de personas poseen sus tokens. Los usuarios-difusores comparten de boca en boca. Organizan reuniones, chatean en línea, intercambian memes y escriben publicaciones. Lo mismo sucede con muchas otras redes. Casi ninguna de las principales redes de blockchains ha gastado algo físico en publicidad. No lo necesitan; son contagiosas. Los usuarios hacen el marketing.

Los tokens son una potente herramienta, pero necesitan usarse con responsabilidad. Las redes de las que forman parte deberían proveer servicios útiles. El marketing debería ser un medio para construir una red, no el fin en sí mismo. De lo contrario, los proyectos se evaporarían como estafas vacuas de marketing. (Ésta también es la razón de que una regulación consciente sea tan importante, algo que discutiré en "Regular los tokens".)

De nueva cuenta, la analogía urbana es de ayuda. Los dueños de sus casas se sienten incentivados a construir y promover sus ciudades. Erigen bienes raíces y empiezan negocios, apoyan las escuelas locales y los equipos deportivos, se involucran en organizaciones y causas cívicas. Son verdaderos miembros de la comunidad con un beneficio financiero y voz en la gobernanza.

Crear verdaderas comunidades es la mejor forma de volverse viral.

Volver dueños a los usuarios

Quizá el ejemplo más puro de un fenómeno de autopromoción en acción es Dogecoin, una "meme-moneda", o token de broma, bien conocida.[13]

Al igual que muchas meme-monedas, la Dogecoin brotó del *ethos* de código abierto de las blockchains. Crear una red de blockchains es fácil porque cualquiera puede "bifurcar", o copiar, el código del proyecto de otro. La Dogecoin es un derivado similar. De hecho, es la copia de la copia... de la copia. La Dogecoin es un derivado de otro proyecto, Luckycoin, que se deriva de Litecoin, que es derivado de Bitcoin. (Eso es lo que se llama composabilidad.)

Los fundadores de Dogecoin querían que el proyecto fuera una parodia de las criptomonedas como Bitcoin. Sin embargo, a pesar de ser un chiste sin ninguna aplicación práctica, la Dogecoin ha conservado una capitalización bursátil de miles de millones de dólares durante años. Sólo unos cuantos lugares aceptan la moneda como pago, pero ha generado seguidores apasionados de todas maneras. Más de dos millones de usuarios se suscriben al foro de discusión de Dogecoin en Reddit,[14] con Elon Musk como el defensor más famoso del proyecto. Después de conocerse en los encuentros de Dogecoin, algunas personas incluso se han casado.[15]

Los creadores de Dogecoin se amargaron un poco por lo que crearon, y periódicamente menosprecian lo cripto en un intento de aplacar la obsesión por su invento. A pesar de las críticas de los fundadores, la moneda ya cobró vida propia; como el monstruo de Frankenstein, pero más lindo.

La tenacidad de Dogecoin demuestra cómo una comunidad de carácter popular puede propulsar una red de blockchains mucho después de que el equipo original se vaya, o incluso se vuelva hostil. Para sus usuarios, la Dogecoin puede ser una red tonta, pero por lo menos es *su* red tonta. Los usuarios son dueños y controlan la red. Si hay decisiones significativas que se deban tomar sobre el desarrollo de la red, los usuarios son los que acabarían tomándolas. Si la red creciera, los dueños de Doge verían los beneficios, que no es el caso de las redes corporativas. Dogecoin es lo más cercano que alguien puede tener a un experimento clínico demostrando el poder de los tokens sin factores de interferencia.

Para ser claros, yo no soy fan de Dogecoin, por lo menos en su estado actual. No soy fan de la mayoría de las meme-monedas en tal caso. La mayoría sólo existe por la especulación financiera, y, en el peor de los casos, pueden ser esquemas Ponzi que enriquecen a sus promotores. (La belleza de la innovación libre de permisos es, por supuesto, que si estás en desacuerdo, no necesitas mi aprobación ni la de nadie más.)

A pesar de su frivolidad, la comunidad de Dogecoin ha permanecido vibrante durante más de una década. Otras meme-monedas se han mantenido fuertes por periodos igualmente largos. Durante treinta años, los usuarios han contribuido al crecimiento de las redes en internet, pero han recibido poco a cambio. Las redes corporativas los olvidaron. La Dogecoin y otros tokens en realidad los incluyen, volviéndolos dueños y dándoles un control real, así como beneficios, por primera vez. Claramente, la propiedad tiene un efecto poderosos y duradero.

Ahora imagina empatar ese efecto con una red que aporte servicios útiles. Uniswap combina un producto útil —un intercambio descentralizado de tokens— con una comunidad dedicada que se beneficia del éxito de la red.[16] Más de 1 billón de dólares en activos ha fluido por la red desde su debut a finales de 2018.[17] En 2020, Uniswap distribuyó tokens gratis —15% de su provisión total— como recompensa para cualquiera que usara la red. En aquel entonces, casi 250 000 usuarios recibieron lo que se conoce como un "airdrop", que valía miles de dólares por usuario,[18] más derechos de gobernanza de la red. Adicionalmente, la red apartó otro 45% de sus tokens para programas de subvenciones comunitarias, distribuyendo 60% de los tokens de la red a su comunidad.

Volver dueños a los usuarios a esta escala no tiene precedente en la historia de los emprendimientos tecnológicos. La comunidad de Uniswap recibió la mayoría de los beneficios económicos de la red *y el poder de gobernanza.* Casi todas las redes corporativas son mucho más tacañas cuando se trata de compartir cualquier parte del valor con los participantes de su red, más allá de un estrecho grupo de empleados. Facebook, TikTok, Twitter y casi todas las demás grandes redes corporativas no apartan acciones para los usuarios que las construyen, agrandan y sostienen.[19]

A lo largo de este libro he mencionado los inconvenientes que surgen del modelo de red corporativa. Las corporaciones han hecho mucho bien, por supuesto. Como mencioné en "Tasas de aceptación", los modelos de negocios deflacionarios de empresas como Amazon, Airbnb y Google bajaron el precio de servicios para los consumidores mientras conservaron o mejoraron la calidad del producto. Los usuarios expresaron su opinión yéndose, y entregaron su dinero, atención y datos a las empresas cuya oferta era mejor que la que antes tenían.

Pero deberíamos esperar más del internet. Ahorrar costos está bien pero, ¿no sería más agradable si las empresas permitieran que los usuarios, no únicamente los accionistas, participaran del éxito económico? La capitalización bursátil de los gigantes de la tecnología se encuentra entre los billones de dólares. Los usuarios, sobre todo los primeros, contribuyen mucho a este éxito. Venden productos en Amazon, publican videos en YouTube, comparten contenido en Twitter, etcétera. Los usuarios hacen apuestas antes que nadie, al igual que los fundadores y los inversionistas. Sin embargo, la mayoría de las redes corporativas trata a los usuarios como ciudadanos de segunda clase si bien les va, o como un producto que se sirve a los verdaderos clientes, como los promotores, en el peor de los casos.

Hay atisbos de esperanza. Algunas empresas han logrado apartar fondos para los usuarios como parte de su oferta pública inicial. En particular, Airbnb, Lyft y Uber reservaron porciones de su oferta pública inicial para algunos dueños de casas y conductores, y los animaron a comprar acciones con bonos únicos en efectivo. Dichos programas son un paso hacia la dirección correcta. Pero representan sólo una fracción de la propiedad total de estas empresas, en el rango de porcentajes bajos, de un solo dígito.

Las redes de blockchains, mientras tanto, son mucho más generosas. En la mayoría de las redes populares de blockchains, la comunidad recibe más de 50% de los tokens totales,[20] que se distribuyen de varias maneras, incluyendo airdrops, recompensas a los desarrolladores e incentivos por ser los primeros usuarios. En lugar de estar concentrada en manos de un pequeño grupo interno, la propiedad se distribuye ampliamente entre los usuarios a partir de qué tanto contribuyen a la red.

Así es como deberían funcionar todas las redes. Si las redes corporativas pueden descubrir cómo darles a sus comunidades una propiedad significativa, como ya hacen muchas redes de blockchains, eso sería bueno para el mundo y tendría un resultado mucho mejor para los usuarios. Pero las redes corporativas no lo han hecho hasta ahora y es probable que no pase. Además, incluso si las empresas encuentran alguna manera de volverlo una realidad, aun así no darán el ancho en algunas áreas, como fortalecer los compromisos con los usuarios, garantizar las tasas de aceptación bajas y asegurar que haya API componibles y siempre abiertas.

Las redes de blockchains hornean la propiedad comunal dentro de su propio diseño central. Está en su ADN. Mientras las mutaciones de las meme-monedas, como la Dogecoin, pueden parecer una broma, muestran cómo los usuarios abrazan toda clase de tokens —algunos bobos, otros serios— en busca de una comunidad para llenar el vacío que dejan las redes corporativas. El internet se concibió originalmente como una red descentralizada de la que sus participantes fueran dueños y controladores. Los tokens restauraron esa visión.

10

TOKENÓMICA

Los precios son importantes no porque el dinero se considere primordial,
sino porque los precios son una forma veloz y efectiva de comunicar
información a través de una vasta sociedad en la que se debe
coordinar un conocimiento fragmentado.[1]
—THOMAS SOWELL

D iseñar sistemas de incentivos para apuntalar las redes de blockchains en ocasiones se conoce como tokenómica, una mezcla, lo
adivinaste, de las palabras "token" y "economía".

Aunque tokenómica puede sonar como algo enteramente nuevo, únicamente es nuevo en la medida en que aplica viejos conceptos en el contexto
del internet. Conceptualmente, no hay nada vanguardista. La tokenómica
sobre todo engloba economía. (Los practicantes también denominan la dis-
ciplina como diseño de protocolos, pero yo evito ese término para no caer
en confusiones sobre las primeras redes de protocolo estilo internet.)

Las redes de blockchains no inventaron la idea de la economía virtual con
divisas nativas o integradas. Los juegos han tenido finanzas virtuales desde
hace años. En las décadas de 1970 y 1980, las salas de maquinitas empezaron a cambiar los juegos operados con monedas por máquinas que acep-
taban tokens propios.[2] Conforme las salas de maquinitas se expandieron,
crecieron en popularidad y añadieron más juegos, varias veces subieron el
precio de sus tokens. Los tokens viejos seguían siendo utilizables, así que,
si comprabas un montón de tokens por anticipado y las guardabas, tendrías
un costo efectivo más bajo para jugar que los demás.

Una versión más sofisticada de la misma idea existe hoy en los videojuegos. *Eve Online*, que apareció desde principios de la década de 2000, es probablemente el juego más famoso por su economía virtual. *Eve* tiene millones de jugadores que comercian y pelean a lo largo de toda una galaxia ficcional llama New Eden.[3] El creador del juego, CCP Games, publica un informe de finanzas mensual lleno de datos sobre las condiciones dentro del juego, por ejemplo, qué precios están alcanzando en el mercado minerales ficticios como "veldspar", "scordite" y "pyroxeres". El estudio toma esta economía, basada en los llamados "kréditos interestelares", muy en serio. Llegó a los titulares en 2007, cuando contrató a un respetado experto (doctorado) para que ejecutara su política monetaria dentro del juego.[4]

El éxito de *Eve* inspiró a toda una generación de seguidores, desde simples juegos para móvil, como *Clash of Clans*, hasta juegos pesados, como *League of Legends*. Estos juegos tienen divisas dentro de su juego y formas en que los jugadores pueden ganar y gastar esas divisas. Los creadores del juego generan demanda por sus monedas digitales con experiencias divertidas que atraen a millones de jugadores, los cuales usan entonces las monedas nativas para comprar bienes virtuales dentro del juego. La demanda aumenta el valor de la divisa; al menguar el interés, el valor baja.

Los diseños tokenconómicos en las redes de blockchains aprovechan las lecciones aprendidas en los videojuegos. Una economía de blockchain, como cualquier economía virtual sana, debería equilibrar el suministro y la demanda de tokens nativos para alimentar el crecimiento sustentable. Una economía de token bien diseñada ayuda a que la red florezca. Los incentivos correctos convierten a los usuarios en comunidades de dueños y colaboradores.

Pero los incentivos se tienen que diseñar con intención, de lo contrario puede haber consecuencias imprevistas. "Las estructuras de incentivos funcionan, así que debes tener mucho cuidado con lo que incentivas a la gente", como alguna vez señaló Steve Jobs sobre los incentivos corporativos.[5] Con intención de dar una advertencia necesaria, añadió, pueden "crear toda clase de consecuencias que no seas capaz de anticipar".

Faucets y oferta de tokens

Una metáfora común para meditar sobre el diseño de las economías de tokens es imaginar que éstos son como agua fluyendo por las tuberías de una casa. Las fuentes de abastecimiento son "faucets" (grifos), los cuales suministran agua, y las fuentes de demanda son "sinks" (lavabos), los cuales drenan el agua.

La primera meta de un diseñador de red es equilibrar los faucets y los sinks para que el agua no corra de más ni de menos. Los faucets que son demasiado fuertes pueden conducir a más oferta que demanda y, así, a una presión por bajar los precios. Los sinks que son demasiado fuertes pueden conducir a menos oferta que demanda, y entonces crear presión por subir los precios. Sin el equilibrio correcto, los precios de los tokens pueden oscilar muy arriba o muy abajo, provocando una burbuja o una caída. Tales eventos distorsionan los incentivos y disminuyen la utilidad de la red.

Mucho de lo comentado en el capítulo anterior concierne a los faucets: subvenciones de tokens para desarrolladores, redes de arranque con recompensas de tokens, regalos de tokens para los primeros usuarios y otras actividades. Idealmente, los faucets optimizan conductas positivas que hacen crecer la red. Deberían incentivar a los desarrolladores de software para que construyan nuevas características y experiencias, y convertir a los demás participantes, como creadores y usuarios, en una comunidad motivada para cultivar y hacer crecer la red.

Entre los ejemplos más comunes de faucets se encuentran los siguientes:

Faucet	Descripción
Venta a inversionistas	Vender tokens por efectivo para ayudar a financiar las operaciones iniciales.
Premio al equipo fundador	Recompensas con beneficios potenciales por construir la red inicial. Permite que la red compita por el mejor talento.
Premios al desarrollo continuo	Subvenciones controladas por la comunidad para financiar el desarrollo continuado. Permite que la red compita por el mejor talento.

Faucet	Descripción
Recompensas a los usuarios por el arranque	Los incentivos para ayudar a que la red pase la fase de "arranque". Van disminuyendo conforme aumenta la utilidad intrínseca de una red.
Regalos a los usuarios	Recompensas a los primeros miembros de la comunidad. Generan buena voluntad y expanden la base de los accionistas de la red.
Presupuesto de seguridad	Incentivos que aumentan la seguridad del sistema. Las recompensas para los validadores de la blockchain son un ejemplo.

Los faucets son una poderosa herramienta para crear redes. Los incentivos de tokens que distribuyen pueden ayudar a superar el problema del arranque, reclutar a los primeros colaboradores, financiar desarrollo constante, compartir beneficios con una comunidad amplia de usuarios y mantener seguras las redes. Son análogos a las concesiones de tierras en las primeras ciudades, las cuales alinean incentivos y promueven los bienes raíces, los negocios y otro tipo de desarrollo.

Sinks y demanda de tokens

Los mejores sinks atan la demanda de tokens a la actividad de la red, alineando el precio del token al uso y la popularidad de la red. Las redes útiles generan más demanda de tokens, mientras que las menos útiles generan menos demanda.

Los sinks que cobran cuotas por tener acceso a las redes o por usarlas se conocen, adecuadamente, como sinks de acceso o de cuota. Puedes pensar en ellos como el equivalente digital de las casetas en las carreteras, recolectando únicamente lo suficiente para darle mantenimiento a la red. Ethereum y ciertas redes DeFi aplican ese criterio. La red Ethereum tiene una capacidad máxima y puede ejecutar una cantidad limitada de código en un momento dado. Para evitar la sobrecarga, la red cobra por el tiempo de procesamiento. (Recuerda que Ethereum se comporta como una computadora pública, reminiscente de las computadoras centrales de tiempo compartido de hace décadas.)

El costo de computar en Ethereum se llama gas. El precio del gas es una pequeña denominación del token nativo ether, el cual varía de acuerdo con la oferta y la demanda. La red Ethereum junta algunas de sus cuotas de gas para comprar y "quemar" (léase: destruir) tokens. Esta actividad de colecta y quema reduce la oferta de tokens y, en teoría, incrementa el precio del ether (asumiendo una demanda constante). De manera similar, las redes DeFi, como Aave, Compound y Curve, cobran cuotas y guardan las ganancias en sus tesorerías de red, las cuales se pueden redistribuir después por medio de los faucets. Todo esto sucede automáticamente, alimentado por el inmutable código incorporado en cada red de blockchains.

Otro sink común para las blockchains en la capa base es un sink de "seguridad" que recompensa a los dueños de tokens por "staking" o bloquear los tokens en los validadores. Como mencioné antes en "Blockchains", los validadores son computadoras que mantienen la seguridad de una red verificando la validez de las transacciones propuestas. Staking es el proceso por el cual los usuarios bloquean los tokens en cuentas de garantía bloqueada. Si un validador se comporta con honestidad, recibe como recompensa más tokens. En algunos diseños de red, también puede haber una penalización si el validador se comporta de forma deshonesta. El staking es arma de doble filo: crea tanto un sink, el cual bloquea (y en algunos casos confisca) tokens, y un faucet, que recompensa a quienes hacen staking con tokens.

Los sinks de seguridad tienen pros y contras. En el lado de los pros, fomentan la seguridad de la red. Cuanto más dinero esté en juego, más seguras serán la red y sus aplicaciones. Conforme las aplicaciones que se ejecutan en la red se vuelven más populares, más gente paga por usarlas y aumentan las ganancias de la red. Esto ejerce una presión al alza en el precio del token, que incrementa las recompensas por el staking. Lo cual, a su vez, incentiva que haya más staking y, así, mejoras en la seguridad de la red.

Por el lado de los contra, los sinks de seguridad pueden ser caros. Diseñados con faucets integrados para recompensar el staking, pueden contrarrestar la presión de la demanda aumentando la oferta de tokens, deprimiendo potencialmente los precios. Por este motivo, las redes de blockchains como

Ethereum combinan sinks de acceso con sinks de seguridad, y también por esto sus comunidades afinan las entradas y salidas de tokens para asegurar un balance. Demasiado de uno o del otro puede descontrolar el sistema entero.

El último tipo común de sink que cubriremos aquí son los sinks de "gobernanza". Algunos tokens les dan a los usuarios el poder de votar cambios en la red. La idea es que los usuarios compren tokens para ganar más influencia. El incentivo de votar hace que la gente adquiera y conserve los tokens, sacándolos de circulación y, por ende, generando demanda de tokens y un sink resultante. Los sinks de gobernanza pueden, sin embargo, sufrir problemas de polizón, los cuales se dan cuando la gente no vota. Podrían abstenerse porque piensan que los resultados del voto no importan o porque creen que una elección se dará a su favor sin importar que ellos participen o no. Los tokens de gobernanza ayudan a mantener las redes democráticas, pero es poco probable que sustenten la demanda de tokens por sí solos.

Sink	Pros	Contras
Sink de acceso/cuota	Se alinea bien con el uso de la red, incentiva a los dueños de tokens para que construyan aplicaciones útiles que hagan crecer la red.	Si es demasiado elevado, puede disuadir de usar la red.
Sink de seguridad	Aumenta la seguridad de la red conforme el token se vuelve más valioso.	Puede ser caro en cuanto que requiere faucets para recompensar el comportamiento honesto.
Sink de gobernanza	Les da a los accionistas una forma de participar en la gobernanza.	Sujeto a polizones; sólo parcialmente alineado con el crecimiento de la utilidad de la red.

Los sinks bien diseñados se correlacionan con el uso de la red. Conforme aumenta el uso, más tokens se drenan, lo cual crea una presión ascendente en los precios, que incrementa el valor de las recompensas de tokens usadas para seguridad, desarrollo de software y otras actividades constructivas. Diseñados correctamente, los sinks crean un círculo virtuoso.

Los faucets y sinks mal diseñados, no obstante, pueden avivar un ambiente especulativo que destruya el espíritu de la comunidad. Algunas comunidades de blockchains se enfocan casi exclusivamente en los precios del token. Poner atención excesiva a los precios es mala señal, un sello distintivo de la cultura de casino. Los incentivos de tokens bien diseñados enfocan a las comunidades en temas constructivos, como nuevas aplicaciones y mejoras tecnológicas. La calidad de las deliberaciones sobre un proyecto suele revelar la salud de su comunidad.

Los tokens se pueden valuar usando métodos financieros tradicionales

Un argumento común en contra de las redes de blockchains es que los tokens son meramente especulativos y carecen de valor intrínseco. Los columnistas del periódico rutinariamente se refieren a ellos como estafas. Warren Buffett (empresario estadounidense) los etiquetó como "veneno para las ratas".[6] Michael Burry, el inversor que inspiró la película *The Big Short*, los etiquetó como "frijoles mágicos".[7] La implicación es que las redes que dependen de los tokens no pueden ser útiles, y que todo se trata tan sólo de un espejismo especulativo.

Hacer una selección de los peores ejemplos de una tecnología emergente para desacreditar una prometedora nueva industria bien puede aportar un par de encabezados llamativos, pero es una forma de crítica engañosa. El ferrocarril no era inservible sólo porque muchas compañías ferroviarias inviables alimentaran la obsesión inicial del mercado de valores. Cuando los automóviles hicieron su debut, se consideraron imprácticos, ineficientes y un riesgo para la vida. El primer internet incluía contenido ridículo, ofensivo, incluso peligroso, y muchas personas que creían saber más consideraban la industria como poco seria o, en el otro extremo, moralmente nociva.

Comprender las nuevas tecnologías requiere trabajo. Los críticos que se enfocan en lo malo mientras descartan lo bueno fracasan en la previsión del potencial a largo plazo que tiene la innovación disruptiva. Si bien es cierto que hay bastantes tokens mal diseñados, promovidos exclusivamente por especulaciones (véase: la mayoría de las meme-monedas), no es el caso de todos los tokens. Lo que las críticas pasan por alto es que el software es un medio altamente plástico y que casi cualquier modelo económico que se pueda soñar se puede implementar en software. Una evaluación honesta sería mirar los detalles de los diseños del token en lugar de generalizar a partir de unos cuantos malos.

Hay bastantes tokens bien diseñados que tienen fuentes sustentables de oferta y demanda. Por ejemplo Ethereum. Recuerda cómo el sistema recolecta las cuotas de las transacciones, o del uso de la red, y cómo emplea estos fondos para comprar y quemar tokens, sacándolos así de circulación. Reducir la oferta de tokens puede incrementar el valor de los ya existentes, beneficiando a los dueños. Todo esto sucede automáticamente como parte de las reglas codificadas de transparencia en el sistema, sin que ninguna empresa tome decisiones sobre el proceso tras bambalinas. El diseño tiene sentido.

Dicho de otra manera, Ethereum genera el equivalente del flujo de efectivo en tokens. Cuantas más aplicaciones se escriban para Ethereum, y cuantas más de esas aplicaciones se usen, mayor será la demanda para el tiempo de procesamiento y para el token nativo de Ethereum. La oferta del ether varía pero, en general, después de que todos los faucets y sinks se contabilizan, ha permanecido relativamente plana (en el pasado subió con lentitud; en tiempos recientes ha estado disminuyendo). Eso quiere decir que el precio del ether más o menos debería correlacionarse con la popularidad de las aplicaciones construidas sobre la red. Al estudiar los flujos de efectivo y las tasas de quema de las redes de blockchains, puedes valorar tokens como el de Ethereum usando métricas tradicionales financieras, como la relación precio/ganancia.

Ethereum muestra qué puede ser un buen diseño de token, pero no es la única red de blockchains bien diseñada. Otras incluyen redes DeFi, que usan modelos similares. Los tokens que recolectan como cuotas esas redes se van hacia el financiamiento de las actividades de la red, como comprar y quemar tokens, o distribuir dinero entre los dueños. Si comprendes los faucets y sinks de un sistema, puedes evaluar sus tokens. Los sinks de acceso y de cuota generan ganancias de red, menos los costos. El precio de los tokens multiplicado por la oferta (con cierta tasa de descuento aplicada a futuras emisiones de tokens) produce capitalización bursátil. Todo esto son finanzas básicas.

Compara lo que estamos hablando con los bienes raíces. Las redes de blockchains que cobran el acceso presentan características similares a los activos inmobiliarios. El rango "precio-alquiler" es una métrica de valoración común en los bienes raíces, por ejemplo. Puedes calcularlo dividiendo el valor del inmueble entre la renta anual. La respuesta puede ayudarte en tu decisión de comprar o alquilar una casa, o de vivir en una casa que poseas o rentarla. El hecho de que siempre puedas rentar propiedades y generar flujo de efectivo provee un modelo para valorar los bienes. De la misma manera, puedes aplicar análisis fundamental a las redes de blockchains para determinar un valor justo por los tokens.

Que los tokens tengan valor se reduce, principalmente, a si tendrán demanda a largo plazo. Esto depende en parte de su diseño económico. Los faucets y sinks de una red de blockchains necesitan estar diseñados de tal manera que la popularidad de la red se convierta en una demanda sostenida de tokens.

Por supuesto, esto plantea una pregunta más truculenta: ¿la red será popular? Es imposible saberlo. Algunas redes tienen éxito y otras no. No obstante, sí puedo afirmar esto: las que tienen éxito ofrecen servicios útiles que atraen a los usuarios a la red.

Un escéptico razonable podría dudar de la viabilidad de una red específica o de si el mundo necesita las redes de blockchains en absoluto. Tal vez el internet tiene suficientes redes. Quizá las redes corporativas son suficientes y seguirán ganando, ya sea porque los usuarios ya estén demasiado cautivos o porque siempre sobrepasarán a las blockchains en áreas como la experiencia del usuario. Ése no es mi punto de vista, pero es una postura válida para un crítico. Lo que no es razonable es decir que los tokens están basados en teorías económicas fantasiosas. Los tokens no son frijoles mágicos. Son activos usados para alimentar economías virtuales, y se pueden valorar usando métodos financieros tradicionales.

Ciclos financieros

Siempre hay especulación donde se puede comprar o vender propiedad, desde participaciones de las acciones y productos de uso común hasta bienes raíces y coleccionables. Siempre se ha especulado sobre los mercados, y siempre será así. Los tokens no son la excepción. Los agentes financieros son excitables, sobre todo en presencia de una prometedora nueva tecnología, negocio o activo.

En su libro de 2002, *Revoluciones tecnológicas y capital financiero*, Carlota Pérez, una historiadora financiera, describe cómo las revoluciones económicas promovidas por la tecnología siguen ciclos predecibles.[8] Primero, hay una "fase de instalación", la cual involucra una "irrupción", o avance tecnológico, seguida de un "frenesí" especulativo. Luego prosigue un derrumbe en el mercado: la burbuja se revienta. Después de eso, una "fase de despliegue" comienza, incluyendo un periodo de "sinergia", donde la nueva tecnología se adopta. Por último, la industria se consolida y alcanza su "madurez", volviendo rutinarios los inventos que alguna vez fueron vanguardistas. De ese modo, a tropezones, el capitalismo progresa.

Otra forma de ver el transcurso de la innovación tecnológica es por medio del "ciclo de la "exageración"[9] (representación gráfica de la adopción y aplicación comercial de una tecnología), un marco de gestión que la firma Gartner de consultoría hizo popular desde 1995. El modelo de Gartner construye sobre la obra de otros pensadores,[10] como el economista Joseph Schumpeter, conocido por su teoría de la destrucción creativa. El modelo ilustra cómo, cuando aparece una nueva tecnología, la emoción que genera puede catalizar una burbuja financiera (el clímax de las expectativas infladas). Usualmente le sigue un desplome (hondonada de la desilusión). Luego, viene un largo periodo de crecimiento productivo conforme la tecnología se implementa ampliamente (la pendiente de la iluminación).

El ciclo de la exageración se ha desarrollado muchas veces a lo largo de múltiples tecnologías, incluyendo ferrocarriles, electricidad y automóviles. El internet, por ejemplo. La manía del "punto com" escaló hacia su "clímax de expectativas infladas" en la década de 1990. Un cúmulo de IPO de precios exorbitantes salió de esa era, pero asimismo varias empresas legítimas y masivamente exitosas. Después de los primeros años del nuevo milenio, la "hondonada de la desilusión", seguida de dos décadas estables de la

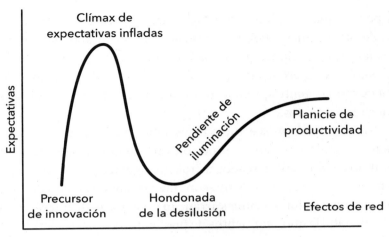

"pendiente de la iluminación", llevaron las valoraciones del internet hacia nuevas alturas, en esta ocasión promovidas por los fundamentos. Cualquier escéptico que descartara los "punto com" como frijoles mágicos se hubiera perdido del éxito de Google, Amazon y otros.

Las redes de blockchains ya han atravesado múltiples ciclos de auges y caídas, cada una más grande que la anterior. Parte de la emoción inicial estuvo cimentada en genuinos avances tecnológicos. En 2009, Bitcoin fue pionero en el concepto de blockchain. En 2015, Ethereum expandió el concepto, creando una plataforma de programación de aplicación general. Ambos fueron avances tecnológicos que marcaron un periodo clásico de irrupción, en términos de Pérez. Como suele suceder, la emoción del mercado se adelantó a su tiempo. La realidad tecnológica no apoyó los descomunales rendimientos que los inversionistas y los emprendedores buscaban, por lo menos no de inmediato. Sobrevinieron colapsos, a veces precipitados por shocks, como eventos macroeconómicos o el colapso de un proyecto prominente.

Uno podría afirmar que las blockchains, más que otras tecnologías, exacerban los ciclos especulativos porque su innovación clave es permitir la propiedad digital. Cuando eres dueño de algo, puedes hacer lo que quieras con ello, incluso comprarlo o venderlo. Si viviéramos en un mundo donde únicamente pudieras rentar casas y un día alguien inventara una forma de

poder poseer una casa, muy probablemente aparecerían mercados especulativos de bienes raíces. Políticas y regulaciones sensatas pueden ayudar a
aplacar las especulaciones (un tema que comentaré más adelante, en "Regular los tokens"), pero la especulación también tiende a acallarse de forma
natural cuando la gente aprende cómo valorar las nuevas tecnologías a partir de los fundamentos.

Mis colegas y yo hemos estudiado las subidas y bajadas de los mercados
de tokens, y podemos llamar al patrón que hemos observado el ciclo de
precio-innovación. Los mercados de tokens siguen los mismos patrones cí-
clicos mencionados antes que los economistas han estudiado durante tanto
tiempo. Las nuevas innovaciones arrancan un periodo de interés y actividad
que genera entusiasmo y aumentos de precio. Esto atrae a la industria a más
fundadores, desarrolladores, constructores y creadores. Si el mercado se des-
ploma porque las expectativas se inflan en exceso, los constructores se
quedan de todas maneras y siguen trabajando en nuevas ideas. Su esfuerzo
incuba aún más avances, los cuales con el tiempo renuevan el ciclo. Al momento de mi redacción, hemos atravesado por lo menos tres ciclos, y espe-
ramos que la tendencia continúe.

Las obsesiones especulativas, además de caracterizar las revoluciones
tecnológicas, muchas veces las posibilitan. Varias tecnologías emergentes requieren vastos recursos y dependen de entradas de grandes capitales
para financiar la infraestructura requerida para la siguiente fase de imple-
mentación. Los ferrocarriles requieren una producción enorme de acero y
mano de obra para martillar pernos. La electricidad fluye sólo hasta donde
la pueda llevar la red eléctrica, y los automóviles únicamente circulan hasta
donde los pueden llevar los caminos. El auge del "punto com" creó infraes-
tructuras de banda ancha masivas, las cuales después serían esenciales para
el crecimiento de la industria. Las inversiones especulativas no siempre se
desperdician.

Las blockchains también necesitan grandes inversiones. Requieren herramientas e infraestructura, y las redes y las aplicaciones construidas encima
de ellas precisan un capital que alimente el crecimiento. Las redes corporativas de los gigantes tecnológicos gastan decenas de miles de millones de
dólares para escalar a miles de millones de usuarios. Las redes que pretenden competir con ellas requieren sumas similares. Un poco de exuberancia,
ya sea racional o irracional, llega muy lejos.

Yo espero que los mercados alrededor de las redes de blockchains sigan
la misma trayectoria que han seguido los mercados alrededor de otras tecnologías a lo largo de la historia. Con el tiempo, los aspectos fundamentales
dirigirán los precios de los tokens así como conducen los precios en otros
mercados. La especulación se enfriará, quedará reemplazada por una evaluación más sobria de las fuentes de oferta y demanda de tokens. Cito aquí
el adagio de Wall Street atribuido a Benjamin Graham, padre de la inversión
de valores: los mercados son una máquina de votación a corto plazo y una
máquina de pesaje a largo plazo.[11]

En otras palabras, los activos de verdadera sustancia o peso —valor fundamental, en términos financieros— tienen los mejores prospectos a largo
plazo. La implicación es que quizá sea prudente no permitir que ningún
deslumbramiento a corto plazo te distraiga. Sólo porque algo gane un con-
curso de popularidad hoy no quiere decir que envejecerá bien.

11

GOBERNANZA EN LA RED

La democracia es la peor forma de gobierno,
con excepción de todas las demás que se han probado.[1]
—WINSTON CHURCHILL

Las redes de protocolo en el núcleo del internet se aproximan a una democracia. En su fundación, los desarrolladores opinaron sobre estándares técnicos y los implementaron. Muchos desarrolladores son independientes y libres para tomar sus propias decisiones, o son parte de empresas más grandes que hacen aplicaciones cliente. Si alguien propone cambiar un protocolo existente o inventar uno nuevo, depende de los desarrolladores y las empresas poner esas ideas en práctica. Las propuestas son justamente eso, propuestas.

Es en ese sentido que la comunidad de internet es dueña y opera estos protocolos. Los desarrolladores "votan" las propuestas al decidir si se incluyen en el software. Los usuarios también "votan", indirectamente, para decidir qué productos usar. Todos, más o menos, tienen voz y voto.

A otro nivel, la gobernanza del internet emerge de un entramado organizacional de coordinadores de estándares técnicos. El Consorcio de la World Wide Web (W3C), una organización internacional sin fines de lucro, brinda un foro para que cientos de organizaciones miembro,[2] incluyendo instituciones de investigación, grupos gubernamentales, pequeñas empresas y grandes corporaciones, discutan sobre estándares relacionados con la web. El Grupo de Trabajo de Ingeniería de Internet (IETF, por sus siglas en inglés), formado por voluntarios y perteneciente a la no lucrativa Internet Society, mantiene los estándares de protocolos de internet como el correo electrónico.[3] La ICANN, otra organización sin fines de lucro, supervisa el espacio de nombres del internet, incluyendo la asignación de direcciones IP, acreditando los registros de nombres de dominio y adjudicando disputas por marcas y otras cuestiones legales. A excepción de ICANN, estas organizaciones no son realmente cuerpos de gobierno. Sí establecen estándares de protocolos y organizan debates, pero en su mayoría extienden recomendaciones, no decretos.

Los gobiernos son responsables de la regulación y el cumplimiento, aunque por lo general no interfieren con tecnologías subyacentes. Los grupos gubernamentales participan en la gobernanza del internet como consejeros, proporcionando información sobre los protocolos, pero las políticas resultantes finalmente son el producto de un diálogo entre la industria, la sociedad civil, la academia y otros. David Clark, un investigador del MIT y pionero del internet, capturó mejor el espíritu de la gobernanza de redes de protocolo cuando dijo: "Rechazamos: reyes, presidentes y votaciones. Creemos en: consensos generales y la ejecución del código".[4] (El IETF más adelante adoptaría las palabras de Clark como su lema extraoficial.)

Históricamente, la regulación del internet no se ha orientado hacia los protocolos, sino hacia la gente y las empresas que interactúan con ellos. Eso incluye negocios que desarrollan aplicaciones cliente. Las autoridades no requieren que el protocolo de correo electrónico, SMTP, bloquee la transmisión de spam, por ejemplo. En cambio, los gobiernos regulan el mal uso del correo electrónico multando a cualquier persona o negocio que viole ciertas leyes que combaten el spam, como la publicidad falsa o ignorar solicitudes de exclusión voluntaria de correos electrónicos. Los desarrolladores de software, los negocios y otros pueden respetar estas regulaciones (dirigidas a sus aplicaciones, compañías y software cliente, en lugar de a los protocolos subyacentes) o sufrir las consecuencias. Es su decisión. Al cumplir con esta sencilla configuración —regular aplicaciones, no protocolos—, los gobiernos ayudan a conservar la promesa de la tecnología subyacente.

Si las redes de protocolo son democracias, las redes corporativas son dictaduras. Están gobernadas de manera absolutista por sus dueños: eficaces para coordinar, pero inherentemente injustos. Cuando la gerencia emite una directiva, todos deben obedecer. Al mismo tiempo, nada evita que la gerencia cambie las políticas a voluntad para adecuarlas a sus intereses corporativos, a expensas de otros accionistas de la red. La grandeza económica de las redes corporativas y la capacidad de esas redes de tomar decisiones unilaterales les dan una ventaja competitiva sobre las redes de protocolo. Pero los procesos corporativos de toma de decisiones suelen ser opacos, caprichosos y, como sostienen algunos usuarios, discriminatorios.

La mayoría de los productos populares de internet en la actualidad son de las empresas, es decir, están gobernados por dictaduras. Las redes corporativas han sido una bendición para los jugadores importantes de Silicon Valley, muchos de los cuales están felices con el *statu quo*. El modelo corporativo está tan entretejido en la forma como opera el internet hoy, que la gente a veces olvida que existen otras maneras de gobernar las redes. Pero ya se empiezan a ver las grietas en la edificación de las redes corporativas y la gente se está dando cuenta de sus efectos dañinos. Las fisuras son más pronunciadas en las redes sociales, sin duda la clase más significativa de red corporativa.

Mientras que las preguntas sobre la gobernanza de la red podrían haber parecido académicas hace algunos años, desde entonces se han vuelto preocupaciones populares. Los debates sobre la gobernanza de redes corporativas populares como Facebook, Twitter y YouTube cada vez son más comunes. ¿Cómo deberían clasificar el contenido los algoritmos? ¿Quién debería tener acceso? ¿Cuáles son las políticas de moderación correctas? ¿Cómo se debería manejar la información del usuario? ¿Cómo funcionan los anuncios y la monetización? Para muchos negocios y creadores, estas preguntas afectan directamente su forma de vida; podrían incluso afectar la democracia misma.

Yo creo que hay una mejor forma de gobernar las redes, y no soy el único. La gente que comparte esta mentalidad cree que la gobernanza de la red no debería depender de quien pudiera ser dueño de una empresa en específico, o de la visión de quien sea que trabaje ahí en algún momento. Twitter es un ejemplo. Tal vez te gustaba la forma en que la empresa funcionaba antes de que la adquiriera Elon Musk, pero, ¿te gusta ahora? A lo mejor te agrada la forma en que tu red favorita está siendo gobernada, sin embargo, ¿te gustará a largo plazo? Un creciente número de gente está haciéndose a la idea de que las redes son demasiado importantes para dejarlas a merced de los caprichos de una sola poderosa empresa o individuo.

El modelo sin fines de lucro

Algunas personas creen que las entidades legales sin fines de lucro proveen una solución. La red aún sería una dictadura, pero por lo menos estaría controlada por una organización que tiene motivaciones más allá del éxito financiero. Los defensores de este método citan como modelo a Wikipedia, la enciclopedia de colaboración masiva que pertenece y es mantenida por la organización sin fines de lucro Fundación Wikimedia. Es una idea interesante, pero ¿es capaz de extenderse a otras áreas de la tecnología?

Wikipedia es un caso especial: es el único servicio de internet a gran escala estructurado sin fines de lucro.[5] Dicha enciclopedia fue capaz de tener éxito de esta manera debido a una combinación de factores, incluyendo la buena voluntad de sus fundadores, sus efectos de red duraderos y sus bajos costos de mantenimiento. A diferencia de muchos otros servicios de internet, Wikipedia no ha necesitado muchos cambios de productos desde su introducción en 2001. La demanda de los consumidores por información enciclopédica no ha cambiado mucho aunque las plataformas se hayan movido. Como resultado, sus gastos han seguido siendo relativamente bajos y sostenibles mediante donaciones voluntarias.

Para crédito de sus fundadores y su mesa directiva, Wikipedia no ha alterado su misión, ni siquiera cuando hubiera sido fácil distraerse o tratar de extraer ganancias. Sería genial que el modelo sin fines de lucro de Wikipedia se pudiera extender a otras áreas, pero es decididamente raro que los servicios de internet modernos necesiten tan poca inversión constante. De hecho, los dos intentos más prominentes de replicar el éxito de Wikipedia en otros dominios se han alejado de sus estructuras sin fines de lucro originales.

El primero es Mozilla, creador del navegador web Firefox.[6] Mozilla empezó en 1998 como un proyecto de código abierto para administrar código para el navegador web Netscape Communicator. En 2005, dos años después de escindir activos de Netscape en una organización sin fines de lucro, Mozilla creó una subsidiaria con fines de lucro, Mozilla Corporation. Esto le permitió aplicar tácticas de negocios más agresivas, prohibidas para organizaciones sin fines de lucro exentas de impuestos, incluyendo firmar un trato de cientos de millones de dólares con Google[7] y adquirir pequeñas empresas[8] para acelerar el desarrollo de producto.

El segundo ejemplo es OpenAI, creador de ChatGPT y otras herramientas. OpenAI empezó originalmente sin fines de lucro en 2015.[9] Cuatro años después implementó una subsidiaria con fines de lucro para recaudar los miles de millones de dólares que necesitaba para competir con las iniciativas de inteligencia artificial de los gigantes de la tecnología. El emprendimiento se volvió corporación.

Es difícil ser una organización sin fines de lucro en un mundo que busca lucrar. Las dos transiciones de estas organizaciones quizá fueran necesarias. El internet es un lugar altamente competitivo, dominado por grandes empresas con decenas de miles de millones de dólares en reservas monetarias. Competir sin generar utilidades o tener acceso a mercados capitales de inmediato pone a las organizaciones sin fines de lucro en desventaja. El modelo sin lucro suena bien en teoría, pero es muy difícil hacerlo funcionar en la práctica.

Redes federadas

Otra solución para una mejor gobernanza es volver a las redes de protocolo. Jack Dorsey, cofundador y exjefe ejecutivo de Twitter, ha defendido este criterio.[10] Ninguna "persona o institución debería ser dueña de las redes sociales o, en términos generales, de las empresas de medios. Debería ser un protocolo abierto y verificable", mensajeó Dorsey en abril de 2022, después de dejar su puesto como CEO de Twitter. Más tarde ese año, cuando le pidieron que hiciera una reflexión sobre su cargo, Dorsey añadió que el hecho de que Twitter se volviera una empresa era "el principal problema y mi más grande remordimiento".[11]

Ya he mencionado algunos intentos por revivir las redes de protocolo en "La caída de la RSS". Ha habido otros más: Friend of a Friend, un protocolo descentralizado de la era 2000 para gráficos sociales.[12] StatusNet, una red social distribuida de código abierto,[13] de 2009, que después se fusionó con proyectos similares, FreeSocial y GNU Social. Scuttlebutt, un proyecto de red social de alojamiento propio,[14] de 2014. Mastodon, una red construida sobre el protocolo social descentralizado ActivityPub, de 2016. Solid, acrónimo de "social linked data" [datos sociales vinculados], del creador de la web Tim Berners-Lee,[15] en 2018. Bluesky, una alternativa a Twitter apoyada por Dorsey que usa un protocolo descentralizado de su propio diseño,[16] incubada en 2019. La respuesta de Meta a Twitter, Threads, que se lanzó en 2023 y un día interoperará con ActivityPub, según dice la compañía.[17] Varios otros: Friendica (Facebook descentralizado), Funkwhale (SoundCloud descentralizado), Pixelfed (Instagram descentralizado), Pleroma (Twitter descentralizado), PeerTube (YouTube descentralizado) y más.

La gente sigue tratando de aplicar el método de protocolo a la labor de las redes sociales. Tal vez uno o más de estos protocolos lograrán una adopción generalizada, pero tienen retos que superar, muchos de los cuales surgen de sus diseños de red. Casi todas las implementaciones dependen de una variación específica de redes de protocolo llamada red federada. Estos protocolos no usan centros de datos centralizados para alojar los datos de la gente como hacen las redes corporativas. En cambio, la gente ejecuta sus propias instancias del software, llamados servidores, para alojar la información. La gente llama a dichos esfuerzos, colectivamente, Fediverso.

Varias alternativas de Twitter, incluyendo algunas de las mencionadas antes —Bluesky, Mastodon, Threads de Meta— funcionan o pretenden funcionar de esa manera. Cualquiera puede descargar software de código abierto y manejar su propio servidor, o solicitar una cuenta de usuario en un servidor existente. Todos los servidores tienen sus propios procesos de admisión y estándares comunitarios. Los protocolos de comunicación entre servidores, de los cuales el más popular es ActivityPub, les permite a los usuarios seguir la actividad de usuarios en otros servidores. Esto deja que el sistema simule algunas características de sistemas centralizados sin estar bajo el control de una empresa.

Una analogía física ayuda a explicar el diseño. Piensa en una red corporativa, por ejemplo Twitter, como un país grande, con un solo gobernante. En cambio, las redes federadas son una colección de pequeños países, cada uno controlado por un solo gobernante. Los países siguen siendo dictaduras, pero ahora hay muchas dictaduras de dónde escoger. Los usuarios pueden decidir dónde pasar su tiempo, lo cual les da voz y voto sobre cómo son gobernados. El sistema es una mejora después de las redes corporativas, donde no hay opción.

Aunque las redes federadas tienen dos debilidades principales.[18] La primera es la fricción. Los impedimentos se deben sobre todo a los límites entre los servidores que están corriendo de forma independiente. Por ejemplo, buscar el contenido e interactuar con los usuarios por medio de los servidores puede ser engorroso porque no hay un repositorio de información central. Un servidor podría guardar una publicación de un usuario y otro servidor podría guardar una respuesta a esa publicación, pero ningún servidor central guardaría toda la conversación. Esto dificulta proveer una visión global de lo que está pasando a lo largo de la red.

Debido a su arquitectura, las redes federadas tienen dificultades para igualar las sencillas experiencias de usuario de otras redes. Las redes corporativas eliminan la fricción al guardar la información en centros de datos centralizados, mientras que las redes de blockchains lo hacen guardando datos en una blockchain. (Recuerda que las blockchains son computadoras virtuales distribuidas que pueden guardar información arbitraria, incluyendo datos sociales.) Las redes federadas, como las redes de protocolo, no tienen componentes centralizados y, por ende, no tienen un lugar central donde guardar la información, lo cual es un problema porque, como muestra la historia, hasta las cantidades más pequeñas de fricción pueden frustrar la adopción.

¿Cómo podría uno arreglar esto? Imagina otro sistema encima de una red federada que recolecta información de los servidores individuales y agrega esa información a una sola base de datos centralizada. A veces, los servidores no estarán de acuerdo, así que el sistema necesita una manera de dirimir disputas para decidir qué servidores representan mejor el verdadero estado de la red. Bueno, adivina qué, acabamos de inventar una blockchain. Las blockchains aportan un mecanismo para centralizar datos mientras conservan el control de la información descentralizada.

Muchos defensores de las redes federadas se rehúsan a usar o siquiera a considerar las blockchains, presuntamente por las asociaciones que tienen éstas con la cultura de casino de los fraudes y la especulación. Es desafortunado. Cualquiera que vea las blockchains desapasionadamente las verá como herramientas poderosas capaces de ayudar a competir con las redes corporativas. (Véase "La computadora versus el casino" para más información al respecto.)

Para complicar todavía más las cosas, algunos defensores de las redes federadas consideran utilizar blockchains, pero sólo unas en específico. En primer lugar, Dorsey ha expresado interés en usar Bitcoin como parte de una red social descentralizada. El problema es que Bitcoin tiene cuotas de transacción altas (por lo general más de 1 dólar por cada transacción) y tiempos de transacción lentos (usualmente diez minutos o más, dependiendo de diversos factores, entre ellos las condiciones de la red). Algunos proyectos están tratando de arreglar estas limitaciones al construir capas sobre Bitcoin. Espero que tengan éxito. Sin ellos, es difícil ver cómo Bitcoin pueda ser un componente clave de una red social descentralizada capaz de presentar un reto creíble para las redes corporativas.

Mientras tanto, otros sistemas ya tienen suficiente desempeño para ayudar a impulsar la siguiente generación de redes sociales. Blockchains más recientes y los llamados sistemas de segunda capa, creados sobre Ethereum, se encuentran entre las opciones que hay.

Golpe de Estado del protocolo

La segunda debilidad de las redes federadas es el riesgo de golpes de Estado del protocolo. Es decir, incluso si una red federada tiene éxito, podría engendrar una nueva red corporativa y, así, recrear los mismos problemas discutidos a lo largo de este libro.

Como ya mencioné, las redes federadas son como una federación de países. Tienen reglas en común, pero aún tienen fricciones en sus fronteras. Los usuarios tienden a conglomerarse en el país más popular (léase, el servidor), lo cual le da al regente de ese país (léase, el dueño del servidor) autoridad ilimitada efectiva para establecer y cambiar las reglas. La gente que estudia dichos sistemas es consciente del riesgo.[19] Como bien lo dijo un investigador de la privacidad en una entrada de blog de 2018, titulada "La federación es el peor de todos los mundos": "Sin incorporar el consentimiento y la resistencia al protocolo y la infraestructura, simplemente estamos obligando a la mayoría de los usuarios a que elija un nuevo dictador para su información, sin ningún fundamento real para su decisión".

Nada ata a un servidor en una red federada a su palabra. Ése es el problema. El sistema no tiene contención.

Ya han ocurrido golpes de Estado similares. Como comenté en "La caída de la RSS", la gente veía Twitter antes como un nodo interoperable en la red abierta de la RSS, aun cuando era, de hecho, una red corporativa. Con el tiempo, Twitter dio un giro y retiró su apoyo a la RSS.[20] Cambió del modelo de atraer a extraer, como es el destino de todas las redes corporativas.

Una red federada exitosa enfrentaría la misma amenaza de golpes de Estado de sus nodos más grandes. Sin aplicar restricciones más firmes, sólo sería cuestión de tiempo antes de que los incentivos económicos suplantaran los nobles ideales.

Considera el ciclo de vida típico de un servidor en una red federada. Ejecutar un servidor como pasatiempo funciona hasta cierto punto, pero si crece a tener millones de usuarios, el costo de manejarlo también sube. Las redes necesitan dinero para crecer, y es por eso que la mayoría de las redes sociales han recaudado miles de millones de dólares de financiamiento. El dinero puede venir de inversionistas o de fuentes de ingresos, como suscripciones y publicidad. Dado que las redes federadas no cuentan con un núcleo por diseño, no tienen una manera sencilla de recaudar dinero para la red misma. En cambio, el dinero se encamina hacia los servidores populares. Con el tiempo, la lógica de la red corporativa se afianzará y la interoperabilidad se volverá un riesgo. Los servidores tomarán medidas drásticas, así como lo hizo Twitter: atraer, extraer.

Resquebrajar una dictadura grande, como una red corporativa, en dictaduras más pequeñas, como en las redes federadas, únicamente funciona si los países siguen siendo pequeños. Pero los efectos de red aseguran lo opuesto, que las pequeñas ventajas se combinan para crear grandes ganadores. Así, las redes federadas tienen una tendencia, un subproducto fundamental de su arquitectura: evolucionar a redes corporativas. Los nodos más fuertes pueden apropiarse de la red.

Vale la pena mencionar que el riesgo de los golpes de Estado de los protocolos existe incluso en las redes de protocolo clásicas, como el correo electrónico y la web. Los nodos que adquieren bases de usuarios grandes pueden ejercer una influencia desmedida. Gmail y Chrome tienen miles de millones de usuarios, lo que le da a Google una cifra desmedida de "votos"[21] que puede utilizar para influir en la gobernanza del correo y de la web a su favor. Por ejemplo, el método que tiene Gmail para filtrar el spam favorece al correo enviado por otros proveedores de correo electrónico grandes. Como resultado, la gente que envía correos desde servidores personales o de pequeños negocios son señalados como spam más seguido. Es una cuestión relativamente menor que afecta a los puristas del correo electrónico, pero Gmail se ha vuelto tan popular, que Google probablemente podría ir mucho más allá y modificar unilateralmente los estándares fundamentales del correo electrónico si lo quisiera. Hasta ahora, Google no ha intentado hacerlo, en parte porque otras grandes empresas, como Apple y Microsoft, actúan como contrapesos, y en parte porque las comunidades que se formaron alrededor del correo y de la web tienen normas fuertes y profundamente arraigadas.

Las nuevas redes no tienen los mismos contrapesos ni las mismas normas históricas. Cuando la gobernanza es una función de la topología de la red, como en las redes de protocolo y federadas, el control corporativo siempre es un riesgo. Las comunidades necesitan una arquitectura de red que permita el crecimiento, mientras minimiza el riesgo de golpes de Estado del protocolo. En ausencia de reglamentos explícitamente enunciados en el código, sólo la costumbre —y nada más— mantiene a raya a los tiranos.

Blockchains y constituciones de redes

Las blockchains aportan una nueva forma de abordar la gobernanza de la red que da a las personas la capacidad de codificar reglas inmutables en el software. Estas reglas pueden especificar cómo se gobiernan las redes y, así, generar confianza, mejorar la transparencia y resistir la adquisición.

Las constituciones nacionales, como la de Estados Unidos, aportan una analogía útil. Las constituciones formalizaron el cambio de gobierno nacional de los gobernantes individuales a leyes escritas. Del mismo modo, las blockchains cambiaron la gobernanza de la red de una gestión corporativa a un código escrito. Como si fuera un documento legal, el software puede ser extremadamente expresivo. Los sistemas de gobernanza de las blockchains están escritos en lenguajes de programación de uso general que pueden codificar casi cualquier sistema de gobernanza que se pueda escribir en un idioma, como un procedimiento paso a paso. Son constituciones para las redes.

Aun en presencia de una blockchain, las formas de gobernanza pueden variar ampliamente. Una constitución de blockchain puede emular las redes corporativas al dejar a una sola organización a cargo. El líder puede cambiar lo que quiera, incluyendo algoritmos, finanzas y reglas de acceso. Alternativamente, una constitución de blockchain puede restringir los poderes de un líder, como sucede en una monarquía constitucional. También puede establecer una república de regulación mínima sin un gobernante único, y puede establecer cuotas y controles a niveles mínimos inspirándose en las redes de protocolo. Casi todas las redes de blockchains dejan las decisiones a la comunidad, y encarnan un diseño de gobernanza análogo al de la democracia constitucional. Son sólo unos cuantos puntos en un amplio y multidimensional espectro de posibilidades: cualquier sistema que se pueda escribir se puede hacer realidad.

Gobernanza de las blockchains

La gobernanza de las blockchains suele venir en dos sabores. Algunas de ellas usan lo que se llama gobernanza fuera de cadena, que es similar a la gobernanza de una red de protocolo en el sentido de que una coalición de desarrolladores, usuarios y otros miembros de la comunidad dirigen la red. La ventaja de una gobernanza fuera de cadena es que ya ha sido comprobada a lo largo del tiempo basándose en décadas de lecciones aprendidas gracias a las redes de protocolo y proyectos de software de código abierto. La desventaja es que, como sucede con las redes de protocolo, la gobernanza es una función de la estructura de la red. Si ciertos nodos se vuelven demasiado populares y adquieren mucho poder en relación con otros, pueden apropiarse la red.

Muchas redes de blockchains más nuevas usan la gobernanza "en cadena", donde los dueños de tokens votan explícitamente sobre cambios propuestos a la red. Lo hacen con un software de votación que les permite firmar transacciones de blockchains asociadas con los tokens que tienen. Estas firmas indican hacia dónde se inclina su voto cuando se hacen las propuestas. La red de blockchains obedece de manera automática el resultado del voto. Si dependieras de una red, lo más probable es que te gustaría ejercer tu voto.

La influencia en la gobernanza en cadena suele ir en función de cuántos tokens tenga un votante. Divorciar la gobernanza de la estructura de la red retira el riesgo de que grandes proveedores de software obtengan una influencia desproporcionada. Pero los tokens que cotizan en mercados abiertos introducen un nuevo riesgo: que un actor acaudalado pueda ganar una influencia desmedida. En otras palabras, existe el riesgo de plutocracia, donde grandes poseedores de tokens puedan cooptar la red.

La mejor forma de mitigar este riesgo es con una distribución amplia de tokens. La titularidad de los tokens debería extenderse a lo largo de toda la comunidad de tal manera que ningún bloque de votantes cuente con demasiado poder. Esto requiere un diseño inteligente de faucet, como mencioné en el capítulo anterior.

Algunas redes también tienen una segunda línea de defensa en contra de la plutocracia: dividir los votantes en dos grupos. Este método semeja los sistemas bicamerales usados en los gobiernos nacionales, como la Cámara de Representantes y el Senado de Estados Unidos. En una red de blockchains, un grupo podría consistir en miembros respetados de la comunidad elegidos por una fundación, mientras que otro podría consistir en dueños de tokens. A veces, la cámara de la fundación puede vetar propuestas que haga la cámara de los tokens, si consideran que ven más por sus intereses. En otras ocasiones, ciertas responsabilidades, como decisiones técnicas y financieras, se dividen entre las cámaras.

Red	Cuerpo gobernante	Método de gobernanza	Pros	Contras
Redes de protocolo y redes de blockchains con gobernanza fuera de cadena	Comunidad	Informal, emergente de la estructura de la red	Cambia lentamente, sobre todo limitada a actualizaciones técnicas.	Riesgo de que la adquieran nodos más grandes, se mueve con lentitud.
Redes corporativas	Comunidad	Propiedad legal	Toma de decisión unilateral rápida.	Opaca, no democrática, sirve a los intereses de la compañía.
Redes de blockchains con gobernanza en cadena	Comunidad	Formal, por medio del voto de tokens	Diseñada de modo intencional, resiliente a los cambios en la red.	Riesgo de plutocracia: grandes dueños de tokens con mucho poder.

Las redes de blockchains varían en lo mucho que se pueden modificar por medio de la gobernanza. En un extremo tenemos las redes donde cualquier participante puede proponer cambios al código central de la red. Los usuarios presentan propuestas en foros de discusión, ya sean propuestas informales o como un código funcional. Las propuestas que reciban suficiente apoyo pasan a votación entre los dueños de los tokens. Si una propuesta pasa, entonces la red implementa las actualizaciones de manera automática. No es necesario tomar más medidas.

En el otro extremo están las redes donde los dueños de los tokens no tienen ningún control sobre el código central de la red. Una vez que el software se carga en una blockchain, se acabó. Es inmutable. El código sólo se ejecuta en piloto automático. Esto significa que se sacan nuevas versiones del software enteramente como nuevas redes, coexistiendo con versiones más antiguas que siguen activas por tiempo indefinido.

Los dueños de los tokens no pueden manipular el código, lo cual limita lo que son capaces de hacer y simplifica los debates de gobernanza. En cambio, los dueños de los tokens votan sobre temas más limitados, como apoyar el desarrollo de software con distribuciones de la tesorería.

Ninguno de esos sistemas de gobernanza es perfecto, pero ser capaz de formalizar la gobernanza de la red representa un paso hacia adelante en el diseño de redes. El problema que se presenta con la gobernanza informal es que las reglas y los líderes surgen inevitablemente, pero por lo general son producto de dinámicas sociales inescrutables, en lugar de un diseño cuidado. La autora feminista Jo Freeman lo llama "la tiranía de la falta de estructura". En su ensayo homónimo de 1972,[22] describe cómo se forman las jerarquías ocultas, sin rendición de cuentas, desde el interior de supuestas organizaciones carentes de líder. Cuando creas reglas formales, las puedes debatir, aprender de ellas y mejorarlas. (Es también la razón de que, cuando los emprendimientos de tecnología experimentan con la "holocracia" y otros estilos de dirección sin jerarquías tradicionales, casi nunca acaban bien.)

Es una ventaja que tienen las redes corporativas sobre las redes de protocolo. Alguien está a cargo, por lo general un CEO, y esa persona se elige por un proceso que por lo menos intenta seleccionar buenos líderes y hacerlos rendir cuentas. En las redes de protocolo y federadas sigue habiendo reglas y líderes, pero suelen ser producto de relaciones interpersonales opacas en lugar de procesos bien considerados, diseñados para mantener a raya las dinámicas de poder.

Los diseñadores de redes pueden usar blockchains para crear reglas formales que el código aplique. Tales reglas son parecidas a constituciones para las redes. Lo que digan estas constituciones está sujeto a debate, contención y experimentación, pero su propia existencia, la capacidad de recoger reglas en un software inmutable, es un avance significativo que no era posible en diseños previos de red. Ahora es momento de pensar intencionalmente sobre la gobernanza de la red, un tema con muchas más consecuencias como para dejarlo al azar.

Las constituciones de blockchains permiten a los usuarios compartir el control de las redes, así como la composabilidad permite a los desarrolladores compartir las contribuciones al software y los tokens permiten que los participantes se vuelvan dueños con intereses. Al combinar estas herramientas, podemos construir una nueva generación de redes que pertenezcan a la comunidad, ciudades digitales que aporten algo para cada uno, porque fueron construidas por todos.

CUARTA PARTE

Aquí y ahora

12

LA COMPUTADORA VERSUS EL CASINO

La tecnología sucede. No es buena, no es mala.
¿El acero es bueno o malo?[1]
—Andy Grove

Dos culturas distintas están interesadas en las blockchains. La primera las ve como una manera de crear nuevas redes, como he descrito a lo largo de estas páginas. Yo llamo a esta cultura la computadora porque, en su núcleo, se trata de blockchains encendiendo un nuevo movimiento informático.

La otra cultura está interesada sobre todo en la especulación y en hacer dinero. Quienes comparten esta mentalidad ven las blockchains meramente como una forma de crear nuevos tokens para comprar y vender. Yo llamo a esta cultura de "casino" porque, en su núcleo, realmente sólo se trata de apostar.

La cobertura mediática exacerba la confusión entre ambas culturas. El hecho de que las redes de blockchains sean tan transparentes y los tokens se puedan comprar y vender 24/7/365 significa que hay una abundancia de información pública que reporteros, analistas y otros pueden extraer. Desafortunadamente, muchos reportes de noticias se enfocan casi exclusivamente en actividades a corto plazo, como la acción del precio, y excluyen temas a largo plazo, como la infraestructura y el desarrollo de aplicaciones. Los cuentos de fortunas que se hacen y se pierden son dramáticos, fáciles de explicar y atraen atención. En cambio, la historia de la tecnología tiene muchos matices, se desarrolla lentamente y entenderla requiere un contexto histórico. (Una de las principales razones por las que escribí este libro.)

La cultura de casino es problemática. Saca a los tokens de contexto, los envuelve en un lenguaje de marketing y promueve que se especule sobre ellos. Mientras que un exchange responsable de tokens aporta servicios útiles, de custodia, staking y liquidez del mercado, los imprudentes promueven el mal comportamiento y juegan a la ligera con el dinero de la gente. Muchos de ellos se encuentran fuera de Estados Unidos y poseen derivados financieros apalancados, además de otros productos económicos especulativos. En el peor de los casos, son tal cual esquemas Ponzi. En los casos más extremos, la obsesión de la cultura de casino con las apuestas ha conducido a catástrofes como la bancarrota del exchange FTX localizado en Bahamas,[2] que les costó miles de millones de dólares a clientes inocentes.

Además de hacerle daño a la gente, los excesos de la cultura de casino han provocado respuestas negativas, incluyendo reacciones de reguladores y legisladores que pueden ser contraproducentes.[3] En su mayor parte, los reguladores han ignorado la actividad de la cultura de casino más extrema, en parte porque mucha de ella es en el extranjero y de difícil acceso. En cambio, se tienen que enfocar en los blancos más fáciles y más cercanos: empresas de tecnología asentadas en Estados Unidos.[4] Esto ha incentivado exactamente el comportamiento equivocado. Los emprendedores éticos tienen miedo de crear productos[5] y el desarrollo cada vez se traslada más hacia el extranjero.[6] Mientras tanto, los estafadores operan en jurisdicciones extranjeras, en su mayoría no supervisadas, alentando la cultura de casino.

Algunos críticos dicen que las redes de blockchains se benefician por la falta de regulación. Esto no podría estar más lejos de la verdad. Las regulaciones financieras pueden, cuando se designan adecuadamente, proteger a los consumidores, ayudar a las autoridades policiales y promover los intereses nacionales, permitiendo en todo momento que los emprendedores responsables innoven y experimenten. Estados Unidos iba a la cabeza con regulaciones inteligentes de internet en la década de 1990, las cuales le ayudaron a ser el centro de la innovación de internet. Hay una oportunidad de liderar el camino de nueva cuenta en esta última era.

Regular los tokens

El área de regulación más comentada respecto de los tokens son las leyes de valores. Las regulaciones financieras son complejas y varían en cada jurisdicción, pero vale la pena comentar brevemente las leyes de valores y cómo podrían relacionarse con los tokens.

Los valores son el subconjunto de los activos comprados y vendidos en el mundo, en los cuales los inversionistas dependen de un pequeño grupo de gente, por lo general un equipo administrativo, para generar un retorno de su inversión. Las leyes de valores están diseñadas para reducir los riesgos que surgen de esta dependencia al aplicar, entre otras cosas, obligaciones de divulgación para emisoras de valores y a terceros que realizan transacciones de valores. Estas divulgaciones están diseñadas para limitar la capacidad de los participantes del mercado con información privilegiada, incluyendo el equipo directivo, de sacar ventaja de otros con menos información. En otras palabras, los valores son activos donde existen bolsas de información accesibles para ciertas personas, pero no para otras.

El ejemplo más familiar de un valor son las acciones corporativas, como una acción de Apple. Hay un grupo de gente en esa empresa, incluyendo el equipo directivo, que podría tener información sustancial para el precio de sus acciones. Estas personas podrían saber cosas, como las ganancias del siguiente trimestre, información que podría modificar el precio de las acciones. También hay vendedores y contrapartes comerciales que podrían tener información importante sobre las transacciones comerciales de Apple. Dado que las acciones de esa empresa con frecuencia cotizan en mercados públicos, cualquiera puede adquirir participaciones y, al hacerlo, estaría confiando en que el equipo directivo de Apple genere retornos. También confiaría en que sus contrapartes comerciales no tuvieran información crucial que afectara el precio de la acción. Las regulaciones de seguridad se designan para asegurar que Apple divulgue por completo información material a tiempo al público en general, reduciendo o eliminando así cualquier asimetría potencial en la información.

Los productos básicos también son un subconjunto de los activos comprados y vendidos en el mundo, pero se regulan distinto a los valores. El ejemplo más familiar de un producto básico que no sea un valor es el oro. La información sobre productos básicos como el oro no se encuentra distribuida uniformemente, pero suele ser uniformemente accesible. Hay, por supuesto, empresas relacionadas con el oro, como empresas mineras, y hay inversionistas y analistas que podrían tener la habilidad de predecir el precio de éste. Pero no hay un grupo de personas con información especial que podría afectar el precio del oro de la forma en que sucede con un valor como las acciones de Apple. El ecosistema alrededor del oro y otros productos básicos está lo suficientemente descentralizado como para que cualquiera pueda, en principio, realizar una investigación y competir en igualdad de condiciones con otros participantes en el mercado.

Cuando los tokens se clasifican como valores o se venden en transacciones de valores, están sujetos a leyes de valores. Casi todas estas leyes se crearon en la década de 1930, mucho antes de la revolución de la tecnología de la información. Aplicar esas leyes, como están escritas, levantaría una horda de problemas, creando barreras que pudieran dificultar, si no imposibilitar, que los usuarios hicieran directamente transacciones con tokens. Sin cambios, clarificaciones ni interpretaciones estrictas de estas leyes, las transacciones de tokens clasificados como valores por lo general necesitarían que un corredor o exchange registrados sirvieran de intermediarios, un proceso de recentralización que destruiría una gran parte del valor y el potencial de la tecnología: es decir, la descentralización.

Los tokens son componentes digitales, similares a cómo las páginas web lo son. Imagina si cada vez que quisieras usar un servicio de internet que usara tokens como valores tuvieras que pasar por el proceso que actualmente atraviesas cuando compras una acción del capital. En lugar de sólo abrir una aplicación de redes sociales y buscar, primero tendrías que iniciar sesión a tu cuenta de corretaje y hacer un pedido para comprar tokens. ¿Quieres usar esa aplicación? Firma estos papeles y espera a que tu orden se apruebe.

Al final, para que los tokens alcancen todo su potencial, no se pueden regular como valores convencionales dentro de regímenes con leyes de valores actuales. Dichos regímenes se diseñaron para un mundo que usaba herramientas analógicas para transferir certificados de acciones, los cuales representaban intereses en una compañía. Las redes de blockchains pueden competir con redes corporativas sólo si son capaces de ofrecer experiencias de usuario comparables, de última generación. La fricción es una sentencia de muerte.

La buena noticia es que, al final, las metas fundamentales de los reguladores y de los constructores de blockchains se alinean. Las leyes de valores tratan de eliminar bolsas de información asimétrica con relación a los valores negociables públicamente, minimizando entonces la confianza que los participantes del mercado necesitan poner en los equipos administrativos. Los constructores de blockchains tratan de eliminar las bolsas centralizadas de poder económico y de gobernanza, con lo que se reduciría la confianza que los usuarios deben tener en otros actores de la red. Aunque los motivos y las herramientas son distintas, los regímenes de divulgación y la descentralización de la red tienen la misma meta filosófica: eliminar la necesidad de confiar.

Los reguladores y los legisladores por lo general concuerdan en que los tokens que alimentan las redes de blockchains "suficientemente descentralizadas" deberían clasificarse como productos básicos, no valores.[7] Está ampliamente aceptado que Bitcoin ya llegó a ese umbral de descentralización suficiente. No hay un grupo de personas que tenga algún dato especial que sea relevante para el precio futuro de esta criptomoneda. Por tanto, Bitcoin se clasifica como un producto básico como el oro, en lugar de un valor como las acciones de Apple, y no está sujeto a procesos engorrosos.

Cada proyecto de software empieza siendo pequeño, con un fundador o grupo de fundadores. Bitcoin empezó con Satoshi Nakamoto, Ethereum tuvo a un equipo central de fundadores, y así en adelante. En las primeras etapas, en virtud de ser pequeños, estos proyectos estaban centralizados. En algún punto, no obstante, los equipos iniciales de desarrollo detrás de Bitcoin y Ethereum se desvanecieron en el trasfondo, y la comunidad en general se volvió la fuerza conductora. Otros proyectos más recientes se encuentran en varias etapas de descentralización, un proceso que toma tiempo.[8]

El reto para los emprendedores que están creando redes de blockchains bajo reglas actuales es que, aun si son claras en el principio y el final, no son claras en medio.[9] ¿Qué significa con exactitud estar suficientemente descentralizado? Los mejores lineamientos provienen de regulaciones y precedentes legales de una era antes del internet. El caso más famoso es de 1946, de la Suprema Corte de Estados Unidos, que creó lo que se llama la prueba de Howey para decidir qué constituye un "contrato de inversión", otro término para un valor.[10] Dicha prueba consiste en tres elementos o premisas. Aplicada a los bienes digitales, la prueba observa si una oferta o la venta de bienes digitales involucra *1)* una inversión de dinero, *2)* una empresa común, *3)* con una expectativa razonable de ganancia derivada del esfuerzo de otros. Las tres premisas se deben cumplir para que la oferta o la venta de un activo digital se considere una transacción de valores.

Al momento de esta redacción, la última vez que la Comisión de Bolsa y Valores (SEC, por sus siglas en inglés), la principal reguladora de los mercados de valores de Estados Unidos, aportó una orientación considerable sobre el tema fue en 2019.[11] Las directrices sugerían que las redes de blockchains que estuvieran suficientemente descentralizadas no cumplirían la parte del tercer criterio de la prueba de Howey relativa a los "esfuerzos de terceros" y, por lo tanto, la legislación sobre valores no se aplicaría a sus tokens. Desde entonces, la agencia ha emprendido diversas medidas de ejecución[12] alegando que ciertas transacciones de tokens estaban sujetas a las leyes de valores, y lo ha hecho sin aclarar nada más sobre los criterios con los que toma estas determinaciones.

Aplicar los precedentes legales preinternet a redes modernas deja áreas grises que proveen ventajas considerables para los malos actores y para empresas que no son estadounidenses y no siguen las reglas de Estados Unidos. Los malos actores toman atajos para descentralizar. Lanzan tokens rápidamente, que los ayudan a crecer. Mientras tanto, actores de buena fe gastan muchísimo en abogados para poder determinar cómo "suficiente descentralización" aplica a sus proyectos, lo cual crea una desventaja competitiva comparada frente a quienes no se molestan en hacerlo. La situación de hoy es tan compleja, que los reguladores mismos no pueden ponerse de acuerdo sobre dónde marcar la línea. Por ejemplo, la SEC ha sugerido que el token de Ethereum es un valor,[13] pero la Comisión de Negociación de Futuros Productos Básicos (CFTC, por sus siglas en inglés), el principal regulador de productos básicos de Estados Unidos, ha dicho que sí es un producto básico.[14]

Idealmente, los legisladores y reguladores aclararían los criterios que distinguen los valores y los productos básicos,[15] y aportarían un camino para que los nuevos proyectos se vuelvan suficientemente descentralizados, de tal manera que se regulen como productos básicos. En la actualidad, Bitcoin es el estándar de oro para la descentralización, pero también empezó centralizado, como todos los demás inventos. Si las regulaciones sin un camino hacia la descentralización hubieran existido en 2009, Bitcoin nunca se hubiera creado. Sin tal camino, se permitirían tecnologías desarrolladas antes de que la regulación entrara en vigor, pero se bloquearían nuevas tecnologías. Así, se prohibiría arbitrariamente la innovación a futuro.

Cabe mencionar que hay diversas regulaciones que aplican en toda la extensión de los activos negociados, ya sean valores o productos básicos. Por ejemplo, para cualquier activo negociado, es ilegal acorralar el mercado o manipular los precios. Las leyes de protección al consumidor también prohíben la publicidad falsa y otros comportamientos engañosos. Todos están de acuerdo en que estas reglas deben aplicarse a los activos digitales de la misma manera en que se aplican a los activos tradicionales. El debate está enfocado en la pregunta más limitada de cuándo los activos digitales deberían estar sujetos a una reglamentación adicional, tradicionalmente reservada para activos clasificados como valores.

La posesión y los mercados son inextricables

Algunos legisladores han propuesto reglamentaciones para prohibir de manera efectiva los tokens[16] y, por tanto, para todo propósito práctico, las blockchains. Si los tokens existieran meramente con fines especulativos, quizá estarían justificadas tales propuestas. Pero, como ya argumenté aquí, la especulación es sólo un efecto secundario del verdadero propósito de los tokens como herramientas esenciales que facilitan a las comunidades ser dueñas de sus redes.

Ya que los tokens pueden ser comercializados al igual que cualquier cosa que pueda poseerse, es fácil pensar en ellos como activos económicos nada más. Los que están adecuadamente diseñados tienen usos específicos, como los tokens nativos, que incentivan el desarrollo de redes e impulsan las economías virtuales. Los tokens no son un espectáculo de segunda para las redes de blockchains, una molestia que se pueda arrancar y desechar. Son una característica necesaria y fundamental. La propiedad comunitaria no funciona a menos de que las comunidades tengan alguna manera de poseer propiedad.

A veces las personas preguntan si es posible recibir los beneficios de las blockchains mientras eliminan cualquier traza de casino haciendo que los tokens sean imposibles de comercializar, ya sea por medios legales o técnicos. Si retiras la capacidad de comprar o vender algo, sin embargo, retiras la propiedad. Aun en intangibles, como los derechos y la propiedad intelectual, se pueden comprar y vender a discreción de sus dueños. No poder comercializar implica no poder poseer; no puedes tener una sin la otra.

Eliminar la comercialización de tokens también interfiere con los usos productivos de las blockchains, las cuales necesitan incentivos de tokens para motivar a los validadores a que ejecuten nodos de red, cuya operación cuesta dinero. Si bien las redes corporativas financian sus operaciones y su desarrollo con recaudaciones, opciones sobre acciones, o *stock options*, y ganancias, las redes de blockchains financian sus operaciones y su desarrollo con tokens. Si no hay mercados ni precios asociados con los tokens, entonces los usuarios no pueden comprarlos para tener acceso a la red. Tampoco pueden convertirlos en dólares u otras divisas, dificultando, si no es que imposibilitando, usar tokens como incentivos para participantes de la red, como se comentó en "Construir redes con incentivos de tokens" y "Tokenómica". No existen formas conocidas de diseñar blockchains sin permisos, sin tokens y sin comercializarlos, y deberías sentirte escéptico ante cualquiera que te diga lo contrario.

Una cuestión interesante es si los métodos híbridos pueden controlar el casino mientras todavía permiten que la computadora se construya. Una propuesta prohibiría revender los tokens después del debut de una nueva red de blockchains, ya sea para un cierto periodo fijo o hasta que se cumplan ciertos objetivos. Los tokens todavía se entregarían como incentivos para hacer crecer la red, pero los dueños de éstos tal vez deban esperar varios años, o hasta que la red sobrepase ciertos umbrales, antes de que se levanten las restricciones a su comercialización.

Los horizontes temporales pueden ser una forma muy efectiva de alinear los incentivos de la gente con intereses sociales más amplios. Piensa en el ciclo de la exageración que describí antes, por el que pasan las tecnologías, con esa primera fase de exageración seguida de un derrumbe y luego de una "planicie de productividad". Las restricciones a largo plazo obligan a los dueños de tokens a sortear la exageración y sus consecuencias, y a obtener valor contribuyendo al crecimiento del producto.

Algunas redes de blockchains están autoimponiéndose esta clase de restricciones, y hay propuestas legislativas en Estados Unidos y en otras partes para volver obligatorias ciertas restricciones temporales a los tokens. Esto consentiría que las redes de blockchains usaran incentivos de tokens como herramienta para competir con las redes corporativas, y motivaría a sus poseedores a enfocarse en crear valor a largo plazo, en oposición a la exageración a corto plazo. Las metas también se pueden vincular con objetivos regulatorios, como una "descentralización suficiente", satisfacer las metas de seguridad y otros regímenes regulatorios.

La industria necesita una regulación mayor, para dejarlo claro, y esa regulación debería enfocarse en alcanzar objetivos de políticas, como castigar a los malos actores, proteger a los consumidores, aportar mercados estables y estimular una innovación responsable. Hay mucho en riesgo. Como he argumentado aquí, las redes de blockchains son la única tecnología conocida que puede restablecer un internet abierto y democrático.

Corporaciones de responsabilidad limitada: una historia de éxito regulatorio

La historia muestra que una regulación inteligente puede acelerar la innovación. Hasta mediados del siglo xix, la estructura corporativa dominante era la sociedad.[17] En ella, todos los accionistas eran socios y compartían toda la responsabilidad por las acciones del negocio. Si la compañía tiene una pérdida económica o causa daño no financiero, la responsabilidad penetra el escudo corporativo y recae en los accionistas. Imagina si los accionistas de empresas públicas como IBM y GE fueran personalmente responsables, más allá de cualquier dinero invertido, por los errores que dichas empresas cometieran. Muy pocas personas comprarían acciones, dificultando todavía más que las empresas reunieran capital.

Las sociedades de responsabilidad limitada existieron a principios del siglo xix,[18] pero eran pocas. Formar una requería un instrumento legislativo especial. Como consecuencia, casi todos los proyectos de negocios eran sociedades herméticas entre personas que confiaban profundamente el uno en el otro, como familiares o amigos cercanos.

Esto cambió durante el auge del ferrocarril en la década de 1830 y el periodo de industrialización que le siguió. El ferrocarril y otras industrias pesadas requerían una cantidad significativa de capital de entrada, más del que hubieran podido aportar pequeños grupos, aun si los grupos fueran muy acaudalados. Se necesitaron fuentes nuevas y más amplias de capital para financiar una transformación de la economía mundial.

Como era de esperarse, la agitación encendió la controversia. Los legisladores enfrentaron presiones para volver la responsabilidad limitada el nuevo estándar corporativo. Mientras tanto, los escépticos argumentaban que expandir la responsabilidad limitada promovería un comportamiento imprudente, transfiriendo de manera efectiva el riesgo de los accionistas a los clientes y a la sociedad en general.

Finalmente, las facciones se decidieron por un camino a seguir. La industria y los legisladores crearon compromisos sensatos, arreglaron marcos legales y volvieron a la responsabilidad limitada la nueva norma. Lo cual condujo a la creación de mercados de capital público para acciones y bonos y toda la riqueza y las maravillas que esas innovaciones han generado desde entonces. Así, la innovación tecnológica impulsó cambios pragmáticos hacia la regulación.[19]

La historia de la participación económica es una historia de inclusión incremental gracias a una combinación de tecnología y avances legales. Las sociedades tenían grupos reducidos de dueños que se contaban en las decenas. La estructura de responsabilidad limitada expandió la propiedad dramáticamente, al punto de que las empresas públicas hoy en día tienen millones de accionistas. Las redes de blockchains, por medio de mecanismos como airdrops, subvenciones y recompensas por sus contribuciones, han expandido la circunferencia una vez más. Las redes del futuro podrían llegar a tener miles de millones de dueños.

Así como los negocios de la era industrial tuvieron nuevas necesidades organizacionales, lo mismo sucede hoy con los negocios de la era de las redes. Las redes corporativas atornillaron una vieja estructura legal, las corporaciones C y las Corporaciones de Responsabilidad Limitada (LLC, por sus siglas en inglés), y otras similares, a una nueva estructura de red. Esta disparidad es la raíz de muchos de los problemas que tenemos con las redes corporativas, incluyendo su inexorable cambio de modalidad de atracción a extracción, y la exclusión de tantos colaboradores de los beneficios de sus redes. El mundo necesita nuevas formas digitalmente nativas con las que la gente coordine, coopere, colabore y compita.

Las blockchains aportan una estructura organizacional sensata para las redes. Los tokens son la clase de activo natural. Los legisladores y los líderes

de la industria pueden colaborar juntos para encontrar la contención adecuada para las redes de blockchains, como hicieron sus antecesores para las
sociedades de responsabilidad limitada. Las reglas deberían permitir y estimular la descentralización, no elegir por defecto la centralización como hacen las entidades corporativas. Hay muchas cosas que se pueden hacer para
frenar la cultura de casino mientras permitimos el desarrollo de la cultura
computacional. La esperanza es que los reguladores inteligentes promuevan
la innovación y permitan que los fundadores hagan lo que mejor saben hacer: construir el futuro.

El casino no debería detener a la computadora.

QUINTA PARTE

Qué sigue

13

EL MOMENTO IPHONE: DESDE LA INCUBACIÓN HASTA EL CRECIMIENTO

El futuro no se debe predecir, sino crear.[1]
—ARTHUR C. CLARKE

P uede tomar años, décadas incluso, para que nuevas plataformas informáticas pasen de ser un prototipo a la adopción generalizada. Esto es cierto para las computadoras basadas en hardware, como las PC, los teléfonos móviles y los visores de realidad virtual, y también para las computadoras virtuales basadas en software, como las blockchains y los sistemas de inteligencia artificial. Después de años de salidas en falso, alguien saca un producto vanguardista que arranca un periodo de crecimiento exponencial.

La industria de la PC siguió este patrón. Altair fue una de las primeras que salió en 1974,[2] pero con el lanzamiento de la de IBM en 1981[3] se inició la fase de crecimiento de la industria. Aun entonces, los entusiastas usaban las PC más que nada para jugar y entretenerse. Las empresas de incumbentes de computadoras descartaron las PC como juguetes excesivamente costosos porque no resolvían los problemas de sus clientes, quienes querían máquinas de más alta gama. Pero luego los desarrolladores de PC crearon aplicaciones como los procesadores de texto y las hojas de cálculo,[4] y el mercado explotó.

El internet también se desarrolló de esta manera. La fase de incubación se dio en la década de 1980 y principios de la de 1990,[5] cuando era más que nada una herramienta basada en texto que usaban los académicos y el gobierno. Y luego, con el lanzamiento del navegador web Mosaic en 1993[6] y la ola de comercialización que le siguió, la fase de crecimiento empezó y ha continuado desde entonces.

La inteligencia artificial tiene el periodo de gestación más largo de cualquier movimiento informático hasta la fecha. Los investigadores Warren McCulloch y Walter Pitts concibieron las redes neuronales, los modelos centrales que apuntalan la IA moderna, en un artículo de 1943.[7] Siete años más tarde, Alan Turing escribió su famoso artículo detallando lo que la gente ahora llama la prueba Turing,[8] la idea de que una IA verdaderamente inteligente podría responder preguntas de una manera indistinguible para un humano. Después de muchos de los llamados ciclos de verano e invierno, cuando las fuentes de financiamiento fueron y vinieron, la IA ahora parece que ya empieza a ser de uso popular, ochenta años desde su concepción. Los avances en las unidades de procesamiento de gráficos, o GPU,[9] los chips de computadora especiales que sostienen la tecnología, son una de las principales razones. El desempeño de las GPU ha estado mejorando sobre una curva exponencial, permitiendo que las redes neuronales escalen a billones de parámetros, el precursor principal de la inteligencia de los sistemas de IA.

Cuando era emprendedor y empezaba como inversionista de medio tiempo, alrededor del momento en que debutó el iPhone en 2007, todos estaban hablando de las computadoras móviles. Mis amigos y yo empezábamos a explorar aplicaciones móviles potenciales y todos querían saber cuáles podrían ser las aplicaciones estrella, o killer apps. La historia reciente proporcionó una pista. Era seguro asumir que algunas aplicaciones ya populares en PC probablemente se traducirían a móviles. Las redes sociales y de compras sin duda seguirían siendo adaptaciones populares. Estas aplicaciones móviles serían los usos esqueumórficos, tomando las actividades existentes y mejorándolas.

Las nuevas capacidades de los móviles dio otra pista. Las aplicaciones estrella, al parecer, sacaban ventaja de estas características únicas. El iPhone tenía muchas cosas que las PC no. El dispositivo siempre estaba contigo. Tenía sensores GPS y una cámara integrada. Estas características permitieron usos nativos, cosas totalmente nuevas que antes no podías hacer.

En retrospectiva, los más grandes éxitos siguieron este patrón muy de cerca. Las primeras aplicaciones explotaron las capacidades únicas de los teléfonos móviles, mientras reimaginaban actividades populares. Instagram y TikTok eran redes sociales que dependían de la cámara. Uber y DoorDash estaban en servicios de entrega bajo pedido y dependían del GPS. WhatsApp y Snapchat eran aplicaciones de mensajería que dependían de que siempre las tuvieras contigo.

En 2007, la gran pregunta para los móviles era qué clase de aplicaciones para móvil importarían. Hoy, la gran pregunta para las blockchains es qué clases de redes de blockchains importarán. La infraestructura de estas cadenas apenas maduró lo suficiente hace poco para sustentar las aplicaciones a escala del internet. Es probable que ahora la industria ya esté llegando al final de su fase de incubación y entre en la fase de crecimiento. Es un buen momento para preguntar cómo se vería una red estrella de blockchains.

Algunas redes de blockchains serán esqueumórficas, haciendo lo que se podía haber hecho antes, pero mejor. Las redes sociales son una opción obvia. Son donde la gente pasa casi todo su tiempo, influyen en las ideas y conductas de miles de millones de usuarios, y son el principal motor económico para los creadores. Las blockchains pueden crear redes sociales que eliminen las tasas de aceptación altas y las reglas caprichosas que caracterizan a las redes corporativas de hoy.

Otra categoría esqueumórfica importante probablemente serán las redes financieras. Enviar dinero debería ser tan sencillo como enviar mensajes de texto. Mejorar cómo funcionan los pagos es sobre todo un problema de acción colectiva, algo que las blockchains tienen la capacidad de resolver. Los sistemas de pago basados en blockchains podrían disminuir las cuotas, reducir la fricción y desbloquear nuevas categorías de aplicaciones.

También habrá importantes redes de blockchains que sean nativas, haciendo lo que no se podía hacer antes. Tengo la esperanza de que muchas de ellas involucrarán medios y actividades creativas. Otras aplicaciones nativas se entrecruzarán con áreas emergentes, por ejemplo la IA y los mundos virtuales, como comentaré en secciones posteriores.

Inevitablemente, habrá categorías de aplicaciones que no haya cubierto y terminen siendo importantes. Los emprendedores y los desarrolladores que construyen el futuro siempre van a ser más inteligentes que las predicciones de sillón. No obstante, trataré de hacer algunas conjeturas fundamentadas sobre qué redes de blockchains populares podríamos ver en la era de leer/escribir/poseer. La lista no es exhaustiva. Espero que te inspire a reflexionar.

14

ALGUNAS APLICACIONES PROMETEDORAS

Redes sociales: millones de nichos rentables

En su ensayo clásico de 2008, *Mil verdaderos fans*, Kevin Kelly, el fundador de *Wired*, predijo que el internet transformaría la economía de las actividades creativas.[1] Él veía el internet como el mejor intermediario, el que favorecería el mecenazgo del siglo XXI. Sin importar qué tan de nicho fuera, los creadores podrían descubrir a sus verdaderos fans, quienes a su vez los apoyarían:

> Para ser un creador exitoso no necesitas millones. No necesitas millones de dólares, millones de compradores, millones de clientes ni millones de fans. Para ganarte la vida como artesano, fotógrafo, músico, diseñador, autor, animador, creador de aplicaciones, emprendedor o inventor, sólo necesitas miles de verdaderos fans.
>
> Un verdadero fan se define como un fanático que comprará cualquier cosa que produzcas. Esos fans incondicionales manejarán 300 kilómetros para verte cantar; comprarán las ediciones de tu libro de pasta dura, de pasta blanda y hasta el audiolibro; comprarán tu siguiente figurita sin haberla visto; pagarán por la versión DVD de "lo mejor" de tu canal gratuito de YouTube; vendrán a la mesa del chef para verte una vez al mes.

La visión de Kelly no ha resultado exacta. La realidad es que los creadores sí necesitan, en general, millones de fans, o por lo menos cientos de miles, para ganarse la vida hoy en día. Las redes corporativas se metieron en el camino, insertándose a sí mismas entre los creadores y el público, extrayendo valor y convirtiéndose en el modo dominante con que la gente conecta.

Las redes sociales son quizá las más importantes en el internet actual. Además de su impacto económico, tienen un efecto tremendo en la vida de la gente. Un usuario promedio de internet pasa casi dos horas y media al día en redes sociales.[2] Aparte de la mensajería de texto, las redes sociales son la actividad más popular en línea.

El diseño de las redes sociales dominantes explica qué salió mal. Los poderosos efectos de red nos dejaron atrapados en las garras de los gigantes de la tecnología, y ese cautiverio derivó en tasas de aceptación altas. Es difícil saber con precisión qué tasas de aceptación cobran muchas de las grandes redes corporativas porque sus términos pueden ser ininteligibles y evasivos, pero es razonable estimar que cobran alrededor de 99%. Con el ingreso combinado de las cinco redes sociales más grandes —Facebook, Instagram, YouTube, TikTok y Twitter— rozando los 150 mil millones de dólares al año, quiere decir que esas redes desembolsan alrededor de 20 mil millones a los usuarios, y la abrumadora mayoría de esa parte proviene de YouTube nada más.

Las redes corporativas ganaron porque volvieron sencillo que la gente se conectara, más que las redes de protocolo como la RSS. Pero eso no quiere decir que las redes corporativas sean la única, ni siquiera la mejor manera de conectarse. La alternativa al mundo de hoy sería que las redes sociales estuvieran descentralizadas y le pertenecieran a la comunidad, es decir, creadas ya sea con arquitecturas de protocolo o de blockchains. Esto tendría efectos económicos significativos para los usuarios, creadores y desarrolladores, y podría revivir la interesante visión de Kelly para el mecenazgo del internet.

Para comprender el efecto de un diseño de red distinto, hagamos rápidamente algunos cálculos aproximados. Las redes de protocolo tienen tasas de aceptación que son efectivamente cero. A veces, las empresas construyen aplicaciones sobre esas mismas redes, aportando un acceso sencillo y otras características. Substack lo hace para boletines en el correo electrónico y cobra alrededor de 10% por esta facilidad. (Las tasas de aceptación de Substack permanecen bajas, igual que en otros mercados que respetan la propiedad, porque los usuarios son dueños de sus conexiones —es decir, sus listas de suscriptores al correo electrónico—, las cuales pueden exportar y cargar en otros servicios rivales de acceso a correos electrónicos en cualquier momento.)

Pretendamos que las principales cinco redes sociales cobran una cantidad similar. Si todos tuvieran tasas de aceptación de 10%, su parte de esos 150 mil millones de dólares anuales de ganancia bajaría de 130 mil millones a 15 mil millones. Eso dejaría en los bolsillos de los participantes de la red, como los creadores, unos 115 mil millones extra al año. ¿Cuántas vidas podría cambiar eso? Con el promedio salarial de Estados Unidos de 59 000 anuales,[3] esos 115 mil millones de ganancia redirigida podrían financiar casi dos millones de empleos. Y éste es un cálculo aproximado, pero las cifras son claramente grandes.

Las tasas de aceptación bajas tienen un efecto multiplicador. Más dinero hacia la periferia de la red implica que más gente llegue a un nivel de ingresos donde pueda dedicarse al trabajo creativo de tiempo completo. El sistema de doble clase que divide a los creadores y a los usuarios en la mayoría de las redes sociales se volvería más permeable. Los obstáculos de la movilidad social disminuirían conforme más usuarios pudieran crear empresas sustentables de medios de comunicación de una sola persona. Mientras tanto, el trabajo de tiempo completo derivaría en contenido de mejor calidad para consumo de otros, atrayendo más audiencia y generando más ingresos a lo largo de la red.

Mejores finanzas para los creadores derivan en un ciclo virtuoso. Que millones de personas trabajen de tiempo completo en actividades creativas mejora la calidad del internet para todos. Las redes sociales deberían ser un lugar para platicar e intercambiar memes, pero también debería sobrecargar actividades de formato más largo: escribir ensayos, crear juegos, hacer películas, componer música, grabar pódcasts y más. Estos proyectos requieren tiempo, dinero y esfuerzo. Para que el internet sea el acelerador de una creatividad profunda, necesita un mejor motor económico.

Crear nuevos empleos no sólo está bien, es necesario. Conforme nuevas tecnologías como la inteligencia artificial automaticen el trabajo, las redes sociales pueden servir de contrapeso para darle a la gente oportunidades profesionales satisfactorias.

Las redes sociales descentralizadas también serían buenas tanto para los usuarios como para los desarrolladores de software. Las tasas de aceptación

altas, los reglamentos caprichosos y los riesgos en la plataforma de una
red corporativa disuaden a los desarrolladores. En cambio, las redes descentralizadas estimulan la inversión y la creación. Si se construyeran más
herramientas, los usuarios podrían comparar precios y comprar una gran
variedad de softwares y características. Las opciones promueven la competencia, que conduce a mejores experiencias para el usuario. ¿No te gusta
cómo un cliente clasifica las publicaciones, filtra el spam o registra tus datos
personales? Cámbiate. Nada te lo impide y no perderás tus conexiones.

Todo esto podría sonar maravilloso en teoría. La cuestión práctica es si
hoy, dadas las circunstancias actuales de la evolución de las redes sociales,
es posible crear una red social descentralizada que pueda tener éxito. En
ocasiones, los usuarios despiertan con los problemas de las plataformas de
hoy, y después de que ocurre un incidente —eliminan una plataforma, cambia una regla, hay un nuevo dueño corporativo, hay un escándalo legal o
sobre la privacidad de la información— huyen a alguna red social naciente.
Estas anticomunidades por lo general no perduran. Las redes sociales durables se construyen con amistades e intereses compartidos, no con encono.

La propuesta de valor necesita que haya una paridad completa con las experiencias de usuario de las redes corporativas, además de mucho mejores
finanzas. Las redes sociales corporativas tuvieron éxito porque hicieron que
fuera muy fácil que las personas pudieran conectarse. No es demasiado tarde para diseñar redes sociales descentralizadas que faciliten de igual manera
la conexión. Las redes sociales de protocolo, como la RSS, fueron un buen
punto de partida, pero fracasaron porque carecían de las características y
el financiamiento de sus rivales corporativos. Las blockchains pueden solucionar ambas carencias. Ahora, por primera vez en la vida, podemos construir redes con los beneficios sociales de las redes de protocolo y ventajas
competitivas que rivalicen con las redes corporativas. De hecho, éste es el
momento: apenas en tiempos recientes, las blockchains han manifestado un
desempeño suficiente para sustentar redes sociales.

Hoy en día, una cohorte de proyectos con blockchains está enfrentándose
al establecimiento de la red social. Cada proyecto está diseñado a su manera, pero el hilo conductor es que cada uno supera las flaquezas que condena-
ron la RSS. Los mejores diseños financian a los desarrolladores de software
y subsidian los registros de nombres de usuario y los costos de alojamiento
por medio de sus tesorerías de tokens, similares a las arcas corporativas.

Y en términos de características, las blockchains tienen una infraestructura central que provee un estado global centralizado para apoyar los servicios básicos, facilitando la búsqueda y el seguimiento a lo largo de toda la red, evitando los problemas en la experiencia de usuario que crea la división en las redes de protocolo y las redes federadas (como vimos en "Redes federadas").

El reto clave de marketing es poner en marcha un efecto de red. Una táctica es empezar por el lado de la oferta, donde el dolor de las tasas de aceptación altas es mayor. Los usuarios quizá no se den cuenta de qué tanto valor están dejando ir al participar en redes corporativas, pero a los creadores y los desarrolladores de software les importa muchísimo cuánto dinero ganan. Ofrecer una plataforma predecible donde reciban una mayor participación del valor que generan sería una propuesta atractiva. Si el mejor contenido y el mejor software estuvieran disponibles sólo en la plataforma de alguien más, el lado de la demanda en la red —los usuarios, muchos de los cuales son consumidores pasivos— seguramente la buscarían. Que los usuarios tengan participación en los beneficios económicos y la gobernanza de una red de blockchains, privilegios de los que se les excluyó anteriormente, los motiva todavía más a hacer el cambio.

Empezar en nichos profundos y estrechos podría ayudar a que una nueva red social supere el bache inicial. Dirigirse a un grupo con intereses comunes, como personas interesadas en nuevas tecnologías o nuevos géneros mediáticos, es una forma de plantar la semilla de una comunidad. Es probable que los usuarios más valiosos sean nuevos talentos que no tengan muchos seguidores en otra parte. Cuando YouTube empezó, no tuvo éxito al recibir creadores de televisión ni de otros formatos. Las nuevas estrellas ascendieron junto con la plataforma. Ése es el poder del pensamiento nativo por encima del esqueumórfico.

Lo que tenemos hoy puede sentirse como una época dorada para las personas creativas: los creadores pueden presionar un botón y publicar al instante para cinco mil millones de personas. Pueden encontrar fans, críticos y colaboradores casi en cualquier parte del mundo. Pero sobre todo están obligados a rutear todo a través de las redes corporativas que devoran decenas de miles de millones de dólares, que de otro modo habrían financiado una diversidad inconmensurablemente mejor de contenido. Imagina de cuánta creatividad nos estamos perdiendo porque los intentos previos de descentralizar las redes sociales, si bien fueron nobles, como la RSS, no pudieron defenderse.

Podemos hacerlo mejor. El internet debería ser un acelerador para la creatividad humana y la autenticidad, no un inhibidor. Una estructura de mercado con millones de nichos redituables, habilitada por redes de blockchains, hace que sea posible. Con una repartición de la ganancia más justa, más usuarios encontrarán sus verdaderas vocaciones, y más creadores se acercarán a sus verdaderos fans.

Juegos y el metaverso: ¿de quién será el mundo virtual?

La trama de *Ready Player One*, el libro más popular y reciente sobre el llamado metaverso, gira en torno a una competencia para ver quién tiene control de OASIS, el mundo virtual 3D del libro. No voy a contar quién gana la competencia, pero el verdadero problema no es quién gana, sino que una persona sea quien pueda controlar ese mundo virtual.

Ready Player One se apoya en una tradición de ficción especulativa que le debe mucho a Neal Stephenson, el autor de ciencia ficción que acuñó el término "metaverso" en su novela de 1992, *Snow Crash*.[4] En aquellos tiempos, cuando Stephenson la estaba escribiendo, los juegos de múltiples jugadores en 3D tenían gráficos sencillos y sólo podía haber interacciones entre algunos de los jugadores. Obviamente, los avances han recorrido un largo camino desde entonces. Hoy en día, los gráficos de los juegos rivalizan con las películas de Hollywood, cientos o incluso miles de jugadores pueden interactuar en el mismo mundo virtual, y el público de los juegos suma cientos de millones de jugadores. Videojuegos como *Fortnite* y *Roblox* son lo más parecido que tenemos hoy a mundos virtuales completamente desarrollados como el de OASIS.

No te costará mucho trabajo ver hacia dónde voy. Pronto, los mundos digitales tendrán gráficos vívidos y permitirán que miles, si no es que millones, de personas jueguen juntas. El tamaño del público seguirá creciendo, y la gente pasará más tiempo en los mundos de juego. Los visores de realidad virtual de alta calidad serán comunes. Las interfaces hápticas (crean la sensación del tacto en una realidad virtual) que proveen retroalimentación física volverán todavía más realista la experiencia. La inteligencia artificial creará abundantes personajes cautivantes, mundos y otros contenidos. Todas las tendencias señalan en esta dirección.

Conforme mejore la calidad de las experiencias virtuales, las interacciones digitales se desbordarán hacia el mundo físico. Podrías hacer amigos, conocer a una futura pareja u obtener un nuevo empleo en la realidad "virtual". En tanto más de la economía se traslade en línea, más trabajos existirán exclusivamente en mundos en línea. La distinción entre el trabajo y el juego se difuminarán. Lo que ocurra en mundos digitales tendrá consecuencias y significados en el mundo físico, y viceversa. El mismo patrón se desarrolló en las redes sociales. Twitter empezó como una forma de compartir qué comiste ese día y ahora se encuentra en el centro de la política global. Cosas que parecen juguetes a veces siguen siendo juguetes, pero otras se vuelven mucho más que eso.

Al materializarse la visión del metaverso, una pregunta central es cómo se diseñarán estos mundos y qué arquitectura los sostendrá. Los videojuegos más populares de hoy usan el modelo de red corporativa. Los jugadores se conectan por medio de mundos virtuales compartidos, controlados por estudios de desarrollo de videojuegos. Muchas de estas economías de juego tienen monedas digitales y bienes virtuales, pero están gestionados de una forma centralizada, con tasas de aceptación altas y oportunidades limitadas para los emprendedores.

La alternativa al modelo corporativo es un modelo abierto que esté basado en redes de protocolo o en redes de blockchains. Tim Sweeney, el fundador de Epic, creador de *Fortnite* y del popular motor de juegos Unreal, describe su visión de un metaverso abierto[5] como una combinación de las dos:

Necesitamos varias cosas. Necesitamos un formato de archivo para representar mundos 3D [...]. Se podrían usar como un estándar para representar el contenido 3D. Necesitas un protocolo para intercambiarlo, que podría ser HTTPS o algo parecido al Sistema de Archivos Interplanetario, que está descentralizado y abierto para todos. Necesitas los medios para realizar comercio seguro, que podría ser la blockchain, y necesitas un protocolo en tiempo real para enviar y recibir posiciones de objetos en el mundo y movimiento facial [...].

Estamos a varias iteraciones de tener los componentes restantes del metaverso. Todos son lo suficientemente similares como para identificar y estandarizar un común denominador, así como el HTTP se estandarizó para la web.

La visión de Sweeney va por buen camino, pero podría llevar la apertura todavía más lejos. Limitar las blockchains al comercio es un pensamiento esqueumórfico. Las blockchains son computadoras, capaces de ejecutar cualquier software. La forma más fuerte de un metaverso abierto sería una colección de redes componibles de blockchains, cada una para cubrir una de las necesidades que Sweeney describe, y que ellas mismas fueran capaces de interoperar, formando una metarred. Esto podría empezar a partir de una red inicial de blockchains en el centro y expandirse hacia un tejido de redes interconectadas, todas compuestas por sus partes, creadas desde la base.

No se necesitaría mucho para cumplir con las especificaciones. Los tokens fungibles que representan monedas virtuales y los NFT que representan bienes virtuales fluirían libremente por la red. Algunos NFT serían "Soulbound", o no transferibles, representación de un logro especial o un elemento siempre vinculado a la persona que lo obtuvo. Algunos NFT serían productos básicos comerciables, como ropa virtual, o "pieles", que se puedan comprar y vender. Y otros serían una combinación, con algunas características que se pueden comprar y vender y otras que no. Un avatar podría adquirir puntos de experiencia que se restablezcan con una transferencia, por ejemplo.

Los diseñadores del juego tendrían un espacio de diseño rico con que trabajar. Construirían aplicaciones encima de una red de blockchains subyacente, pero aún tendrían acceso a todas las herramientas de los diseñadores de juegos actuales. También recibirían nuevos elementos de diseño, como una propiedad permanente y transferible, y economías que se extienden por las redes.

Las cuotas abonadas a las redes de blockchains cubrirían los costos del desarrollo. Las tasas de aceptación serían bajas, como debe de ser en las redes de blockchains, pero una economía total más grande impulsada por el emprendimiento lo compensaría. Los creadores podrían establecer negocios para vender sus creaciones, manteniendo la mayoría de sus ganancias para sí. Los inversionistas tendrían un incentivo para financiar a emprendedores que construyan sobre la red, conscientes de que los beneficios no estarían topados. La interoperabilidad y la composabilidad de las redes de blockchains implicaría que los usuarios serían capaces de moverse entre juegos y aplicaciones, migrar de una red a otra, creando competencia entre las redes. Los derechos de la propiedad digital quedarían garantizados por reglamentos permanentes, aplicados por las blockchains. La gobernanza y la moderación quedarían bajo gestión de la comunidad.

En las redes corporativas, la interoperabilidad a lo largo de la red muchas veces se considera un riesgo. Las blockchains revierten esta lógica y convierten la interoperabilidad en una herramienta para el crecimiento. Si una red construye una comunidad de dueños de tokens, otra red puede incentivar que los miembros de esa misma comunidad se vuelvan sus propios participantes, por ejemplo, ofreciendo conservar los tokens de la otra red en sus aplicaciones. Así, la colección de espadas y pociones que alguien pasó años creando en un juego no tiene por qué desperdiciarse cuando esa persona deja de jugarlo. El jugador la puede transferir a un nuevo juego. Quizá los gráficos y la jugabilidad sean distintos, pero el elemento y sus propiedades básicas perduran.

En la medida que una red de protocolo como la web pueda ayudar a crear un metaverso, bienvenida. Pero como señala Sweeney, muchas piezas todavía serán necesarias para crear esas redes de protocolo que la web no es capaz de aportar. Si sistemas abiertos como las redes de protocolo o de blockchains no entran para llenar el hueco, las redes corporativas lo harán, y entonces el mundo terminará en la distopía de *Ready Player One* (de la cual también se hizo una versión cinematográfica en 2018).

Tokens no fungibles: valor escaso en una era de abundancia

Una actividad central en internet es copiar. Cuando la gente escribe en línea, la información se copia de sus máquinas a servidores y luego de vuelta a los lectores. Casi cada acción que realiza una persona, desde indicar gusto por publicaciones, hasta reenviar mensajes, crea copias. Éstas son libres y carecen de fricción, produciendo una inundación de videos, memes, juegos, mensajes, publicaciones y más.

Copiar es a la vez bueno y malo para los creadores. Por un lado, distribuye la labor creativa hacia un público más amplio. Por otro lado, la abundancia de medios crea una competencia acalorada por la atención. Las redes rutean y podan esa información; sin embargo, mucha más fluye al interior de lo que nadie podría consumir. La buena noticia es que puedes llegar instantáneamente a cinco mil millones de personas. La mala noticia es que todos los demás también pueden hacerlo.

Los negocios de medios tradicionales dependen de la escasez para hacer dinero. En el mundo preinternet, los medios, como los libros y los CD, eran limitados. Sólo se produjeron unos cuantos. La gente tenía que buscar y adquirir bienes físicos. En el mundo digital, donde la información fluye con libertad de manera predeterminada, la abundancia es la norma. Muchos negocios de medios protegen sus intereses al imponer restricciones, como cobros de acceso y derechos de autor. Necesitas pagar para leer artículos en *The New York Times* o escuchar música en Spotify. (Piratear medios es obviamente ilegal, y se ha vuelto menos atractivo desde que alternativas legales han surgido con el tiempo.)

La escasez puede convertir la atención en dinero, pero también evita que los medios se beneficien de la máquina de copiar sobrecargada que es el internet. La fricción reduce la posibilidad de que el contenido sobreviva la batalla por la atención. El contenido restringido no se puede compartir ni remezclar con tanta facilidad como el contenido público, por ejemplo. Esto es lo que yo llamo el dilema de atención y monetización, la disyuntiva que los creadores de medios enfrentan entre maximizar la atención o maximizar el dinero.

La industria de los videojuegos está muy adelantada al momento de sortear este dilema en comparación con otros negocios de medios. Los juegos tienden a tener vidas cortas y se deben adaptar a las tecnologías y las tendencias cambiantes. Unos cuantos títulos ya arraigados, por ejemplo *Madden* y *Call of Duty*, son excepciones, pero casi todos los demás juegos van y vienen. Como resultado, la industria cambia muy rápido, es altamente competitiva y se encuentra abierta a la experimentación. Las empresas que perduran abrazan nuevas tecnologías y nuevos modelos de negocios. La lección que han aprendido los estudios de videojuegos se aplica a otros medios de comunicación. Los creadores de juegos la han aprendido antes.

Durante muchos años, los estudios de videojuegos hicieron dinero de la misma manera que casi todos los negocios de medios. La gente pagaba una cuota única, por lo general alrededor de 50 dólares, para comprar un juego, ya fuera como CD físico o una descarga digital. Con el advenimiento del internet, nuevos géneros de videojuegos, como los de rol, con una cantidad masiva de jugadores y tiradores en primera persona en batallas campales, surgieron y sacaron ventaja de las capacidades nativas del internet. Nuevas actividades, como el streaming, y nuevos modelos de negocios, como las ventas de bienes virtuales, se volvieron populares.

En su experimentación, los estudios de juegos hicieron un descubrimiento. Se dieron cuenta de que podían hacer todavía más dinero con los juegos gratuitos.[6] Tomar su única fuente de ingresos y regalarla sin costo alguno era una jugada arriesgada, pero funcionó.

En los primeros días del internet, los diseñadores de juegos ofrecían unos cuantos niveles gratis y luego cobraban por el juego completo.[7] En la década de 2010 llevaron esa idea todavía más lejos al regalar el juego entero y sólo cobrar las extensiones. Hoy, los juegos más sofisticados —incluyendo *Fortnite*, *League of Legends* y *Clash Royale*— extraen todas sus ganancias de bienes virtuales,[8] que por lo general ni siquiera vuelven mejores a los usuarios en el juego. Casi siempre, los bienes son cosméticos, como nuevos atuendos o animaciones para tu personaje. (Cuando la gente puede "pagar por ganar", los jugadores por lo general arman una revolución.)[9]

Los videojuegos resolvieron el dilema entre la atención y la monetización. Volver el juego gratuito significaba que el juego y todas sus obras derivadas —videos, memes y demás— podrían extenderse libremente por todo el internet. El resultado ha sido que el contenido relacionado con los juegos se ha vuelto una categoría que se mantiene consistentemente entre las principales tendencias de redes sociales. Los lanzamientos más importantes de juegos suelen tener mayores ventas que los estrenos de las películas más importantes[10] (una tendencia amplificada por la reciente pandemia).[11] En 2022, la industria de los juegos acumuló alrededor de 180 mil millones de dólares en ganancias globales,[12] siete veces más que los ingresos en taquilla de la industria del cine a nivel global. Lo que antes era una actividad de nicho para entusiastas, ahora es un éxito de ventas.

La astucia de la industria del juego también es evidente en su manera de abordar el streaming. En sitios como Twitch, los usuarios ven videos en vivo de jugadores que también conversan con el público; una mezcla entre ser un espectador deportivo y escuchar un programa de radio. Legalmente, sería fácil que la industria reprimiera estas reproducciones de contenido multimedia. Cuando empezó el streaming de juegos a finales de la década de 2000, algunas empresas, en particular Nintendo, lo pelearon.[13] Pero hoy en día, cada compañía de juegos lo promueve porque la industria en general se dio cuenta de que la atención recibida compensaba por mucho el dinero que perdían.

Los estudios de juegos fueron inteligentes. Vieron sus productos desde una perspectiva expansiva, como paquetes que incluían un juego, y también streaming y bienes virtuales. Por medio de la experimentación, descubrieron la mezcla correcta de elementos gratuitos y de paga para optimizar el intercambio entre atención y monetización. En el proceso, crearon una nueva y rara capa de valor. Así, los juegos mismos pasaron de ser cobrados a ser gratuitos, mientras se añadían nuevas capas como el streaming (gratuito) y los bienes virtuales (pagados). Los estudios de juegos apretaron una parte del globo de ingresos mientras encontraron otras partes que inflar.

En contraste con los videojuegos, la industria de la música respondió al auge del internet desperdiciando tiempo demandando a los innovadores.[14] Las empresas discográficas se enfocaron mucho más en proteger los negocios existentes[15] que en explorar nuevos negocios. Sólo después de bastantes dilaciones, las disqueras aceptaron cambios graduales, por ejemplo permitir que servicios de streaming, como Spotify, usaran su contenido en sus paquetes de suscripción. Y esto no los hizo felices.

El rechazo persiste hasta hoy. Cuando los negocios musicales emergentes intentan encontrar nuevas maneras de navegar el dilema atención/monetización, las disqueras por lo general los amenazan con demandas. Estas amenazas congelan la experimentación. Los nuevos productos tecnológicos relacionados con la música, en la medida en que existen, son sólo variaciones menores de productos anteriores. Las enfoques novedosos se consideran demasiado riesgosos y caros.

Los efectos son palpables. Los fundadores crean cientos de emprendimientos de videojuegos cada año, pero fundan muy pocos negocios relacionados con la música. Esto se debe a que los emprendedores quieren dedicar su tiempo invirtiendo en nuevas cosas, no en ser demandados. Los inversionistas también han aprendido su lección. Rara vez apoyan emprendimientos relacionados con la música.[16]

El resultado de estas dos perspectivas no debería sorprenderte. Como verás en las siguientes gráficas, los ingresos de la industria de los videojuegos[17] han superado por mucho a los de la industria de la música[18] en los últimos treinta años. La industria de los juegos creció abrazando cada nueva ola de tecnología. El criterio litigante de la industria de la música estancó el crecimiento.

Ganancias de la industria, ajustadas a la inflación (en miles de millones de dólares)

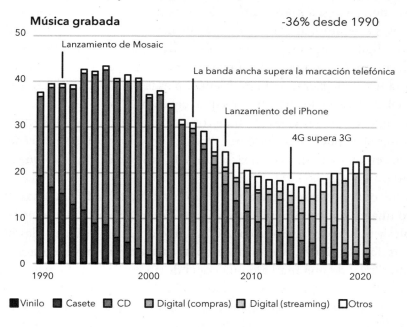

Música grabada — -36% desde 1990

Lanzamiento de Mosaic

La banda ancha supera la marcación telefónica

Lanzamiento del iPhone

4G supera 3G

■ Vinilo ■ Casete ■ CD □ Digital (compras) □ Digital (streaming) □ Otros

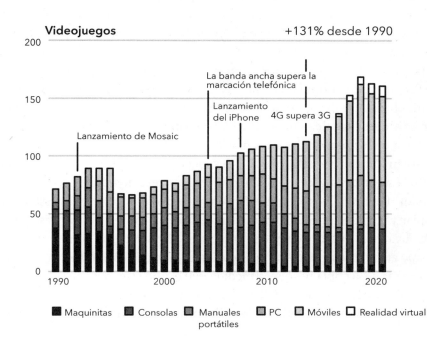

Videojuegos — +131% desde 1990

La banda ancha supera la marcación telefónica

Lanzamiento del iPhone

4G supera 3G

Lanzamiento de Mosaic

■ Maquinitas ■ Consolas ■ Manuales portátiles □ PC □ Móviles □ Realidad virtual

No tienen nada de mágico los videojuegos como para que su capacidad de monetizarse sea mayor que la de otros medios. La gente ama los videojuegos, pero también ama la música, los libros, las películas, los pódcasts y el arte digital. Estas otras industrias creativas simplemente han experimentado con menos modelos de nuevos negocios. La gente hace y escucha música tanto como siempre. El problema no es la oferta ni la demanda, son los modelos de negocios fracturados que hay en medio.

Lo que los bienes virtuales hicieron por los videojuegos, los NFT (tokens no fungibles) pueden hacerlo por otras formas de medios en internet. Estos tokens crean una nueva capa de valor —la propiedad digital— que antes no existía.

¿Por qué la gente pagaría por propiedad digital? Hay muchas razones, pero una es la misma por la que la gente compraría arte, juguetes coleccionables y bolsos vintage: una conexión emocional con las ideas y las historias detrás de esos bienes. Piensa en comprar un NFT como si compraras un producto oficial de una marca o una copia de una obra de arte firmada por un artista. El NFT te conecta con la marca, el artista o el creador, además de con una comunidad de coleccionistas por medio del registro inmutable de una firma. Cuanto más se copie, se remezcle y se comparta el arte, más conocido será y más valiosas serán las conexiones entre el creador y la comunidad.

Pero los NFT no sólo son arte. Son contenedores multipropósito para representar propiedad. Esto significa que también puedes diseñar estos tokens para que tengan un valor que va más allá de comprar una obra oficial o firmada. Un diseño popular de ellos les da a los dueños acceso tras bambalinas o membresías en grupos de discusión privados. Los NFT, además, pueden conferir derechos de voto, lo que hace posible que la gente guíe la dirección creativa de los personajes y las historias en mundos narrativos. (Más al respecto en "Narrativa colaborativa: desencadenar la fantasía de Hollywood".)

Los escépticos a veces sugieren que los NFT restringirán la compartición de medios. De hecho, los NFT aportan un incentivo para aflojar las restricciones. Copiar y remezclar por lo general aumentan el valor de estos tokens, igual que más jugadores en un videojuego aumentan el valor de los bienes virtuales. El mismo efecto ocurre con el arte físico. Tanto el dueño como el artista se pueden beneficiar de la copia porque, a medida que el arte se comparte más, las copias originales pueden aumentar de valor. En un caso extremo, una obra de arte, como la *Mona Lisa*, se puede volver un icono cultural masivamente reproducido.

El arte no suele venir con derechos de autor integrados. Cuando compras una pintura, por lo general no estás comprando los derechos de autor. En cambio, estás comprando el objeto físico y una licencia para usarla y exhibirla. El valor es más emocional y subjetivo. No puedes analizar los flujos de efectivo ni usar otros métodos de valoración objetiva. Los NFT que representan copias firmadas son similares.

Sin embargo, los NFT son flexibles, así que los creadores pueden integrar los derechos de autor si así lo desean. El ejemplo más simple es un "NFT más derechos de autor", donde el comprador adquiere derechos de autor tradicionales. Dado que los NFT pueden incluir código, no obstante, puedes crear variaciones de los derechos de propiedad que sería difícil implementar en el mundo fuera de línea. Por ejemplo, puedes diseñar uno donde el comprador reciba derechos comerciales, pero deba compartir parte de los ingresos con el creador original. También puedes tener diversos reglamentos para un remix o una obra derivada. Para sacar ventaja de los registros integrados de auditoría en las blockchains puedes codificar reglas que pasen dinero a diversos grupos de dueños y colaboradores. Un remix de un remix podría conservar un tercio del ingreso para sí mismo, pasar un tercio al remix y el otro tercio de vuelta al original. Es software, puedes diseñarlo como tú quieras.

Los NFT también son capaces de transformar las finanzas de los creadores.[19] Considera de nuevo el negocio de la música.[20] En el servicio de streaming de Spotify hay alrededor de nueve millones de músicos,[21] sin embargo menos de dieciocho mil músicos —menos de 0.2% de ellos— ganaron más de 50 000 dólares en 2022. Casi todo el ingreso generado se fue a los servicios de streaming y las disqueras. Los tokens cortan capas de los intermediarios que cobran altas tasas de aceptación. Con los NFT, los músicos conservan la mayor parte de su ganancia y, por tanto, se pueden mantener con grupos mucho más pequeños de fans.

Los músicos muchas veces venden mercancía física, que también excluye intermediarios con altas tasas de aceptación. Pero la mercancía física tiende a ser un mercado mucho más pequeño que la mercancía digital. La industria de la música vendió 3.5 mil millones de dólares en mercancía en 2018,[22] mientras que la industria de los videojuegos vendió 36 mil millones en bienes virtuales ese mismo año,[23] una cifra que casi se ha duplicado para los videojuegos desde entonces. Los bienes digitales también ofrecen un margen mayor, dejan más espacio para la experimentación del producto y facilitan mantener interacciones constantes con los fans.

Para los que están acostumbrados al modelo de red corporativa, los negocios basados en NFT requieren un cambio de mentalidad. En el enfoque corporativo, una empresa gestiona un servicio entero de un lado a otro. Construye el servicio básico, las aplicaciones y herramientas de apoyo, y el modelo de negocios alrededor. Es comando y control de principio a fin.

Con los NFT, los creadores empiezan con componentes centrales mínimos, como una simple colección de este tipo de tokens, y terceros independientes construyen aplicaciones desde cero alrededor de la red y los tokens. Una banda podría sacar NFT que atraigan patrocinadores y fans acérrimos. Las aplicaciones de terceros que proveen experiencias alrededor de los NFT —como acceso a eventos privados, foros o mercancía exclusiva— podrían venir después.

Los desarrolladores externos tienen el incentivo de construir alrededor de estos tokens no fungibles por dos motivos. Primero, para acelerar la adopción de sus productos y servicios subiéndose a espaldas de comunidades que ya existen. Un mercadólogo podría darles beneficios exclusivos a los dueños de NFT de un perfil demográfico objetivo, como acceso previo o gratuito a nuevos productos. En el modelo de blockchain, la interoperabilidad se vuelve la táctica de adquisición de un cliente.

Segundo, los NFT son increíblemente neutrales. Los usuarios son dueños de ellos, y el creador que los emitió no puede cambiar las reglas (a menos de que el código lo permita explícitamente). Los incentivos son muy distintos de los de las redes corporativas, donde la interoperación es riesgosa porque los dueños corporativos casi siempre terminan cambiando las reglas a su favor.

De nueva cuenta, la analogía de los parques temáticos y las ciudades es útil. El modelo corporativo es parecido a un parque temático con un alto nivel de gestión que crea la experiencia entera de extremo a extremo. La red de blockchains es parecida a una ciudad que empieza con componentes básicos y promueve emprendimientos ascendentes. Los NFT con derechos de autor permisivos impulsan la innovación de terceros y, por ende, embonan naturalmente en el modelo de ciudad.

Los NFT siguen evolucionando, pero hay señales tempranas de éxito.[24] El estándar de los NFT se formalizó en 2018,[25] y sus ventas empezaron a crecer en 2020. De dicho año, hasta principios de 2023, los creadores recibieron alrededor de 9 mil millones en pagos de ventas de NFT.[26] YouTube, un jugador mucho más establecido, pagó alrededor de 47 mil millones durante el mismo periodo.[27] (Ése es el 55% pagado a los creadores de los 85 mil millones en ganancias que trajo YouTube durante el mismo periodo.) Instagram, TikTok, Twitter y otros les pagaron casi nada a los creadores.

La tendencia hacia la abundancia de contenidos en los medios sólo se acelerará con el auge de la inteligencia artificial generativa, la cual ya puede crear arte visual, música y textos impresionantes, y está mejorando tan rápidamente que con toda probabilidad algún día, pronto, sobrepasará las habilidades humanas. Así como las redes sociales democratizaron la distribución de contenido, la IA generativa democratizará la creación de contenido. Esto hará que el modelo de restricción de medios —el modelo de derechos de autor— sea difícil de mantener. La gente no va a estar dispuesta a pagar tanto por otros medios cuando pueden generar sustitutos atractivos con IA.

Afortunadamente, el valor no desaparece. Al apretar el globo, el valor cambia a sus capas adyacentes, como se trató en "Tasas de aceptación". La IA que juega ajedrez ha derrotado a humanos desde hace dos décadas, sin embargo, jugar y mirar ajedrez en páginas web como chess.com es más popular que nunca. La gente ansía interacción humana a pesar del auge de la inteligencia de las máquinas. La expresión artística después de la IA se enfocará menos en los medios mismos y más en la curaduría, la comunidad y la cultura a su alrededor.

Los NFT añaden capas de escaso valor a un mar de abundantes medios. Aportan una solución elegante al dilema entre la atención y la monetización. Los creadores pueden hacer dinero por medio de nuevos modelos de negocios, inspirados en los bienes virtuales de los videojuegos. El internet puede seguir haciendo lo que mejor hace: copiar y remezclar. Todos ganan.

Narrativa colaborativa: desencadenar la fantasía de Hollywood

Cuando el escritor británico Arthur Conan Doyle tiró a su personaje más popular, Sherlock Holmes, por una cascada suiza en una historia de 1893, sus fans quedaron consternados.[28] Miles de "holmesianos" cancelaron sus suscripciones a *The Strand Magazine*, la publicación donde aparecían sus historias seriadas. Se vistieron de negro en duelo y escribieron un torrente de cartas implorando por la resurrección del detective. (Doyle los ignoró por años, hasta que finalmente cedió y trajo a Holmes de vuelta.)

Hasta hoy, nada enciende las pasiones de la gente tanto como una buena historia. Los foros de internet están llenos de fans de universos narrativos como *Harry Potter* y *Star Wars*, que siguen cada actualización, diseccionan las leyendas y discuten por la relevancia de hasta los puntos más minúsculos de la trama. A veces, los fans desarrollan sus propias tramas y personajes, incluso llegan al grado de escribir libros enteros en sitios de fan fiction, como Wattpad. (*Cincuenta sombras de Grey* empezó como un homenaje a la serie de *Twilight*.)

La gente se involucra tanto en una franquicia que se puede convertir en parte de su identidad. Sin embargo, el sentimiento de propiedad es una ilusión. Los fans podrían, de manera colectiva, tener cierta influencia en la dirección de una historia —como la gente odió tanto al exasperante alienígena Jar Jar Binks,[29] muchos creen que por eso George Lucas sacó al personaje de sus siguientes cintas de *Star Wars*—, pero en gran parte, los fans sólo son observadores pasivos sin una voz formal y ningún interés financiero.

Mientras tanto, el mundo mediático es adicto a las secuelas y las nuevas versiones porque es riesgoso comercializar nueva propiedad intelectual. Las empresas de medios necesitan gastar decenas de millones de dólares para promover nuevas historias. Es más seguro sólo reciclar material que ya se probó antes.

Pero ¿qué pasaría si los fans realmente pudieran ser dueños y las empresas de medios pudieran canalizar su energía para ayudar a crear y difundir historias originales? Es la idea detrás de un grupo de nuevos proyectos de blockchains que permitan a los fans crear mundos narrativos de forma colaborativa.

Cuando se les dan las herramientas correctas, diversos grupos de extraños entre sí pueden trabajar juntos para crear grandes cosas. Es la lección clave de la era de leer/escribir, de la cual Wikipedia es el ejemplo más impresionante. La enciclopedia de colaboración colectiva, fundada en 2001, desafió a los escépticos que la veían como una pared de grafiti digital gestionada por utopistas radicales. Hoy en día, la mayoría de la gente a duras penas recuerda Encarta,[30] el compendio de conocimiento que pertenecía a Microsoft, escrito por expertos pagados, el cual se consideró el favorito para ganar la guerra de la enciclopedia digital. Wikipedia sigue enfrentando incesantes desconfiguraciones y spam, pero su comunidad sigue al pie del cañón, imperturbable, editando y mejorando la página. Las ediciones positivas superan en número las negativas, deducción que los lleva a un progreso estable.

Hoy, Wikipedia es el séptimo sitio más popular en internet.[31] La gente lo acepta como una fuente confiable. El éxito de la página ha inspirado una oleada de proyectos de conocimiento colaborativo más, incluyendo los sitios de preguntas y respuestas Quora y Stack Overflow.[32]

La narrativa colaborativa combina las lecciones de Wikipedia con el poder de una neutralidad confiable que recompensa a los fans con la propiedad de sus creaciones. La forma como esto funciona más comúnmente en la práctica es que los usuarios reciben tokens en proporción a su contribución al corpus narrativo. La comunidad controla la propiedad intelectual resultante y se puede licenciar a terceras personas para que hagan libros, cómics, juegos, películas, programas de televisión y más. El ingreso de las licencias se envía de vuelta a la tesorería de la red de blockchains, donde se puede conservar para financiar más desarrollo o distribuirse entre los dueños de tokens.

Estos proyectos les dan a los usuarios voz y voto en la forma en que se desarrollan los personajes y las historias. Si no les gusta la dirección actual de la narrativa, pueden "bifurcar" personajes copiándolos y transformándolos en versiones que sí les gusten. Incluso pueden bifurcar historias completas, creando líneas temporales y mundos alternos, multiversos enteros generados por los usuarios. Los personajes y las historias se vuelven bloques de Lego componibles para que las personas los combinen al gusto, mod o remix.

El modelo de narrativa colaborativa tiene múltiples beneficios:

- *Ampliar el embudo de talento*. El acceso sin permisos descarta a los *gatekeepers* y amplía quién puede contribuir al proceso de escritura. El modelo tradicional de medios usa *gatekeepers* para dar luz verde a la gente y los proyectos. Los trabajos creativos en gran medida siguen dependiendo de vivir en la ciudad correcta y conocer a la gente correcta. Es un embudo muy estrecho que sin duda pierde de vista una gran variedad de talento. Wikipedia trajo el modelo de bazar a la industria de la enciclopedia, dominada por catedrales; la narrativa colaborativa puede hacer lo mismo para los medios.

- *Marketing viral de nuevos protocolos de internet.* Canalizar a los fans es una forma poderosa de vender nuevos universos narrativos sin gastar millones en publicidad. Piensa en el poder del marketing viral de las meme-monedas como el Dogecoin, pero imagina que se enfoca en narrativas significativas en lugar de una especulación insignificante. Los entusiastas fans pasan de ser consumidores pasivos a ser difusores activos.
- *Aumentar el ingreso del creador.* Las recompensas de tokens pueden aumentar el ingreso de los creadores. Las redes de blockchains tienen tasas de aceptación bajas, lo cual significa que casi todo el dinero obtenido vuelve a los creadores. Retirar las capas de intermediarios transforma las finanzas del creador. Un millón de dólares no representa mucho para un gran estudio, pero puede significar bastante para un grupo de creadores independientes.

Wikipedia desafió a los escépticos para convertirse en un recurso esencial. Las redes de blockchains pueden extender el modelo pionero de Wikipedia al trabajo creativo colaborativo, permitiendo a los creadores ser propietarios de sus creaciones. Cuy Sheffield, director de cripto en Visa, considera esta idea "fantasía de Hollywood",[33] extrapolando una analogía con el futbol americano de fantasía. El modelo convierte a los fans en participantes activos, y en este caso en realidad están en el juego, no imaginándolo.

Convertir la infraestructura financiera en un bien público

Cuando el internet comercial surgió en la década de 1990, prometió modernizar los pagos. Pero mover el dinero en línea resultó ser difícil. Las medidas básicas de seguridad,[34] como el tráfico encriptado en internet, apenas nacían y eran controversiales. La gente no sentía la confianza de dar los datos de su tarjeta de crédito en línea. Algunas empresas como Amazon lograron ganarse la confianza de sus clientes, pero conseguir que los usuarios hicieran pagos electrónicos fue un reto para casi todos.

Así pues, muchos servicios de internet se dirigieron hacia la publicidad. Los anuncios crearon un ciclo cerrado y libre de fricciones que fue efectivo desde el inicio. El primer anuncio de banner,[35] comprado por AT&T,

apareció en la página web de *Wired*, hotwired.com, en 1994. Unos años más tarde, empresas de publicidad como DoubleClick tuvieron tuvieron ofertas públicas iniciales muy esperadas. El torrente de anuncios no ha dejado de fluir desde entonces, con todas las experiencias amontonadas y el rastreo de usuarios que eso conlleva.

No fue sino hasta la década de 2010 que los modelos de negocios basados en pagos alcanzaron a los que estaban basados en publicidad. El comercio electrónico fue el beneficiario obvio. La gente ya se siente cómoda usando las tarjetas de débito y crédito con diversos comerciantes de todo el mundo. Shopify, que ofrece servicios a vendedores más pequeños de comercio electrónico, se convirtió en un rival creíble de Amazon sumándose a esta tendencia.

Freemium y los bienes virtuales son los otros modelos populares basados en pagos. Los proveedores que siguen el modelo freemium regalan una versión gratis de un servicio y venden aparte una versión premium. Este modelo se usa en empresas de medios como *The New York Times* y Spotify, redes sociales como LinkedIn y Tinder, y proveedores de software como Dropbox y Zoom.

Los estudios de videojuegos fueron pioneros en el modelo de los bienes virtuales, como se trató en "Tokens no fungibles: valor escaso en una era de abundancia". Como se dio en el modelo freemium, los proveedores regalan el producto básico —en este caso, el juego— con la esperanza de que una parte de los usuarios compre las extensiones. Algunos de estos elementos *à la carte* podrían ser útiles en el juego, como las armas, pero muchos son meramente cosméticos, como vestuarios nuevos para los avatares de los jugadores. Este modelo ha sustentado varios megaéxitos, como *Candy Crush Saga*, *Clash of Clans* y *Fortnite*.

Aunque los pagos en internet ahora son comunes, siguen teniendo una gran fricción. Los usuarios tienen que registrar la información de la tarjeta de crédito. Hay una elevada incidencia de fraudes y devoluciones por cargos. Las cuotas de las tarjetas de crédito se encuentran entre 2% y 3%, que es bajo para los estándares de otras tasas de aceptación en internet, pero lo suficientemente elevadas para prohibir múltiples usos posibles. (Como dije antes, las plataformas móviles cobran cuotas mucho más altas de hasta 30% de las transacciones en una tienda de aplicaciones.)

No debería ser tan difícil mover dinero; enviarlo debería ser tan sencillo y barato como la mensajería de texto. El internet es la más grande herramienta que el mundo haya conocido para mover y gestionar información, pero hasta ahora apenas ha afectado los mecanismos subyacentes de cómo funciona la mayoría de los pagos. El problema de los pagos ha demostrado ser mucho más insidioso que el problema de mover otra clase de información.

Hay algunas cosas que dificultan manejar el dinero que otros tipos de información. Un pago típico de un consumidor pasará a través de múltiples capas de intermediarios en su camino hacia un destinatario. Un mosaico de sistemas ejecutados por bancos, comerciantes, redes de tarjetas y procesadores de pagos se tiene que coordinar. Necesita haber sistemas para manejar el cumplimiento, los fraudes, los robos y ayudar a las autoridades policiales.

Son problemas que han sido gestionados de manera exitosa durante mucho tiempo, pero de formas redundantes y en ocasiones ineficientes, dentro de organizaciones financieras individuales. Podrían ser gestionadas de un modo más eficiente dentro de un sistema moderno y unificado. El reto es que estas organizaciones se alineen alrededor de un solo sistema.

La forma de resolver los problemas de acción colectiva es crear nuevas redes. Como he argumentado a lo largo de este libro, hay tres opciones: las redes corporativas, las de protocolo y las de blockchains.

Una red corporativa de pagos tendría los mismos problemas de todas las redes corporativas. En tanto la red tenga una participación de mercado relativamente baja y efectos de red débiles, se incentivará atraer usuarios, comerciantes, bancos y otros socios. Pero una vez que sus efectos de red se fortalezcan lo suficiente, inevitablemente usará este poder para extraer cuotas más elevadas de la red e impondrá reglamentos que limiten la competencia. Los bancos y sus proveedores son expertos en el riesgo de la plataforma y, al ser conscientes de las posibles consecuencias, evitan, si pueden hacerlo, entregar poder a las redes corporativas. (Estas empresas sí cedieron mucho de su poder a Visa y MasterCard,[36] pero eso fue antes, cuando Visa era sin fines de lucro y MasterCard era una alianza de bancos; ambas redes de procesamiento de pagos desde entonces se han vuelto empresas independientes con fines de lucro en maniobras que nos recuerdan a Mozilla y OpenAI.)

Una red de protocolo de pagos presentaría dos retos. El primero sería reclutar a la gente para que construya la red, ya que los protocolos no tienen una forma inherente de recaudar dinero y contratar desarrolladores. El segundo problema serían las limitantes en las funciones. Las redes de pagos necesitan llevar un registro de las transacciones, lo que quiere decir que necesitan mantener bases de datos. Las redes de protocolo no tienen servicios centrales y, por ende, no tienen forma de administrar bases de datos neutrales y centralizadas.

Las redes de blockchains ofrecen los beneficios de las redes corporativas y de protocolo sin las limitaciones. Pueden recaudar dinero para financiar a los desarrolladores y guardar registros de pagos en su software central, que actúa como un registro contable compartido. Pueden ejecutar reglamentos que aseguren el cumplimiento de las normas. Tienen rastros de auditoría integrados para ayudar a las autoridades policiales. También tienen tasas de aceptación bajas y reglas predecibles que les dan incentivos a los desarrolladores para construir sobre ellas. Todos estos pros ya te deberían sonar familiares.

Al crear una capa neutral capaz de recaudar fondos, mantener la información compartida y crear fuertes compromisos con los usuarios, una red como ésta resolvería tanto los problemas técnicos como los de coordinación que atormentan a otras redes de pagos. Las redes de blockchains pueden hacer que los pagos sean un bien público, similares al sistema de carreteras públicas que estimula el comercio y el desarrollo en el mundo físico. Las empresas privadas aún tendrían un papel en el desarrollo de nuevos productos financieros, pero los construirían encima de blockchains neutrales confiables. En cualquier stack tecnológico, el diseño óptimo es una mezcla de bienes públicos y privados. En finanzas, tiene sentido tener la capa del pago como un bien público neutral. (En el marco de referencia de "apretar el globo", las redes de pago deben ser la parte delgada del globo.)

Es posible que un sistema tal se construya encima de Bitcoin. Este último es un sistema neutral y libre de permisos. Su documento técnico original lo describe como un "sistema de pagos electrónico", pero su éxito con los pagos ha sido frenado por altos costos de transacción y precios volátiles. Los costos elevados se deben a una oferta limitada de espacio de bloques, es decir, la cantidad de transacciones que caben en un bloque dado. Una serie de proyectos que se construyen sobre Bitcoin está tratando de eliminar esas limitaciones. El más prominente de ellos es Lightning, una red de transacciones en una capa sobre Bitcoin que tiene mayor capacidad y, por tanto, menores costos. La volatilidad de precios quizá sea todavía un problema, pero agilizar las transacciones podría mitigarla.

Ethereum ofrece otra opción. Los sistemas construidos sobre Ethereum, como los llamados rollups, también disminuyen los costos de transacción y mejoran la latencia. La gente puede usar una *stablecoin* vinculada al dólar como USDC para evitar la volatilidad de precios.[37] Enviar dinero con USDC en Ethereum suele ser más rápido y más barato que usar giros bancarios. Mientras que las cuotas de transacción siguen siendo muy altas para manejar pagos diarios más pequeños, esto debería mejorar conforme aparezcan más soluciones de escalabilidad en línea, impulsadas por el ciclo de retroalimentación plataforma/aplicación de Ethereum.

Un sistema de pagos global tendría múltiples beneficios. El primero sería solucionar problemas con sistemas de pagos actuales. Los cargos por hacer pagos con tarjetas de crédito son bajos en relación con otras cuotas de internet, pero siguen sumando fricción innecesaria. Las cuotas son todavía más altas en remesas internacionales, que pueden actuar como un impuesto agresivo para las personas con menos ingresos que envían dinero a sus familiares en el extranjero. Cualquier minorista de internet también te puede decir lo difícil que es manejar pagos internacionales, sobre todo cuando involucran países en desarrollo.

Estos problemas son similares a los que afectaban a las llamadas telefónicas y los mensajes de texto antes de los smartphones. Los usuarios tenían que pagar por las llamadas por minutos y por cada mensaje enviado, y los cargos internacionales eran altos. Los problemas se resolvieron cuando aplicaciones como WhatsApp y FaceTime crearon nuevas redes para reemplazar las viejas. Una nueva red de pagos global podría hacer lo mismo por el dinero.

El segundo beneficio serían nuevas aplicaciones que antes no eran posibles. Si las cuotas de transacción fueran lo suficientemente bajas, los micropagos se podrían volver posibles. Los usuarios podrían pagar pequeñas cantidades por leer artículos de noticias o acceder a algún medio. Las regalías musicales se podrían pagar a los dueños de los derechos usando recibos de pago fáciles de auditar, basados en blockchains. Las computadoras podrían pagarse una a la otra de forma programática por la información, el tiempo de cómputo, llamadas API y otros recursos. Los sistemas de inteligencia artificial podrían recompensar a los creadores de contenido que contribuyan a sus sets de entrenamiento de información, como describiré más adelante.

Los micropagos se han estado debatiendo por décadas e, incluso, se han intentado en ocasiones, pero nunca han funcionado. El obstáculo principal han sido los costos de transacción. Algunos practicantes de la industria también argumentan que les piden demasiado a los usuarios. Sin embargo, cada una de estas barreras es superable. Más blockchains escalables podrían atender los costos de transacción, y la automatización basada en reglamentos podría disminuir la sobrecarga cognitiva. Un día, los usuarios incluso podrían ser capaces de establecer un presupuesto con algunas reglas simples y dejar que las carteras "inteligentes" distribuyan los pagos.

El tercer beneficio sería la composabilidad. Considera la composabilidad de fotos digitales guardadas en formatos de archivos estándar, como GIF y JPEG. Estos archivos se pueden integrar sin problemas a casi cualquier aplicación, resultando en una oleada de innovaciones alrededor de la fotografía. Algunas son creativas, como filtros y memes. Otras son servicios, como Instagram y Pinterest. Está bien, ahora imagina un universo de ficción donde cada foto está controlada, vía API, por redes corporativas. En ese mundo, las fotos sólo se pueden usar de la manera que las empresas permitan. Los proveedores de API serían los *gatekeepers*, controlando lo que los usuarios y desarrolladores pueden hacer. Tendrían un incentivo para bloquear las fotos y ahogar la competencia. Así es como el dinero funciona en internet hoy en día.

Un sistema basado en blockchains le daría al dinero la capacidad de ser remezclado y componible, como las fotos digitales en la actualidad. O incluso mejor, convertiría el dinero en un código de código abierto. Volver las finanzas componibles y de código abierto es exactamente el objetivo de las redes DeFi, que realizan las mismas funciones que los bancos y otras instituciones financieras, pero lo hacen con blockchains. Las redes DeFi más populares han manejado decenas de miles de millones de dólares en transacciones a lo largo de los últimos años. Durante la más reciente volatilidad del mercado, cuando muchas organizaciones centralizadas fallaron, estas redes siguieron activas y trabajando.[38] Los usuarios pueden inspeccionar el código DeFi para confirmar que sus fondos estén seguros. Pueden recuperar fondos con unos cuantos clics. Estos sistemas son simples, transparentes y confiablemente neutrales, características que también mitigan el riesgo de prácticas discriminatorias.

Los críticos acusan a las redes DeFi de ser demasiado autorreferenciales, una microeconomía interna que no toca el mundo exterior. Hay un toque de verdad en esa crítica. Estas redes sólo pueden operar con dinero que sea componible, lo cual limita en la actualidad el alcance del dinero contenido en blockchains y limita su atractivo para un subconjunto relativamente pequeño de usuarios de internet. Si el internet tuviera un sistema de dinero componible, los conceptos que probaron las redes DeFi escalarían de micro a macro.

Las finanzas siempre han sido centralizadas, dirigidas sobre todo por compañías con fines de lucro, pero no tiene que ser así. Las redes de blockchains pueden convertir la infraestructura financiera en un bien público, actualizando el internet de gestionar bits a gestionar dinero.

Inteligencia artificial: una nueva alianza económica para los creadores

El internet opera con un convenio económico implícito. Los creadores de contenido, como escritores, críticos, blogueros y diseñadores, ya sean independientes o miembros de una organización, publican su obra bajo el entendido de que los distribuidores de contenido, como las redes sociales y los motores de búsqueda, los recompensarán con atención. Los creadores aportan la oferta; los distribuidores traen la demanda. Ése es el trato.

Las búsquedas de Google ejemplifican el convenio.[39] Google rastrea la web, analiza e indexa contenido, y muestra fragmentos de sus resultados de búsqueda. A cambio de indexar y extraer contenido, Google envía el tráfico de vuelta a los proveedores de contenido por medio de la posición de sus vínculos. Este arreglo permite que los proveedores de contenido, como las organizaciones de noticias, hagan dinero mediante publicidad, suscripciones o cualquier modelo de negocio que hayan elegido.

Cuando esta relación empezó en la década de 1990, muchos proveedores de contenido no previeron lo que estaba en juego. Los motores de búsqueda se refugiaron en las exenciones de uso justo previstas en la ley de derechos de autor, mientras los proveedores de contenido decidieron no intervenir. Con el tiempo, al ir creciendo el internet, el balance de poder entre los dos lados se inclinó mucho más. Un exceso de contenido se filtraba por medio de unos cuantos distribuidores, dándole a estos mismos la mano ganadora. El resultado: Google, como un ejemplo, ahora lidera más de 80% de las búsquedas de internet.[40] Ningún proveedor de contenido tiene nada que se acerque a ese nivel de participación de mercado.

Algunos negocios de medios han intentado compensar sus fallas. El gigante de medios News Corp ha estado protestando contra el parasitismo de Google[41] y tratando de extraer más dinero del acuerdo, incluyendo la presentación de quejas formales antimonopolio durante más de una década. (Los dos llegaron a un acuerdo para compartir los ingresos de la publicidad en 2021.) Durante casi toda su existencia, el sitio de reseñas Yelp ha estado haciendo campaña para frenar el poder de Google,[42] un esfuerzo que culminó con el testimonio del CEO de Yelp, Jeremy Stoppelman, ante el congreso:

> El problema con los gigantes de la tecnología es que controlan los canales de distribución. La distribución es la clave. Si Google es el punto de partida para toda la gente que está metiéndose a la web, al grado de ponerse frente a los consumidores e impedirles encontrar la mejor información, es realmente problemático y puede estancar la innovación.

Con los distribuidores en medio, los proveedores de contenido perdieron su influencia. Google se volvió tan dominante en los años 2000, que no utilizar los resultados de búsqueda era inviable. Si empresas individuales como Yelp y News Corp los rechazan, pierden tráfico y sus competidores llenan esos huecos.

Si los proveedores de contenido hubieran visto venir esto en la década de 1990, quizá se habrían coordinado anticipadamente para tomar acción colectiva. De haberlo hecho, podrían estar en una posición más firme ahora. En la actualidad, los proveedores de contenido están demasiado fragmentados para ejercer ninguna clase de poder individual y no están organizados de manera colectiva. (Algunos conocedores sí vieron venir el desenlace: el editor de periódicos sudafricano Naspers se volvió una potencia en el internet[43] pivotando su negocio de la producción de noticias a invertir en internet.)

La distribución salió ganando. Google recibió la mayor parte de las ganancias con este arreglo. El gigante de las búsquedas sabía que su relación con los proveedores de contenido era simbiótica, y también enfrentó presiones regulatorias, así que dejó que suficiente dinero fluyera hacia los editores para permitir que muchos subsistieran. Pero los acuerdos y los tratos hechos con el paso de los años son insignificantes en comparación con la bonanza de Google.

En ocasiones, Google viola sus acuerdos.[44] Una de las peores cosas que pueden pasarle a un sitio web es una caja de búsqueda, cuando Google extrae el contenido de un sitio y coloca un resumen hasta arriba de los resultados de la búsqueda para que los usuarios ya no tengan que dar clic para obtener una respuesta. Las búsquedas relacionadas con películas, letras de canciones o restaurantes comúnmente se meten a una caja de resultados. Para los emprendimientos cuyo tráfico depende de Google, esta caja de resultados es una sentencia de muerte. Lo triste es que lo he visto pasar en algunas empresas en las que estaba participando. El tráfico se evapora de la noche a la mañana y, con él, las ganancias.

La inteligencia artificial tiene el potencial de llevar esa única caja de resultados a su conclusión lógica. Nuevas herramientas de IA ya están generando y resumiendo contenido, obviando la necesidad de los usuarios de dar clic y entrar a las páginas de los proveedores de contenido. El lanzamiento del supercargado chatbot de OpenAI, ChatGPT, nos da un adelanto sobre este futuro. Puedes pedirle que te dé una lista de restaurantes que visitar o resumir un evento en las noticias, y te dará una respuesta autocontenida sin que se requiera dar clic a otros sitios. Si ésta se vuelve la nueva forma de búsqueda, la inteligencia artificial podría meter al internet entero en una caja de resultados, rompiendo así el convenio de décadas entre los motores de búsqueda y el contenido que indexan.

Productos recientes de IA han tenido resultados increíbles. Desde bots de grandes modelos de lenguaje hasta sistemas generativos de arte como Midjourney, IA está mejorando a un paso rápido y, quizá, exponencial. La siguiente década debe ser emocionante en términos de IA. Nuevas aplicaciones aumentarán la productividad económica y mejorarán la vida de la gente. Sin embargo, los avances de IA también implican la necesidad que tendremos de nuevos modelos económicos para los proveedores de contenido.

Si los sistemas de IA pueden responder consultas, esto podría reemplazar casi todos los usos de los motores de búsquedas, al igual que la necesidad de dar clic en los resultados para encontrar el contenido en las páginas web. Si un sistema de IA puede generar instantáneamente una imagen, ¿por qué ir a buscar imágenes de artistas humanos que debas citar o pagar licencias? Si puede resumir noticias, ¿por qué leer las fuentes originales? Estos sistemas serán un servicio integral.

La mayoría de los sistemas de IA actuales no tienen ningún modelo económico para los creadores. Considera la generación de imágenes de IA. Los sistemas generadores de imágenes, como Midjourney, proveen cientos de millones de imágenes con descripción en grandes redes neuronales para entrenarlas. Las redes neuronales aprenden cómo tomar los pies de foto como información y generar imágenes nuevas que empaten con esas descripciones. Los resultados suelen ser difíciles de distinguir del arte original, creado por humanos. A pesar de aprender de información de todo el internet, estos sistemas por lo general no compensan ni dan crédito a sus fuentes. Las empresas de IA dicen que estos sistemas simplemente aprenden de las imágenes de entrada, y las de salida no infringen los derechos de autor. Desde su punto de vista, la IA es como un artista humano[45] que se inspiró en las pinturas de otro para crear una obra de arte original.

Esto puede ser una postura perfectamente razonable bajo leyes existentes de derechos de autor (lo más seguro es que haya procesos judiciales y posibles legislaciones para resolver eso). Pero a la larga, todavía vamos a necesitar un convenio económico entre los sistemas de IA y los proveedores de contenido. La inteligencia artificial siempre necesitará nueva información para mantenerse actualizada. El mundo evoluciona: los gustos cambian, emergen nuevos géneros, las cosas se inventan. Habrá nuevos temas que describir y representar. La gente que crea el contenido que alimenta los sistemas de IA necesita ser compensada.

Hay unos cuantos futuros posibles. Uno amplía lo que los actuales sistemas de IA ya están haciendo: "Tomaremos su trabajo, lo usaremos y mostraremos el resultado a otra gente sin ninguna atribución ni tráfico de vuelta". Este comportamiento incentiva que los creadores retiren su obra de internet o la resguarden cobrando el acceso para que la IA no pueda entrenar con ella. Ya hemos visto muchos servicios de internet restringir su acceso API[46] y establecer bloqueos en respuesta.

Tal vez, los sistemas de IA podrían llenar los huecos financiando su propio contenido. Esto ya está ocurriendo en la actualidad con las "granjas de contenido",[47] edificios llenos de trabajadores que tienen la instrucción de crear contenido específico para suplementar la información de entrenamiento de IA.[48] Esto podría funcionar bien para esos sistemas, pero parece un resultado deprimente para el mundo en general. Las máquinas dirigen el progreso y los humanos laboran como si fueran máquinas.

Un mejor resultado sería un convenio entre los sistemas de IA y los creadores que estimule una creatividad profunda y auténtica por encima de las granjas de contenido. La mejor forma de establecer un nuevo convenio es diseñar nuevas redes que medien la relación económica entre los sistemas de IA y los creadores de contenido.

¿Por qué necesitamos nuevas redes? ¿Un nuevo acuerdo no podría evolucionar de forma orgánica por medio de las decisiones individuales que toman los creadores de participar o no en el entrenamiento de datos de la inteligencia artificial?

Aprendimos esta lección a la mala con la búsqueda en la década de 1990. Los grupos de estándares web proporcionaron una manera para que los sitios web se pudieran excluir a sí mismos de motores de búsqueda mediante la etiqueta "noindex" (sin índice), parte del estándar robots.txt. Los proveedores de contenido aprendieron que, cuando eligieron no participar mientras que otros sí, perdieron tráfico y no ganaron nada. De manera individual, las páginas web no tenían poder. La única forma en que podrían tenerlo sería organizándose y negociando como grupo, lo que nunca hicieron.

Una solución para no participar con IA llevaría al mismo resultado. Otros proveedores de contenido llenarían ese vacío y lo que quedara se llenaría con las granjas de contenido. De hecho, el problema es peor que con las búsquedas porque es difícil restringir el flujo de ideas e imágenes vagamente inspiradas. Los elementos del contenido que no participe se filtrarán hacia el contenido que sí participe, lo cual, probablemente, será suficiente para que los sistemas de IA obtengan lo que necesitan. Si los creadores actúan solos, la IA tendrá lo que necesita de una forma o de otra.

Las redes de blockchains podrían ser la base de un nuevo convenio. Entre otras cosas, las blockchains son máquinas de negociación colectiva. Son idóneas para resolver problemas de coordinación a gran escala, sobre todo cuando un lado de la red tiene más poder que el otro. Las blockchains tienen reglas fijas, tasas de aceptación bajas e incentivos para los creadores. La gobernanza de la red podría ser conjunta, entre creadores y proveedores de IA, para asegurar que la red siga fiel a su misión.

Los creadores podrían establecer términos y condiciones para usar su obra, apoyados por reglas impuestas por el software y restricciones de derechos de autor enfocadas en usos comerciales, incluyendo el entrenamiento de IA. La blockchain aplicaría un sistema de atribución que asigne porciones de las ganancias generadas por los sistemas de IA de vuelta a los creadores que contribuyeron a su entrenamiento. Las empresas de IA enfrentarían una decisión binaria: aceptar los términos del grupo colectivo o no, en lugar de usar su ventaja contra los creadores individuales. Es la misma razón de que los sindicatos de trabajo negocian de manera colectiva con las empresas. Hay fuerza en los números.

¿Alguien podría diseñar un sistema como éste usando una red corporativa? Sí, y alguien probablemente lo hará. Pero eso conducirá a los problemas comunes que se tienen con las redes corporativas, incluyendo el ciclo de atracción/extracción. El dueño corporativo eventualmente usará su ventaja para extraer cuotas e implementar reglamentos para su propio beneficio.

El internet que a mí me gustaría ver es uno donde se anime a la gente a ser creativa y que pueda ganarse la vida de esa manera. Si la gente crea cosas y las pone en el internet abierto, lo vuelve mejor. La IA deja a los creadores humanos al inicio del flujo creativo en lugar de al final. ¿No deberían recibir paga los creadores por ser parte del proceso sin importar dónde se ubiquen en él?[49] Bastante dinero fluye mediante los motores de búsqueda y las redes sociales, más que suficiente para devolver algo a la gente que creó los contenidos que hacen útiles las herramientas sociales y de búsquedas.

Todos los que usan el internet deberían preguntarse a sí mismos: si estoy haciendo algo valioso, ¿me están pagando por ello? La respuesta suele ser no. Algunas grandes empresas tienen un poder de negociación concentrado gracias al modelo de red corporativo. Ellas dictan los términos económicos para todos los demás. Es más difícil mover la balanza de poder en categorías maduras, como las búsquedas y las redes sociales, donde el bloqueo es mayor. Para las nuevas categorías, como las redes que median las finanzas de IA, existe una oportunidad de empezar desde cero.

El tiempo de atender esto es ahora, antes de que la estructura del mercado se establezca. ¿Las granjas de contenido alimentarán la IA? ¿O las máquinas y los creadores coexistirán felizmente? ¿Las máquinas sirven a la gente, o la gente sirve a las máquinas? Son preguntas clave en la era de la inteligencia artificial.

Deepfakes: ir más allá de la prueba de Turing

En la novela de 1968 *¿Sueñan los androides con ovejas eléctricas?*, un caza-rrecompensas llamado Rick Deckard caza robots. Un punto crucial de la trama del libro, que inspiraría el clásico del cine de ciencia ficción *Blade Runner*, involucra el intento de Deckard de distinguir a los "replicantes", o la inteligencia artificial rebelde, de los humanos.

Si la vida imita al arte, entonces el arte ahora imita la vida. Los androides caminan virtualmente entre nosotros: IA hace que sea fácil crear "deepfakes", medios que parecen y suenan reales, pero que son generados por máquinas. Un video deepfake puede mostrar a políticos, celebridades o incluso gente común diciendo algo que no dijeron, o una versión fabricada de algún acontecimiento que alimenta teorías de la conspiración. Los videos muchas veces sirven de fundamento verídico en un internet que ya está inundado de interpretaciones contradictorias sobre los acontecimientos. Los deepfakes hacen que los videos ya no sean confiables.

Una propuesta para combatir los deepfakes es tratar de contener la inteligencia artificial por medio de regulaciones.[50] Algunas propuestas piden un proceso de certificación del gobierno[51] para que sólo organizaciones aprobadas puedan ofrecer servicios de IA. Un gran número de líderes en tecnología e inteligencia artificial, incluyendo a Elon Musk y Yoshua Bengio, pionero de la IA moderna, firmaron una petición convocando a un cese de seis meses en todas las investigaciones de IA.[52] Estados Unidos y la Unión Europea se encuentran en proceso de desarrollar marcos normativos globales para la IA.[53]

Pero las regulaciones no son la respuesta. Nadie puede regresar al genio generador otra vez a la lámpara. Las redes neuronales, el núcleo de la tecnología detrás de la IA moderna, son una aplicación de ideas matemáticas que no se pueden desaprender; el álgebra lineal llegó para quedarse, les guste a las autoridades gubernamentales o no. Los sistemas de código abierto ya pueden crear deepfakes convincentes, y seguirán mejorando. Otros países también continuarán desarrollando la tecnología.

Las restricciones regulatorias sólo consolidarán el poder en las grandes empresas que ya tienen una IA avanzada. Ungirán a los que la tienen y excluirán a los que no. Tener normas onerosas detendrá la innovación y los usuarios sufrirán cuando los gigantes de la tecnología estrechen el control todavía más, exacerbando el problema de la consolidación del internet.

La regulación tampoco resolverá el verdadero problema: la falta de un sistema de reputación efectivo en internet. En lugar de reprimir la tecnología, una mejor solución sería impulsarla. Deberíamos construir sistemas que permitan a los usuarios y a las aplicaciones verificar la autenticidad de los medios. Una idea es permitir las "atestaciones" —afirmaciones sustentadas con firmas digitales criptográficas— en blockchains, donde los usuarios y las organizaciones puedan avalar obras de medios individuales.

Así es como esto podría funcionar. El autor de un video, foto o archivo de audio podría firmar digitalmente un identificador de medios, llamado hash, diciendo: "Yo creé este contenido". Otra organización, como una compañía de medios, podría añadir a esa atestación firmando una transacción que diga: "Yo atestiguo que este contenido es auténtico". Los usuarios podrían identificarse a sí mismos en las firmas al demostrar criptográficamente el control de sus nombres de dominio (por ejemplo, nytimes.com), identificadores más nuevos vinculados con servicios de nombres basados en blockchains, como el Servicio de Nombres Ethereum (nytimes.eth), o nombres de usuario en sistemas de identidad más viejos, como Facebook y Twitter (@nytimes).

Las ventajas de guardar atestaciones de medios en blockchains son triples. *Rastros transparentes e inmutables para auditorías*: cualquiera puede examinar el contenido entero y el historial de atestaciones, y nadie la puede alterar. *Neutralidad confiable*: si una compañía controlara la base de datos de atestaciones, podría aprovechar el control para restringir o cobrar el acceso. Una base de datos neutral y confiable retira el riesgo de la plataforma y asegura un bien público ampliamente accesible. *Composabilidad*: las redes sociales podrían integrar las atestaciones, mostrando las marcas de verificación en los medios que fuentes confiables hayan autenticado. Terceros podrían crear sistemas de reputación que evalúen los registros de quienes atestiguan, asignando calificaciones según su confiabilidad. Un ecosistema de aplicaciones y servicios podría desarrollarse alrededor de la base de datos, ayudando a los usuarios a diferenciar entre el contenido real y el fabricado.

Las atestaciones pueden, además, atender la proliferación de bots y "personas falsas". La inteligencia artificial hará que los bots sean tan sofisticados que los usuarios no podrán distinguir entre la gente real y la falsa. (Ya hemos empezado a verlo pasar.) En ese caso, la respuesta es adherir las atestaciones a los identificadores de las redes sociales, en lugar de archivos de medios.

Por ejemplo, *The New York Times* podría atestiguar que el usuario @nytimes en una red social está controlado por la misma organización que controla la página web www.nytimes.com. Los usuarios podrían examinar la blockchain o valerse de los servicios de un tercero para ello y verificar la autenticidad de sus afirmaciones.

Tales sistemas de autenticación ayudarían a derrotar el spam y a los impostores. Los servicios de redes sociales podrían exhibir marcas de verificación para los nombres de usuario que tengan atestaciones fidedignas. Podrían ofrecer una configuración que permita a los usuarios filtrar bots ("sólo mostrarme personas que hayan firmado su atestación de fuentes confiables"). Las marcas de verificación no deberían poderse comprar, repartir a cambio de favores ni estar sujetas a parcialidades de empleados corporativos. Deberían ser verificables y auditables objetivamente.

Una de las lecciones de la última era del internet es que si un servicio necesita crearse, probablemente se creará, si no como bien público, entonces como un bien privado. Cuando los usuarios necesitaron un sistema de reputación para examinar páginas web, Google terminó construyendo ese sistema, originalmente llamado PageRank, y hoy en día una serie de clasificaciones propias. Si las blockchains hubieran existido, un sistema de reputación como éste se podría haber creado como un bien público y pertenecer a todos en lugar de a una sola empresa. Las clasificaciones de páginas web podrían ser públicamente verificables, y los terceros construirían servicios sobre ellas.

Las pruebas de Turing ya no distinguen entre las personas reales y los bots, y la gente ya no puede diferenciar entre los medios reales y los falsos. El enfoque correcto es una red neutral, confiable y que pertenezca a la comunidad —una red de blockchains— que convierta a la autenticidad en un fundamento confiable del internet.

CONCLUSIÓN

Si quieres construir un barco, no convoques hombres y mujeres
para recolectar madera, dividir el trabajo y dar órdenes.
En cambio, enséñales a anhelar el inmenso y vasto mar.[1]
—Antoine de Saint-Exupéry

En una versión del futuro, las redes pertenecen a un puñado de empresas que estancan la innovación, mientras los usuarios, los desarrolladores, los creadores y los emprendedores compiten para quedarse con las sobras. El internet se vuelve otro medio masivo, favoreciendo el contenido y las experiencias que son amplias y superficiales. Los usuarios no son más que siervos, labrando los campos en beneficio del señorío corporativo.

Esto no es el internet que quiero ver ni el mundo donde quiero vivir. El problema va más allá del "futuro del internet", que suena insulso y esotérico. El futuro del internet somos nosotros, tú y yo. El internet es cada vez más el lugar donde vivimos nuestra vida, y se superpone más y más al llamado mundo real. Piensa cuánto de tu vida transcurre en línea, cuánto de tu identidad reside ahí, cuánto de ti interactúa con amigos con quienes has desarrollado amistades en los medios del internet.

¿Quién quieres que controle ese mundo?

Reinventar internet

La forma de hacer que el internet retome su curso es crear nuevas redes con mejores arquitecturas. Sólo hay dos arquitecturas de red conocidas que

puedan conservar el espíritu democrático e igualitario del inicio del internet: las redes de protocolo y las redes de blockchains. Si nuevas redes de
protocolo pudieran tener éxito, yo sería el primero en apoyarlas. Pero después de décadas de decepción, sí me siento escéptico. El correo electrónico
y la web se desarrollaron en un tiempo en que no había una seria competencia de parte de las redes corporativas. Desde entonces, las redes de protocolo no han sido capaces de competir por sus limitaciones arquitectónicas
centrales.

Las blockchains son la única arquitectura conocida confiable para crear
redes con los beneficios sociales de las redes de protocolo y las ventajas
competitivas de las redes corporativas.

El lema de Google alguna vez fue "No seas malvado". En las redes corporativas, necesitas confiar en que la dirección de la compañía se comporte.
Esto funciona durante un tiempo, mientras las redes están creciendo, pero
inevitablemente se descompone. Las blockchains ofrecen más certezas: "No
puedo ser malvado". Las reglas se integran a un código inmutable. Los desarrolladores y los creadores reciben tasas de aceptación bajas e incentivos
predecibles. Los usuarios reciben reglamentos transparentes y participación en la gobernanza y los beneficios económicos de las redes. De esa manera, las redes de blockchains extienden las mejores características de las
redes de protocolo.

Al mismo tiempo, las redes de blockchains adoptan los mejores aspectos
de las redes corporativas. Pueden atraer y acumular capital para invertir
en contratación y crecimiento, permitiéndoles competir en igualdad de circunstancias con las empresas de internet bien financiadas. También permiten el desarrollo de experiencias de software que empaten con lo que
los usuarios ahora esperan de los servicios de internet modernos. Con las
blockchains es posible construir redes sociales, videojuegos, marketplaces
y servicios financieros, como se trató en la quinta parte, además de todo lo
que puedan soñar más adelante los emprendedores.

Si la siguiente ola de redes adopta las arquitecturas de blockchains, el
mundo puede revertir la tendencia hacia una consolidación del internet y
devolver a las comunidades, en lugar de a un puñado de empresas, su legíti-
mo lugar como administradores del futuro.

Soy optimista al respecto, y espero, después de todo lo que te he compartido, que tú también lo seas.

Motivo para ser optimistas

Lo que me da esperanza es que la tecnología está funcionando; está atrayendo usuarios y se vuelve cada vez mejor. Múltiples ciclos compuestos de retroalimentación promueven el crecimiento de las redes de blockchains, y parece que están en camino otros ciclos informáticos:

- *El ciclo de retroalimentación plataforma/aplicación.* La infraestructura es lo suficientemente buena ahora como para sustentar aplicaciones a escala del internet. El crecimiento de las aplicaciones retroalimenta las inversiones en infraestructura. El mismo ciclo compuesto de retroalimentación que condujo las PC, el internet y los móviles ahora impulsa las blockchains.
- *El efecto de red inherente de las tecnologías sociales.* Las redes de blockchains son tecnologías sociales para una cantidad masiva de participantes, así como lo fueron las redes de protocolo y las corporativas antes que ellas. Se vuelven más útiles conforme atraen más usuarios, creadores y desarrolladores.
- *Composabilidad.* El código de red de blockchain es de código abierto, así que sólo se necesita escribir una vez. El software de código abierto se puede mezclar en construcciones más grandes, como bloques de Lego. Esto hace crecer el cúmulo de conocimiento global a un paso acelerado.

Otro viento favorable que impulsa hacia delante las redes de blockchains es una ola de nuevo talento que entra a la industria de la tecnología cuando la nueva generación busca dejar su marca en el internet. En cada cambio generacional, hay personas que quieren hacer más que solamente trabajar en tecnología por su propio beneficio. Quieren emprender su propio camino y mover las cosas y desafiar a los incumbentes. Lo veo de primera mano en mi firma. Cada año, miles de estudiantes y otros que apenas comienzan su carrera profesional llegan conmigo y mis socios para colaborar en proyectos de blockchains. Cuando preguntamos por qué, nos dicen que no quieren pasar el resto de su carrera ayudando a Google o a Meta a vender más anuncios. Quieren trabajar en la vanguardia.

La oportunidad que tienen delante es construir las grandes redes del futuro: el sustrato económico, social y cultural del mundo digital. Las redes son la aplicación estrella del internet. Si bien las redes de protocolo democratizaron el acceso a la información, sus debilidades limitaron su viabilidad para el futuro. Las redes corporativas mejoran y extienden las capacidades del internet, pero estrangulan el crecimiento en busca de experiencias controladas, como si fueran parques temáticos.

Fuera de las blockchains, todos los movimientos tecnológicos más importantes de la actualidad involucran tecnologías sustentables que parecen decididas a reforzar las estructuras ya existentes en la industria. La inteligencia artificial favorece a las grandes empresas con reservas de capital e información. Los nuevos dispositivos, como los visores de realidad virtual y los automóviles que se manejan solos, requieren inversiones de capital de varios miles de millones de dólares. Las blockchains son el único contrapeso confiable para estas fuerzas centralizadoras.

Las redes de blockchains son como ciudades, construidas desde el suelo por las personas que ahí habitan. Los emprendedores levantan negocios, los creadores cultivan públicos y los usuarios pueden tomar decisiones significativas, tienen derechos y voluntad. Las redes operan con transparencia, gobernadas por las comunidades. La gente que contribuye recibe recompensas financieras. Es un internet creado por todos, para todos.

La promesa de la era de leer/escribir/poseer del internet es mantener una vida cívica saludable en el mundo digital. La vida cívica prospera por medio del equilibrio de la propiedad privada y la propiedad comunitaria. Las banquetas públicas permiten que los transeúntes descubran nuevos restaurantes, librerías y tiendas. El dueño de su casa pasa los fines de semana remodelando, y, a su vez, mejorando un vecindario. Un mundo sin la propiedad privada y la comunitaria es un mundo que ahoga la creatividad y el florecimiento humanos.

Ya presenté lo que considero las mejores ideas para desarrollar redes de blockchains en la actualidad, pero los emprendedores son mejores para construir el futuro que gente como yo para predecirlo. Lo más probable es que las mejores ideas parezcan extrañas hoy o todavía no se hayan imaginado. Si estás acostumbrado a participar en redes de blockchains, estás acostumbrado a que la gente te vea raro o piense que lo que haces es ridículo o una estafa. Muchas veces no existen los nombres para aquello en lo que estás trabajando. Las tecnologías de dentro hacia fuera llegan muy bien empacaditas, listas para el mercado. Las tecnologías de fuera hacia dentro llegan embrolladas, misteriosas, disfrazadas de algo más. Comprender su potencial requiere trabajo.

Las blockchains se encuentran en la vanguardia de la computación, como las PC en la década de 1980, el internet en 1990 y los teléfonos móviles en 2010. La gente recuerda hoy momentos clásicos en la informática y se pregunta cómo era estar ahí. Noyce y Moore. Jobs y Wozniak. Page y Brin. Gente pasando el rato, debatiendo, impulsándose hacia el futuro. Experimentadores que hackearon días, noches y fines de semana.

Lo que parece tarde en realidad es temprano. Ahora es el momento de reimaginar lo que las redes pueden ser y lo que pueden hacer. El software es un patio de juegos insuperable para la genialidad. No tienes que aceptar el internet como lo encontraste. Puedes hacer algo mejor, como constructor, como creador, como usuario y, lo más importante, como *dueño*.

Ya estás aquí. Éstos son los viejos buenos tiempos.

AGRADECIMIENTOS

Este libro es el producto de muchos años de bloguear, pensar, escribir y participar en la industria del internet y en la comunidad cripto, así que hay incontables inspiraciones detrás de las ideas que aquí presento. Estoy en particular agradecido con los colegas y fundadores con quienes he colaborado. La mejor parte de mi trabajo es hablar con ustedes y aprender de ustedes. También quiero agradecer a algunas personas en específico que me ayudaron a moldear este libro y volverlo una realidad.

Antes que nada, quiero agradecer a Robert Hackett, que fue un compañero de edición y pensamiento extremadamente valioso a lo largo del proceso creativo. Contribuyó con su tiempo, atención y cuidado al proyecto. También me enseñó cómo ser un mejor escritor.

Gracias a Kim Milosevich y Sonal Chokshi, mis compañeras de largo tiempo en todo lo que sea creativo, quienes cuidaron el proyecto desde el principio y me guiaron a lo largo del proceso de publicación.

Gracias a mi agente, Chris Parris-Lamb, y a mi editor, Ben Greensberg, y a todo el equipo de Random House, incluyendo a Greg Kubie y Windy Dorresteyn, quienes hicieron que publicar este libro fuera mucho más fácil de lo que pensé que sería. También estoy muy agradecido con Rodrigo y Anna Corral, que crearon el arte de la portada y los gráficos de interiores.

Varias personas revisaron el libro e hicieron valiosas observaciones en distintas fases, pero en particular quiero agradecer a Tim Roughgarden, Sep Kamvar, Miles Jennings, Elena Burger, Arianna Simpson, Porter Smith, Bill Hinman, Ali Yahya, Brian Quintenz, Andy Hall, Collin McCune, Tim Sullivan, Eddy Lazzarin y Scott Kominers, por su detallada retroalimentación.

Mi agradecimiento también a Daren Matsuoka, por buscar datos y hacer análisis, a Michael Blau, por su diseño de NFT, y a Maura Fox, por investigar y corroborar datos.

También quisiera agradecer a Marc Andreessen y Ben Horowitz, por ser grandes socios de negocios y darme su apoyo incondicional en todos mis proyectos a lo largo de los años.

Dedico este libro a Elena, mi esposa y mi mejor amiga, quien siempre ha estado conmigo y ha creído en mí. También estoy muy agradecido por tu paciencia y tu apoyo mientras trabajaba en este libro día y noche (e incontables fines de semana y vacaciones). Se necesita ser una persona increíble y segura para dejar espacio para eso mientras persigues también tus propias pasiones e intereses. Te agradezco tanto, y estoy tan agradecido por haberte conocido en Nueva York tantos años atrás. Eres mi pareja en todo y este libro es tanto tuyo como mío.

Por último, este libro es para mi hijo. Tú eres el futuro; espero que brille siempre para ti.

NOTAS

Epígrafe

[1] La cita de Freeman Dyson es de Kenneth Brower, *The Starship and the Canoe*, Nueva York, Holt, Rinehart and Winston, 1978.

Introducción

[1] Similarweb: Website Traffic—Check And Analyze Any Website, 15 de febrero de 2023, www.similarweb.com/

[2] Apptopia: App Competitive Intelligence Market Leader, 15 de febrero de 2023, apptopia.com/

[3] Truman Du, "Charted: Companies in the Nasdaq 100, by Weight", *Visual Capitalist*, 26 de junio de 2023, www.visualcapitalist.com/cp/nasdaq-100-companies-by-weight/

[4] Adam Tanner, "How Ads Follow You from Phone to Desktop to Tablet", MIT *Technology Review*, 1 de julio de 2015, www.technologyreview.com /2015/07/01/167251/how-ads-follow-you-from-phone-to-desktop-to-tablet/; Kate Cox, "Facebook and Google Have Ad Trackers on Your Streaming TV, Studies Find", *Ars Technica*, 19 de septiembre de 2019, ars technica.com/tech-policy/2019/09/studies-google-netflix-and-others-are-watching-how-you-watch-your-tv/

[5] Stephen Shankland, "Ad Blocking Surges as Millions More Seek Privacy, Security, and Less Annoyance", *CNET*, 3 de mayo de 2021, www.cnet.

com/news/privacy/ad-blocking-surges-as-millions-more-seek-privacy-security-and-less -annoyance/

6 Chris Stokel-Walker, "Apple Is an Ad Company Now", *Wired*, 20 de octubre de 2022, www.wired.com/story/apple-is-an-ad-company-now/

7 Merrill Perlman, "The Rise of 'Deplatform'", *Columbia Journalism Review*, 4 de febrero de 2021, www.cjr.org/language_corner/deplatform.php

8 Gabriel Nicholas, "Shadowbanning Is Big Tech's Big Problem", *Atlantic*, 28 de abril de 2022, www.theatlantic.com/technology/archive/2022/04/social-media-shadowbans-tiktok-twitter/629702/

9 Simon Kemp, "Digital 2022: Time Spent Using Connected Tech Continues to Rise", DataReportal, 26 de enero de 2022, datareportal.com/reports/digital-2022-time-spent-with-connected-tech

10 Yoram Wurmser, "The Majority of Americans' Mobile Time Spent Takes Place in Apps", *Insider Intelligence*, 9 de julio de 2020, www.insiderintelligence.com/content/the-majority-of-americans-mobile-time-spent-takes-place-in-apps

11 Ian Carlos Campbell y Julia Alexander, "A Guide to Platform Fees", *Verge*, 24 de agosto de 2021, www.theverge.com/21445923/platform-fees-apps-games-business-marketplace-apple-google/

12 "Lawsuits Filed by the FTC and the State Attorneys General Are Revisionist History", Meta, 9 de diciembre de 2020, about.fb.com/news/2020/12/lawsuits-filed-by-the-ftc-and-state-attorneys-general-are-revisionist-history/

13 Aditya Kalra y Steve Stecklow, "Amazon Copied Products and Rigged Search Results to Promote Its Own Brands, Documents Show", *Reuters*, 13 de octubre de 2021, www.reuters.com/investigates/special-report/amazon-india-rigging/

14 Jack Nicas, "Google Uses Its Search Engine to Hawk Its Products", *Wall Street Journal*, 9 de enero de 2017, www.wsj.com/articles/google-uses-its-search-engine-to-hawk-its-products-1484827203

15 Adrianne Jeffries y Leon Yin, "Amazon Puts Its Own 'Brands' First Above Better-Rated Products", *Markup*, 14 de octubre de 2021, www.themarkup.org/amazons-advantage/2021/10/14/amazon-puts-its-own-brands-first-above-better-rated-products/

16 Hope King, "Amazon Sees Huge Potential in Ads Business as AWS

Growth Flattens", *Axios*, 27 de abril de 2023, www.axios.com/2023/04/28/amazon-earnings-aws-retail-ads/

[17] Ashley Belanger, "Google's Ad Tech Dominance Spurs More Antitrust Charges, Report Says", *Ars Technica*, 12 de junio de 2023, www.arstechnica.com/tech-policy/2023/06/googles-ad-tech-dominance-spurs-more-antitrust-charges-report-says/

[18] Ryan Heath y Sara Fischer, "Meta's Big AI Play: Shoring Up Its Ad Business", *Axios*, 7 de agosto de 2023, www.axios.com/2023/08/07/meta-ai-ad-business/

[19] James Vincent, "EU Says Apple Breached Antitrust Law in Spotify Case, but Final Ruling Yet to Come", *Verge*, 28 de febrero de 2023, www.theverge.com/2023/2/28/23618264/eu-antitrust-case-apple-music-streaming-spotify-updated-statement-objections; Aditya Kalra, "EXCLUSIVE Tinder-Owner Match Ups Antitrust Pressure on Apple in India with New Case", *Reuters*, 24 de agosto de 2022, www.reuters.com/technology/exclusive-tinder-owner-match-ups-antitrust-pressure-apple-india-with-new-case-2022-08-24/; Cat Zakrzewski, "Tile Will Accuse Apple of Worsening Tactics It Alleges Are Bullying, a Day After iPhone Giant Unveiled a Competing Product", *Washington Post*, 21 de abril de 2021, www.washingtonpost.com/technology/2021/04/21/tile-will-accuse-apple-tactics-it-alleges-are-bullying-day-after-iphone-giant-unveiled-competing-product/

[20] Jeff Goodell, "Steve Jobs in 1994: The Rolling Stone Interview", *Rolling Stone*, 17 de enero de 2011, www.rollingstone.com/culture/culture-news/steve-jobs-in-1994-the-rolling-stone-interview-231132/

[21] Robert McMillan, "Turns Out the Dot-Com Bust's Worst Flops Were Actually Fantastic Ideas", *Wired*, 8 de diciembre de 2014, www.wired.com/2014/12/da-bom/

[22] "U.S. Share of Blockchain Developers Is Shrinking", Electric Capital Developer Report, marzo, 2023, www.developerreport.com/developer-report-geography

1. Por qué las redes importan

[1] La cita de John von Neumann es de Ananyo Bhattacharya, *El hombre del futuro*, Nueva York, W.W. Norton, 2022, p. 130.

[2] Derek Thompson, "The Real Trouble with Silicon Valley", *Atlantic*, ene-ro-febrero, 2020, www.theatlantic.com/magazine/archive/2020/01/whe res-my-flying-car/603025/; Josh Hawley, "Big Tech's 'Innovations' That Aren't", *Wall Street Journal*, 28 de agosto de 2019, www.wsj.com/articles/ big-techs-innovations-that-arent-11567033288

[3] Bruce Gibney, "What Happened to the Future?", Founders Fund, consulta-do el 1 de marzo de 2023, foundersfund.com/the-future/; Pascal-Emma-nuel Gobry, "Facebook Investor Wants Flying Cars, Not 140 Characters", *Business Insider*, julio de 2011, www.businessinsider.com/founders-fund-the-future-2011-7

[4] Kevin Kelly, "New Rules for the New Economy", *Wired*, 1 de septiembre de 1997, www.wired.com/1997/09/newrules/

[5] "Robert M. Metcalfe", IEEE Computer Society, consultado el 1 de marzo de 2023, www.computer.org/profiles/robert-metcalfe

[6] Antonio Scala y Marco Delmastro, "The Explosive Value of the Networks", *Scientific Reports*, vol. 13, núm. 1037, 2023, www.ncbi.nlm.nih.gov/pmc/ articles/PMC9852569/

[7] David P. Reed, "The Law of the Pack", *Harvard Business Review*, febrero, 2001, hbr.org/2001/02/the-law-of-the-pack

[8] "Meta Reports First Quarter 2023 Results", Meta, 26 de abril de 2023, in-vestor.fb.com/investor-news/press-release-details/2023/Meta-Reports-First-Quarter-2023-Results/default.aspx

[9] "FTC Seeks to Block Microsoft Corp.'s Acquisition of Activision Blizzard, Inc.", Federal Trade Commission, 8 de diciembre de 2022, www.ftc.gov/ news-events/news/press-releases/2022/12/ftc-seeks-block-microsoft-corps-acquisition-activision-blizzard-inc; Federal Trade Commission, "FTC Seeks to Block Virtual Reality Giant Meta's Acquisition of Popu-lar App Creator Within", 27 de julio de 2022, www.ftc.gov/news-events/ news/press-releases/2022/07/ftc-seeks-block-virtual-reality-giant-me-tas-acquisition-popular-app-creator-within

[10] "Augmenting Compatibility and Competition by Enabling Service Swit-ching Act", Cámara de Representantes 3849, 117 Congreso, 2021.

[11] Joichi Ito, "In an Open-Source Society, Innovating by the Seat of Our Pants", *New York Times*, 5 de diciembre de 2011, www.nytimes.com/2011/12/06/ science/joichi-ito-innovating-by-the-seat-of-our-pants.html

2. Redes de protocolo

[1] Tim Berners-Lee con Mark Fischetti, *Weaving the Web: The Original Design and Ultimate Destiny of the World Wide Web by Its Inventor*, Nueva York, Harper, 1999, p. 36.

[2] "Advancing National Security Through Fundamental Research", consultado el 1 de septiembre de 2023, Agencia de Proyectos de Investigación Avanzada de la Defensa.

[3] John Perry Barlow, "A Declaration of the Independence of Cyberspace", Electronic Frontier Foundation, 1996, www.eff.org/cyberspace-independence

[4] Henrik Frystyk, "The Internet Protocol Stack", World Wide Web Consortium, julio, 1994, www.w3.org/People/Frystyk/thesis/TcpIp.html

[5] Kevin Meynell, "Final Report on TCP/IP Migration in 1983", Internet Society, 15 de septiembre de 2016, www.internetsociety.org/blog/2016/09/final-report-on-tcpip-migration-in-1983/

[6] "Sea Shadow", DARPA, www.darpa.mil/about-us/timeline/sea-shadow/; Catherine Alexandrow, "The Story of GPS", *50 Years of Bridging the Gap*, DARPA, 2008, www.darpa.mil/attachments/(2010)%20Global%20Nav%20-%20About%20Us%20-%20History%20-%20Resources%20-%2050th%20-%20GPS%20(Approved).pdf

[7] Jonathan B. Postel, "Simple Mail Transfer Protocol", Request for Comments: 788, noviembre, 1981, www.ietf.org/rfc/rfc788.txt.pdf

[8] Katie Hafner y Matthew Lyon, *Where Wizards Stay Up Late*, Nueva York, Simon & Schuster, 1999.

[9] "Mosaic Launches an Internet Revolution", Fundación Nacional de Ciencia, 8 de abril de 2004, new.nsf.gov/news/mosaic-launches-internet-revolution

[10] "Domain Names and the Network Information Center", SRI International, 1 de septiembre de 2023, www.sri.com/hoi/domain-names-the-network-information-center/

[11] "Brief History of the Domain Name System", Centro Berkman Klein para el Internet y la Sociedad, en la Universidad de Harvard, 2000, cyber.harvard.edu/icann/pressingissues2000/briefingbook/dnshistory.html

[12] Cade Metz, "Why Does the Net Still Work on Christmas? Paul Mockapetris", *Wired*, 23 de julio de 2012, www.wired.com/2012/07/paul-mockapetris-dns/

13 Cade Metz, "Remembering Jon Postel—and the Day He Hijacked the Internet", *Wired*, 15 de octubre de 2012, www.wired.com/2012/10/joe-postel/

14 "Jonathan B. Postel: 1943–1998", *USC News*, 1 de febrero de 1999, www.news.usc.edu/9329/Jonathan-B-Postel-1943-1998/

15 Maria Farrell, "Quietly, Symbolically, US Control of the Internet Was Just Ended", *Guardian*, 14 de marzo de 2016, www.theguardian.com/technology/2016/mar/14/icann-internet-control-domain-names-iana

16 Molly Fischer, "The Sound of My Inbox", *Cut*, 7 de julio de 2021, www.thecut.com/2021/07/email-newsletters-new-literary-style.html

17 Sarah Frier, "Musk's Volatility Is Alienating Twitter's Top Content Creators", *Bloomberg*, 18 de diciembre de 2022, www.bloomberg.com/news/articles/2022-12-19/musk-s-volatility-is-alienating-twitter-s-top-content-creators.; Taylor Lorenz, "Inside the Secret Meeting That Changed the Fate of Vine Forever", *Mic*, 29 de octubre de 2016, www.mic.com/articles/157977/inside-the-secret-meeting-that-changed-the-fate-of-vine-forever; Krystal Scanlon, "In the Platforms' Arms Race for Creators, YouTube Shorts Splashes the Cash", *Digiday*, 1 de febrero de 2023, www.digiday.com/marketing/in-the-platforms-arms-race-for-creators-youtube-shorts-splashes-the-cash/

18 Adi Robertson, "Mark Zuckerberg Personally Approved Cutting Off Vine's Friend-Finding Feature", *Verge*, 5 de diciembre de 2018, www.theverge.com/2018/12/5/18127202/mark-zuckerberg-facebook-vine-friends-api-block-parliament-documents; Jane Lytvynenko y Craig Silverman, "The Fake Newsletter: Did Facebook Help Kill Vine?", *BuzzFeed News*, 20 de febrero de 2019, www.buzzfeednews.com/article/janelytvynenko/the-fake-newsletter-did-facebook-help-kill-vine

19 Gerry Shih, "On Facebook, App Makers Face a Treacherous Path", *Reuters*, 10 de marzo de 2013, www.reuters.com/article/uk-facebook-developers/insight-on-facebook-app-makers-face-a-treacherous-path-idUKBRE92A02T20130311

20 Kim-Mai Cutler, "Facebook Brings Down the Hammer Again: Cuts Off MessageMe's Access to Its Social Graph", *TechCrunch*, 15 de marzo de 2013, techcrunch.com/2013/03/15/facebook-messageme/

21 Josh Constine y Mike Butcher, "Facebook Blocks Path's 'Find Friends' Access Following Spam Controversy", *TechCrunch*, 4 de mayo de 2013, techcrunch.com/2013/05/04/path-blocked/

[22] Isobel Asher Hamilton, "Mark Zuckerberg Downloaded and Used a Photo App That Facebook Later Cloned and Crushed, Antitrust Lawsuit Claims", *Business Insider*, 5 de noviembre de 2021, www.businessinsider.com/facebook-antitrust-lawsuit-cloned-crushed-phhhoto-photo-app-2021-11.

[23] Kim-Mai Cutler, "Facebook Brings Down the Hammer Again: Cuts Off MessageMe's Access to Its Social Graph", *TechCrunch*, 15 de marzo de 2013, techcrunch.com/2013/03/15/facebook-messageme/

[24] Justin M. Rao y David H. Reiley, "The Economics of Spam", *Journal of Economic Perspectives*, vol. 26, núm. 3, 2012, pp. 87-110, pubs.aeaweb.org/doi/pdf/10.1257/jep.26.3.87; Gordon V. Cormack, Joshua Goodman y David Heckerman, "Spam and the Ongoing Battle for the Inbox", *Communications of the Association for Computing Machinery*, vol. 50, núm. 2, 2007, pp. 24-33, dl.acm.org/doi/10.1145/1216016.1216017

[25] Emma Bowman, "Internet Explorer, the Love-to-Hate-It Web Browser, Has Died at 26", NPR, 15 de junio de 2022, www.npr.org/2021/05/22/999343673/internet-explorer-the-love-to-hate-it-web-browser-will-die-next-year

[26] Ellis Hamburger, "You Have Too Many Chat Apps. Can Layer Connect Them?", *Verge*, 4 de diciembre de 2013, www.theverge.com/2013/12/4/5173726/you-have-too-many-chat-apps-can-layer-connect-them

[27] Erick Schonfeld, "OpenSocial Still 'Not Open for Business'", *TechCrunch*, 6 de diciembre de 2007, techcrunch.com/2007/12/06/opensocial-still-not-open-for-business/

[28] Will Oremus, "The Search for the Anti-Facebook", *Slate*, 28 de octubre de 2014, slate.com/technology/2014/10/ello-diaspora-and-the-anti-facebook-why-alternative-social-networks-cant-win.html

[29] Christina Bonnington, "Why Google Reader Really Got the Axe", *Wired*, 6 de junio de 2013, www.wired.com/2013/06/why-google-reader-got-the-ax/

[30] Ryan Holmes, "From Inside Walled Gardens, Social Networks Are Suffocating the Internet as We Know It", *Fast Company*, 9 de agosto de 2013, www.fastcompany.com/3015418/from-inside-walled-gardens-social-networks-are-suffocating-the-internet-as-we-know-it

[31] Sinclair Target, "The Rise and Demise of RSS", *Two-Bit History*, 16 de septiembre de 2018, twobithistory.org/2018/09/16/the-rise-and-demise-of-rss.html

[32] Scott Gilbertson, "Slap in the Facebook: It's Time for Social Networks to Open Up", *Wired*, 6 de agosto de 2007, www.wired.com/2007/08/open-social-net/

[33] Brad Fitzpatrick, "Thoughts on the Social Graph", bradfitz.com, 17 de agosto de 2007, bradfitz.com/social-graph-problem/

[34] Robert McMillan, "How Heartbleed Broke the Internet—and Why It Can Happen Again", *Wired*, 11 de abril de 2014, www.wired.com/2014/04/heartbleedslesson/

[35] Steve Marquess, "Of Money, Responsibility, and Pride", *Speeds and Feeds*, 12 de abril de 2014, veridicalsystems.com/blog/of-money-responsibility-and-pride/

[36] Klint Finley, "Linux Took Over the Web. Now, It's Taking Over the World", *Wired*, 25 de agosto de 2016, www.wired.com/2016/08/linux-took-web-now-taking-world/

3. Redes corporativas

[1] Mark Zuckerberg citado en Mathias Döpfner, "Mark Zuckerberg Talks about the Future of Facebook, Virtual Reality and Artificial Intelligence", *Business Insider*, 28 de febrero de 2016, www.businessinsider.com/mark-zuckerberg-interview-with-axel-springer-ceo-mathias-doepfner-2016-2

[2] Nick Wingfield y Nick Bilton, Apple Shake-Up Could Lead to Design Shift", *New York Times*, 31 de octubre de 2012, www.nytimes.com/2012/11/01/technology/apple-shake-up-could-mean-end-to-real-world-images-in-software.html

[3] Lee Rainie y John B. Horrigan, "Getting Serious Online: As Americans Gain Experience, They Pursue More Serious Activities", Centro de Investigación Pew: Internet, Ciencia y Tecnología, 3 de marzo de 2002, www.pewresearch.org/internet/2002/03/03/getting-serious-online-as-americans-gain-experience-they-pursue-more-serious-activities/

[4] William A. Wulf, "Great Achievements and Grand Challenges", Academia Nacional de Ingeniería, *The Bridge*, vol. 30, núm. 3-4, 1 de septiembre de 2000, www.nae.edu/7461/GreatAchievementsandGrandChallenges/

[5] "Market Capitalization of Amazon", CompaniesMarketCap.com, consulta-

do el 1 de septiembre de 2023, companiesmarketcap.com/amazon/mar
ketcap/

6   John B. Horrigan, "Broadband Adoption at Home", Centro de Investigación Pew: Internet, Ciencia y Tecnología, 18 de mayo de 2003, www.
pewresearch.org/internet/2003/05/18/broadband-adoption-at-home/.

7   Richard MacManus, "The Read/Write Web", *ReadWriteWeb*, 20 de abril de
2003, web.archive.org/web/20100111030848/http:/www.readwriteweb.com/
archives/the_readwrite_w.php

8   Adam Cohen, *The Perfect Store: Inside eBay*, Boston, Little, Brown, 2022.

9   Jennifer Sullivan, "Investor Frenzy over eBay IPO", *Wired*, 24 de septiembre de 1998, www.wired.com/1998/09/investor-frenzy-over-ebay-ipo/.

10 Erick Schonfeld, "How Much Are Your Eyeballs Worth? Placing a Value
on a Website's Customers May Be the Best Way to Judge a Net Stock. It's
Not Perfect, but on the Net, What Is?", *CNN Money*, 21 de febrero de 2000,
money.cnn.com/magazines/fortune/fortune_archive/2000/02/21/273
860/index.htm

11 John H. Horrigan, "Home Broadband Adoption 2006", Centro de Investigación Pew: Internet, Ciencia y Tecnología, 28 de mayo de 2006, www.
pewresearch.org/internet/2006/05/28/home-broadband-adoption-
2006/

12 Jason Koebler, "10 Years Ago Today, YouTube Launched as a Dating Website", *Vice*, 23 de abril de 2015, www.vice.com/en/article/78xqjx/10-years-
ago-today-youtube-launched-as-a-dating-website

13 Chris Dixon, "Come for the Tool, Stay for the Network", cdixon.org, 31 de
enero de 2015, cdixon.org/2015/01/31/come-for-the-tool-stay-for-the-
network

14 Avery Hartmans, "The Rise of Kevin Systrom, Who Founded Instagram
10 Years Ago and Built It into One of the Most Popular Apps in the
World", *Business Insider*, 6 de agosto de 2020, www.businessinsider.com/
kevin-systrom-instagram-ceo-life-rise-2018-9

15 James Montgomery, "YouTube Slapped with First Copyright Lawsuit for
Video Posted Without Permission", MTV, 19 de julio de 2006, www.mtv.
com/news/dtyii2/youtube-slapped-with-first-copyright-lawsuit-for-vi-
deo-posted-without-permission

16 Doug Anmuth, Dae K. Lee y Katy Ansel, "Alphabet Inc.: Updated Sum-
of-the-Parts Valuation Suggests Potential Market Cap of Almost $2T;

Reiterate OW & Raising PT to $2 575", North America Equity Research, J.P. Morgan, 19 de abril de 2021

17 John Heilemann, "The Truth, the Whole Truth, and Nothing but the Truth", *Wired*, 1 de noviembre de 2000, www.wired.com/2000/11/micro-soft-7/

18 Adi Robertson, "How the Antitrust Battles of the '90s Set the Stage for Today's Tech Giants", *Verge*, 6 de septiembre de 2018, www.theverge.com/2018/9/6/17827042/antitrust-1990s-microsoft-google-aol-mono-poly-lawsuits-history

19 Brad Rosenfeld, "How Marketers Are Fighting Rising Ad Costs", *Forbes*, 14 de noviembre de 2022, www.forbes.com/sites/forbescommunica-tionscouncil/2022/11/14/how-marketers-are-fighting-rising-ad-costs/

20 Dean Takahashi, "MySpace Says It Welcomes Social Games to Its Plat-form", *VentureBeat*, 21 de mayo de 2010, venturebeat.com/games/myspa-ce-says-it-welcomes-social-games-to-its-platform/; Miguel Helft, "The Class That Built Apps, and Fortunes", *New York Times*, 7 de mayo de 2011, www.nytimes.com/2011/05/08/technology/08class.html

21 Mike Schramm, "Breaking: Twitter Acquires Tweetie, Will Make It Offi-cial and Free", *Engadget*, 9 de abril de 2010, www.engadget.com/2010-04-09-breaking-twitter-acquires-tweetie-will-make-it-official-and-fr.html.

22 Mitchell Clark, "The Third-Party Apps Twitter Just Killed Made the Site What It Is Today", *Verge*, 22 de enero de 2023, www.theverge.com/2023/1/22/23564460/twitter-third-party-apps-history-contributions

23 Ben Popper, "Twitter Follows Facebook Down the Walled Garden Path", *Verge*, 9 de julio de 2012, www.theverge.com/2012/7/9/3135406/twitter-api-open-closed-facebook-walled-garden

24 Eric Eldon, "Q&A with RockYou—Three Hit Apps on Facebook, and Cou-nting", *VentureBeat*, 11 de junio de 2007, venturebeat.com/business/q-a-with-rockyou-three-hit-apps-on-facebook-and-counting/

25 Claire Cain Miller, "Google Acquires Slide, Maker of Social Apps", *New York Times*, 4 de agosto de 2010, archive.nytimes.com/bits.blogs.nytimes.com/2010/08/04/google-acquires-slide-maker-of-social-apps/

26 Ben Popper, "Life After Twitter: StockTwits Builds Out Its Own Ecosystem", *Verge*, 18 de septiembre de 2012, www.theverge.com/2012/9/18/3351412/life-after-twitter-stocktwits-builds-out-its-own-ecosystem

27 Mark Milian, "Leading App Maker Said to Be Planning Twitter Compe-

titor", CNN, 13 de abril de 2011, www.cnn.com/2011/TECH/social.media/04/13/ubermedia.twitter/index.html

28 Adam Duvander, "Netflix API Brings Movie Catalog to Your App", *Wired*, 1 de octubre de 2008, www.wired.com/2008/10/netflix-api-brings-movie-catalog-to-your-app/

29 Sarah Mitroff, "Twitter's New Rules of the Road Mean Some Apps Are Roadkill", *Wired*, 6 de septiembre de 2012, www.wired.com/2012/09/twitters-new-rules-of-the-road-means-some-apps-are-roadkill/

30 Chris Dixon, "The Inevitable Showdown Between Twitter and Twitter Apps", *Business Insider*, 16 de septiembre de 2009, www.businessinsider.com/the-coming-showdown-between-twitter-and-twitter-apps-2009-9.

31 Elspeth Reeve, "In War with Facebook, Google Gets Snarky", *Atlantic*, 11 de noviembre 2010, www.theatlantic.com/technology/archive/2010/11/in-war-with-facebook-google-gets-snarky/339626/

32 Brent Schlender, "Whose Internet Is It, Anyway?", *Fortune*, 11 de diciembre de 1995.

33 Dave Thier, "These Games Are So Much Work", *New York*, 9 de diciembre de 2011, www.nymag.com/news/intelligencer/zynga-2011-12/

34 Jennifer Booten, "Facebook Served Disappointing Analyst Note in Wake of Zynga Warning", Fox Business, 3 de marzo de 2016, www.foxbusiness.com/features/facebook-served-disappointing-analyst-note-in-wake-of-zynga-warning

35 Tomio Geran, "Facebook's Dependence on Zynga Drops, Zynga's Revenue to Facebook Flat", *Forbes*, 31 de julio de 2012, www.forbes.com/sites/tomiogeron/2012/07/31/facebooks-dependence-on-zynga-drops-zyngas-revenue-to-facebook-flat/

36 Harrison Weber, "Facebook Kicked Zynga to the Curb, Publishers Are Next", *VentureBeat*, 30 de junio de 2016, www.venturebeat.com/mobile/facebook-kicked-zynga-to-the-curb-publishers-are-next/; Josh Constine, "Why Zynga Failed", *TechCrunch*, 5 de octubre de 2012, www.techcrunch.com/2012/10/05/more-competitors-smarter-gamers-expensive-ads-less-virality-mobile/

37 Aisha Malik, "Take-Two Completes $12.7B Acquisition of Mobile Games Giant Zynga", *TechCrunch*, 23 de mayo de 2022, www.techcrunch.com/2022/05/23/take-two-completes-acquisition-of-mobile-games-giant-zynga/

[38] Simon Kemp, "Digital 2022 October Global Statshot Report", DataReportal, 20 de octubre de 2022, datareportal.com/reports/digital-2022-october-global-statshot

4. Blockchains

[1] Vitalik Buterin citado en "Genius Gala", Centro Liberty para la Ciencia, 26 de febrero de 2021, www.lsc.org/gala/vitalik-buterin-1
[2] David Rotman, "We're not prepared for the end of Moore's Law", *MIT Technology Review*, 24 de febrero de 2020, www.technologyreview.com/2020/02/24/905789/were-not-prepared-for-the-end-of-moores-law/
[3] Chris Dixon, "What's Next in Computing?", *Software Is Eating the World*, 21 de febrero de 2016, medium.com/software-is-eating-the-world/whats-next-in-computing-e54b870b80cc
[4] Filipe Espósito, "Apple Bought More AI Companies Than Anyone Else Between 2016 and 2020", *9to5Mac*, 25 de marzo de 2021, 9to5mac.com/2021/03/25/apple-bought-more-ai-companies-than-anyone-else-between-2016-and-2020/; Tristan Bove, "Big Tech Is Making Big AI Promises in Earnings Calls as ChatGPT Disrupts the Industry: 'You're Going to See a Lot from Us in the Coming Few Months'", *Fortune*, 3 de febrero de 2023, fortune.com/2023/02/03/google-meta-apple-ai-promises-chatgpt-earnings/; Lauren Feiner, "Alphabet's Self-Driving Car Company Waymo Announces $2.5 Billion Investment Round", CNBC, 16 de junio de 2021, www.cnbc.com/2021/06/16/alphabets-waymo-raises-2point5-billion-in-new-investment-round.html
[5] Chris Dixon, "Inside-out vs. Outside-in: The Adoption of New Technologies", Andreessen Horowitz, 17 de enero de 2020, www.a16z.com/2020/01/17/inside-out-vs-outside-in-technology/; cdixon.org, 17 de enero de 2020, www.cdixon.org/2020/01/17/inside-out-vs-outside-in/
[6] Lily Rothman, "More Proof That Steve Jobs Was Always a Business Genius", *Time*, 5 de marzo de 2015, www.time.com/3726660/steve-jobs-homebrew/
[7] Michael Calore, "Aug. 25, 1991: Kid from Helsinki Foments Linux Revolution", *Wired*, 25 de agosto de 2009, www.wired.com/2009/08/0825-torvalds-starts-linux/

8   John Battelle, "The Birth of Google", *Wired*, 1 de agosto de 2005, www.wired.com/2005/08/battelle/

9   Ron Miller, "How AWS Came to Be", *TechCrunch*, 2 de julio de 2016, techcrunch.com/2016/07/02/andy-jassys-brief-history-of-the-genesis-of-aws/

10 Satoshi Nakamoto, "Bitcoin: A Peer-to-Peer Electronic Cash System", 31 de octubre de 2008, bitcoin.org/bitcoin.pdf

11 Trevor Timpson, "The Vocabularist: What's the Root of the Word Computer?", BBC, 2 de febrero de 2016, www.bbc.com/news/blogs-magazine-monitor-35428300

12 Alan Turing, "On Computable Numbers, with an Application to the Entscheidungsproblem", *Proceedings of the London Mathematical Society*, vol. 42, núm. 2, 1937, pp. 230-265, londmathsoc.onlinelibrary.wiley.com/doi/10.1112/plms/s2-42.1.230

13 "IBM VM 50th Anniversary", IBM, 2 de agosto de 2022, www.vm.ibm.com/history/50th/index.html

14 Alex Pruden y Sonal Chokshi, "Crypto Glossary: Cryptocurrencies and Blockchain", a16z crypto, 8 de noviembre de 2019, www.a16zcrypto.com/posts/article/crypto-glossary/

15 Daniel Kuhn, "CoinDesk Turns 10: 2015—Vitalik Buterin and the Birth of Ethereum", *CoinDesk*, 2 de junio de 2023, www.coindesk.com/consensus-magazine/2023/06/02/coindesk-turns-10-2015-vitalik-buterin-and-the-birth-of-ethereum/

16 Gian M. Volpicelli, "Ethereum's 'Merge' Is a Big Deal for Crypto—and the Planet", *Wired*, 18 de agosto de 2022, www.wired.com/story/ethereum-merge-big-deal-crypto-environment/

17 "Ethereum Energy Consumption", Ethereum.org, consultado el 23 de septiembre de 2023, ethereum.org/en/energy-consumption/; George Kamiya y Oskar Kvarnström, "Data Centres and Energy—From Global Head lines to Local Headaches?", Agencia Internacional de Electricidad, 20 de diciembre de 2019, iea.org/commentaries/data-centres-and-energy-from-global-headlines-to-local-headaches; "Cambridge Bitcoin Energy Consumption Index: Comparisons", Centro de Finanzas Alternativas de Cambridge, consultado en julio, 2023, ccaf.io/cbnsi/cbeci/comparisons; Evan Mills *et al.*, "Toward Greener Gaming: Estimating National Energy Use and Energy Efficiency Potential", *The Computer Games*

Journal, vol. 8, núm. 2, 1 de diciembre de 2019, researchgate.net/publication/336909520_Toward_Greener_Gaming_Estimating_National_Energy_Use_and_Energy_Efficiency_Potential; "Cambridge Blockchain Network Sustainability Index: Ethereum Network Power Demand", Centro de Finanzas Alternativas de Cambridge, consultado en julio, 2023, ccaf.io/cbnsi/ethereum/1; "Google Environmental Report 2022", Google, junio, 2022, gstatic.com/gumdrop/sustainability/google-2022-environmental-report.pdf; "Netflix Environmental Social Governance Report 2021", Netflix, marzo de 2022, assets.ctfassets.net/4cd45et68cgf/7B2b KCqkXDfHLadrjrNWD8/e44583e5b288bdf61e8bf3d7f8562884/2021_US_EN_Netflix_EnvironmentalSocialGovernanceReport-2021_Final. pdf; "PayPal Inc. Holdings—Climate Change 2022", Carbon Disclosure Project, mayo, 2023, s202.q4cdn.com/805890769/files/doc_downloads/global-impact/CDP_Climate_Change_PayPal-(1).pdf; "An Update on Environmental, Social, and Governance (ESG) at Airbnb", Airbnb, diciembre, 2021, s26.q4cdn.com/656283129/files/doc_downloads/governance_doc_updated/Airbnb-ESG-Factsheet-(Final).pdf; "The Merge—Implications on the Electricity Consumption and Carbon Footprint of the Ethereum Network", Instituto de Calificaciones de Carbono Cripto, consultado en septiembre, 2022, carbon-ratings.com/eth-report-2022; Rachel Rybarczyk *et al.*, "On Bitcoin's Energy Consumption: A Quantitative Approach to a Subjective Question", Galaxy Digital Mining, mayo, 2021, docsend. com/view/adwmdeeyfvqwecj2

[18] Andy Greenberg, "Inside the Bitcoin Bust That Took Down the Web's Biggest Child Abuse Site", *Wired*, 7 de abril de 2022, www.wired.com/story/tracers-in-the-dark-welcome-to-video-crypto-anonymity-myth/

[19] Lily Hay Newman, "Hacker Lexicon: What Are Zero-Knowledge Proofs?", *Wired*, 14 de septiembre de 2019, www.wired.com/story/zero-knowledge-proofs/; Elena Burger *et al.*, "Zero Knowledge Canon, part 1 & 2", a16z crypto, 16 de septiembre de 2022, www.a16zcrypto.com/posts/article/zero-knowledge-canon/

[20] Joseph Burlseon *et al.*, "Privacy-Protecting Regulatory Solutions Using Zero-Knowledge Proofs: Full Paper", a16z crypto, 16 de noviembre de 2022, a16zcrypto.com/posts/article/privacy-protecting-regulatory-solutions-using-zero-knowledge-proofs-full-paper/; Shlomit Azgad-Tromer *et al.*, "We Can Finally Reconcile Privacy and Compliance in Crypto. Here

Are the New Technologies That Will Protect User Data and Stop Illicit Transactions", *Fortune*, 28 de octubre de 2022, fortune.com/2022/10/28/finally-reconcile-privacy-compliance-crypto-new-technology-celsius-user-data-leak-illicit-transactions-crypto-tromer-ramaswamy/

[21] Steven Levy, "The Open Secret", *Wired*, 1 de abril de 1999, www.wired.com/1999/04/crypto/

[22] Vitalik Buterin, "Visions, Part 1: The Value of Blockchain Technology", Blog de la Fundación Ethereum, 13 de abril de 2015, www.blog.ethereum.org/2015/04/13/visions-part-1-the-value-of-blockchain-technology

[23] Osato Avan-Nomayo, "Bitcoin SV Rocked by Three 51% Attacks in as Many Months", *CoinTelegraph*, 7 de agosto de 2021, cointelegraph.com/news/bitcoin-sv-rocked-by-three-51-attacks-in-as-many-months; Osato Avan-Nomayo, "Privacy-Focused Firo Cryptocurrency Suffers 51% Attack", *CoinTelegraph*, 20 de enero de 2021, cointelegraph.com/news/privacy-focused-firo-cryptocurrency-suffers-51-attack

[24] Killed by Google, consultado el 1 de septiembre de 2023, killedbygoogle.com/

5. Tokens

[1] César Hidalgo citado en Denise Fung Cheng, "Reading Between the Lines: Blueprints for a Worker Support Infrastructure in the Emerging Peer Economy", tesis de maestría en ciencias para MIT, junio, 2014, wiki.p2pfoundation.net/Worker_Support_Infrastructure_in_the_Emerging_Peer_Economy

[2] Field Level Media, "Report: League of Legends Produced $1.75 Billion in Revenue in 2020", *Reuters*, 11 de enero de 2021, www.reuters.com/article/esports-lol-revenue-idUSFLM2vzDZL.; Jay Peters, "Epic Is Going to Give 40 Percent of Fortnite's Net Revenues Back to Creators", *Verge*, 22 de marzo de 2023, www.theverge.com/2023/3/22/23645633/fortnite-creator-economy-2-0-epic-games-editor-state-of-unreal-2023-gdc

[3] Maddison Connaughton, "Her Instagram Handle Was 'Metaverse.' Last Month, It Vanished", *New York Times*, 13 de diciembre de 2021, www.nytimes.com/2021/12/13/technology/instagram-handle-metaverse.html

[4] Jon Brodkin, "Twitter Commandeers @X Username from Man Who Had

It Since 2007", *Ars Technica*, 26 de julio de 2023, arstechnica.com/tech-policy/2023/07/twitter-took-x-handle-from-longtime-user-and-only-offered-him-some-merch/

5 Veronica Irwin, "Facebook Account Randomly Deactivated? You're Not Alone", *Protocol*, 1 de abril de 2022, www.protocol.com/bulletins/facebook-account-deactivated-glitch; Rachael Myrow, "Facebook Deleted Your Account? Good Luck Retrieving Your Data", KQED, 21 de diciembre de 2020, www.kqed.org/news/11851695/facebook-deleted-your-account-good-luck-retrieving-your-data

6 Anshika Bhalla, "A Quick Guide to Fungible vs. Non-fungible Tokens", Blockchain Council, 9 de diciembre de 2022, www.blockchain-council.org/blockchain/a-quick-guide-to-fungible-vs-non-fungible-tokens/

7 Garth Baughman *et al.*, "The Stable in Stablecoins", Notas FEDS de la Reserva Federal, 16 de diciembre de 2022, www.federalreserve.gov/econres/notes/feds-notes/the-stable-in-stablecoins-20221216.html

8 "Are Democrats Against Crypto? Rep. Ritchie Torres Answer", *Bankless*, 11 de mayo de 2023, video, www.youtube.com/watch?v=ZbUHWwrplxE&ab_channel=Bankless

9 Amitoj Singh, "China Includes Digital Yuan in Cash Circulation Data for First Time", *CoinDesk*, 11 de enero de 2023, www.coindesk.com/policy/2023/01/11/china-includes-digital-yuan-in-cash-circulation-data-for-first-time/

10 Brian Armstrong y Jeremy Allaire, "Ushering in the Next Chapter for USDC", Coinbase, 21 de agosto de 2023, www.coinbase.com/blog/ushering-in-the-next-chapter-for-usdc

11 Lawrence Wintermeyer, "From Hero to Zero: How Terra Was Toppled in Crypto's Darkest Hour", *Forbes*, 25 de mayo de 2022, www.forbes.com/sites/lawrencewintermeyer/2022/05/25/from-hero-to-zero-how-terra-was-toppled-in-cryptos-darkest-hour/

12 Eileen Cartter, "Tiffany & Co. Is Making a Very Tangible Entrance into the World of NFTs", *GQ*, 1 de agosto de 2022, www.gq.com/story/tiffany-and-co-cryptopunks-nft-jewelry-collaboration

13 Paul Dylan-Ennis, "Damien Hirst's 'The Currency': What We'll Discover When This NFT Art Project Is Over", *Conversation*, 19 de julio de 2021, theconversation.com/damien-hirsts-the-currency-what-well-discover-when-this-nft-art-project-is-over-164724

[14] Andrew Hayward, "Nike Launches. Swoosh Web3 Platform, with Polygon NFTs Due in 2023", *Decrypt*, 14 de noviembre de 2022, decrypt.co/114494/nike-swoosh-web3-platform-polygon-nfts

[15] Max Read, "Why Your Group Chat Could Be Worth Millions", *New York*, 24 de octubre de 2021, nymag.com/intelligencer/2021/10/whats-a-dao-why-your-group-chat-could-be-worth-millions.html

[16] Geoffrey Morrison, "You Don't Really Own the Digital Movies You Buy", *Wirecutter, New York Times*, 4 de agosto de 2021, www.nytimes.com/wirecutter/blog/you-dont-own-your-digital-movies/

[17] John Harding, Thomas J. Miceli y C. F. Sirmans, "Do Owners Take Better Care of Their Housing Than Renters?", *Real Estate Economics*, vol. 28, núm. 4, 2000, pp. 663-681; "Social Benefits of Homeownership and Stable Housing", Asociación Nacional de Corredores de Bienes Raíces, abril de 2012, www.nar.realtor/sites/default/files/migration_files/social-benefits-of-stable-housing-2012-04.pdf

[18] Alison Beard, "Can Big Tech Be Disrupted? A Conversation with Columbia Business School Professor Jonathan Knee", *Harvard Business Review*, enero-febrero, 2022, hbr.org/2022/01/can-big-tech-be-disrupted

[19] Chris Dixon, "The Next Big Thing Will Start out Looking Like a Toy", cdixon.org, 3 de enero de 2010, www.cdixon.org/2010/01/03/the-next-big-thing-will-start-out-looking-like-a-toy

[20] Clayton Christensen, "Disruptive Innovation", claytonchristensen.com, 23 de octubre de 2012, claytonchristensen.com/key-concepts/

[21] "The Telephone Patent Follies: How the Invention of the Phone was Bell's and not Gray's, or [...]", The Telecommunications History Group, 22 de febrero de 2018, www.telcomhistory.org/the-telephone-patent-follies-how-the-invention-of-the-hone-was-bells-and-not-grays-or/.

[22] Brenda Barron, "The Tragic Tale of DEC. The Computing Giant That Died Too Soon", Digital.com, 15 de junio de 2023, digital.com/digital-equipment-corporation/; Joshua Hyatt, "The Business That Time Forgot: Data General Is Gone. But Does That Make Its Founder a Failure?", *Forbes*, 1 de abril de 2023, money.cnn.com/magazines/fsb/fsb_archive/2003/04/01/341000/

[23] Charles Arthur, "How the Smartphone Is Killing the PC", *Guardian*, 5 de junio de 2011, www.theguardian.com/technology/2011/jun/05/smartphones-killing-pc

24 Jordan Novet, "Microsoft's $13 Billion Bet on OpenAI Carries Huge
   Potential Along with Plenty of Uncertainty", CNBC, 8 de abril de 2023,
   www.cnbc.com/2023/04/08/microsofts-complex-bet-on-openai-brings-
   potential-and-uncertainty.html

25 Ben Thompson, "What Clayton Christensen Got Wrong", *Stratechery*, 22
   de septiembre de 2013, stratechery.com/2013/clayton-christensen-got-
   wrong/

26 Olga Kharif, "Meta to Shut Down Novi Service in September in Crypto Winter", *Bloomberg*, 1 de julio de 2022, www.bloomberg.com/news/
   articles/2022-07-01/meta-to-shut-down-novi-service-in-september-in-
   crypto-winter#xj4y7vzkg

6. Redes de blockchains

1 Jane Jacobs, *Muerte y vida de las grandes ciudades*, Nueva York, Random
   House, 1961.

7. Software creado por la comunidad

1 Linus Torvalds, *Just for Fun: The Story of an Accidental Revolutionary*,
   Nueva York, Harper, 2001.

2 David Bunnell, "The Man Behind the Machine?", PC *Magazine*, febrero-
   marzo, 1982, www.pcmag.com/news/heres-what-bill-gates-told-pcmag-
   about-the-ibm-pc-in-1982

3 Dylan Love, "A Quick Look at the 30-Year History of MS DOS", *Business Insider*, 27 de julio de 2011, www.businessinsider.com/history-
   of-dos-2011-7; Jeffrey Young, "Gary Kildall: The DOS That Wasn't",
   Forbes, 7 de julio de 1997, www.forbes.com/forbes/1997/0707/6001336a.
   html?sh=16952ca9140e

4 Tim O'Reilly, "Freeware: The Heart & Soul of the Internet", *O'Reilly*, 1 de
   marzo de 1998, www.oreilly.com/pub/a/tim/articles/freeware_0398.html

5 Alexis C. Madrigal, "The Weird Thing About Today's Internet", *Atlantic*,
   16 de mayo de 2017, www.theatlantic.com/technology/archive/2017/05/
   a-very-brief-history-of-the-last-10-years-in-technology/526767/

6   "Smart Device Users Spend as Much Time on Facebook as on the Mobile Web", Marketing Charts, 5 de abril de 2013, www.marketingcharts.com/industries/media-and-entertainment-28422

7   Paul C. Schuytema, "The Lighter Side of Doom", *Computer Gaming World*, agosto, 1994, p. 140, www.cgwmuseum.org/galleries/issues/cgw_121.pdf.

8   Alden Kroll, "Introducing New Ways to Support Workshop Creators", Steam, 23 de abril de 2015, steamcommunity.com/games/SteamWorkshop/announcements/detail/208632365237576574

9   Brian Crecente, "League of Legends Is Now 10 Years Old. This Is the Story of Its Birth", *Washington Post*, 27 de octubre de 2019, www.washingtonpost.com/video-games/2019/10/27/league-legends-is-now-years-old-this-is-story-its-birth/; Joakim Henningson, "The History of Counter-strike", Red Bull, 8 de junio de 2020, www.redbull.com/se-en/history-of-counterstrike

10 "History of the osi", Open Source Initiative, última modificación en octubre de 2018, opensource.org/history/

11 Richard Stallman, "Why Open Source Misses the Point of Free Software", GNU Operating System, última modificación el 3 de febrero de 2022, www.gnu.org/philosophy/open-source-misses-the-point.en.html; Steve Lohr, "Code Name: Mainstream", *New York Times*, 28 de agosto de 2000, archive.nytimes.com/www.nytimes.com/library/tech/00/08/biztech/articles/28code.html

12 Frederic Lardinois, "Four Years After Being Acquired by Microsoft, GitHub Keeps Doing Its Thing", *TechCrunch*, 26 de octubre de 2022, www.techcrunch.com/2022/10/26/four-years-after-being-acquired-by-microsoft-github-keeps-doing-its-thing/

13 James Forson, "The Eighth Wonder of the World—Compounding Interest", Regenesys Business School, 13 de abril de 2022, www.regenesys.net/reginsights/the-eighth-wonder-of-the-world-compounding-interest/

14 "Compound Interest Is Man's Greatest Invention", Quote Investigator, 31 de octubre de 2011, quoteinvestigator.com/2011/10/31/compound-interest/

15 Eric Raymond, *La catedral y el bazar: Linux es subversivo*, Sebastopol, California, O'Reilly Media, 1999.

8. Tasas de aceptación

[1] Adam Lashinsky, "Amazon's Jeff Bezos: The Ultimate Disrupter", *Fortune*, 16 de noviembre de 2012, fortune.com/2012/11/16/amazons-jeff-bezos-the-ultimate-disrupter/

[2] Alicia Shepard, "Craig Newmark and Craigslist Didn't Destroy Newspapers, They Outsmarted Them", *USA Today*, 17 de junio de 2018, www.usatoday.com/story/opinion/2018/06/18/craig-newmark-craigslist-didnt-kill-newspapers-outsmarted-them-column/702590002/

[3] Julia Kollewe, "Google and Facebook Bring in One-Fifth of Global Ad Revenue", *Guardian*, 1 de mayo de 2017, www.theguardian.com/media/2017/may/02/google-and-facebook-bring-in-one-fifth-of-global-ad-revenue

[4] Linda Kinstler, "How TripAdvisor Changed Travel", *Guardian*, 17 de agosto de 2018, www.theguardian.com/news/2018/aug/17/how-tripadvisor-changed-travel

[5] Peter Kafka, "Facebook Wants Creators, but YouTube Is Paying Creators Much, Much More", *Vox*, 15 de julio de 2021, www.vox.com/recode/22577734/facebook-1-billion-youtube-creators-zuckerberg-mrbeast

[6] Matt Binder, "Musk Says Twitter Will Share Ad Revenue with Creators [...] Who Give Him Money First", *Mashable*, 3 de febrero de 2023, mashable.com/article/twitter-ad-revenue-share-creators

[7] Zach Vallese, "In the Three-way Battle Between YouTube, Reels and Tiktok, Creators Aren't Counting on a Big Payday", CNBC, 27 de febrero de 2023, www.cnbc.com/2023/02/27/in-youtube-tiktok-reels-battle-creators-dont-expect-a-big-payday.html

[8] Hank Green, "So... TikTok Sucks", hankschannel, 20 de enero de 2022, video, www.youtube.com/watch?v=jAZapFzpP64&ab_channel=hankschannel

[9] "Five Fast Facts", Time to Play Fair, 25 de octubre de 2022, timetoplayfair.com/facts/

[10] Geoffrey A. Fowler, "iTrapped: All the Things Apple Won't Let You Do with Your iPhone", *Washington Post*, 27 de mayo de 2021, www.washingtonpost.com/technology/2021/05/27/apple-iphone-monopoly/

[11] "Why Can't I Get Premium in the App?", Spotify, support.spotify.com/us/article/why-cant-i-get-premium-in-the-app/

12 "Buy Books for Your Kindle App", Ayuda y Servicio al Cliente, Amazon, www.amazon.com/gp/help/customer/display.html?nodeId=GDZF9S2BRW5NWJCW

13 *Epic Games Inc. v. Apple Inc.*, Corte de Distrito para el Distrito Norte de California, Estados Unidos, 10 de septiembre de 2021; Bobby Allyn, "What the Ruling in the Epic Games v. Apple Lawsuit Means for iPhone Users", *All Things Considered*, NPR, 10 de septiembre de 2021, www.npr.org/2021/09/10/1036043886/apple-fortnite-epic-games-ruling-explained

14 Foo Yun Chee, "Apple Faces $1 Billion UK Lawsuit by App Developers over App Store Fees", *Reuters*, 24 de julio de 2023, www.reuters.com/technology/apple-faces-1-bln-uk-lawsuit-by-apps-developers-over-app-store-fees-2023-07-24/

15 "Understanding Selling Fees", eBay, consultado el 1 de septiembre de 2023, www.ebay.com/sellercenter/selling/seller-fees

16 "Fees & Payments Policy", Etsy, consultado el 1 de septiembre de 2023, www.etsy.com/legal/fees/

17 Sam Aprile, "How to Lower Seller Fees on StockX", StockX, 25 de agosto de 2021, stockx.com/news/how-to-lower-seller-fees-on-stockx/

18 Jefferson Graham, "There's a Reason So Many Amazon Searches Show You Sponsored Ads", *USA Today*, 9 de noviembre de 2018, www.usatoday.com/story/tech/talkingtech/2018/11/09/why-so-many-amazon-searches-show-you-sponsored-ads/1858553002/

19 Jason del Rey, "Basically Everything on Amazon Has Become an Ad", *Vox*, 10 de noviembre de 2022, www.vox.com/recode/2022/11/10/23450349/amazon-advertising-everywhere-prime-sponsored-products

20 "Meta Platforms Gross Profit Margin (Quarterly)", YCharts, última modificación en diciembre, 2022, ycharts.com/companies/META/gross_profit_margin

21 "Fees", Uniswap Docs, consultado el 1 de septiembre de 2023, docs.uniswap.org/contracts/v2/concepts/advanced-topics/fees; información de Coin Metrics para calcular la tasa de aceptación de Ethereum, consultado en julio, 2023, charts.coinmetrics.io/crypto-data/

22 Moxie Marlinspike, "My First Impressions of Web3", moxie.org, 7 de enero de 2022, moxie.org/2022/01/07/web3-first-impressions.html

23 Callan Quinn, "What Blur's Success Reveals About NFT Marketplaces",

Forbes, 17 de marzo de 2023, www.forbes.com/sites/digital-assets/2023/03/17/what-blurs-success-reveals-about-nft-marketplaces/

24 Clayton M. Christensen y Michael E. Raynor, *La solución de los innovadores: crear y sostener un crecimiento exitoso*, Brighton, Massachussets, Harvard Business Review Press, 2013.

25 Daisuke Wakabayashi y Jack Nicas, "Apple, Google, and a Deal That Controls the Internet", *New York Times*, 25 de octubre de 2020, www.nytimes.com/2020/10/25/technology/apple-google-search-antitrust.html

26 Alioto Law Firm, "Class Action Lawsuit Filed in California Alleging Google Is Paying Apple to Stay out of the Search Engine Business", PRNewswire, 3 de enero de 2022, www.prnewswire.com/news-releases/class-action-lawsuit-filed-in-california-alleging-google-is-paying-apple-to-stay-out-of-the-search-engine-business-301453098.html

27 Lisa Eadicicco, "Google's Promise to Simplify Tech Puts Its Devices Everywhere", *CNET*, 12 de mayo de 2022, www.cnet.com/tech/mobile/googles-promise-to-simplify-tech-puts-its-devices-everywhere/; Chris Dixon, "What's Strategic for Google?", cdixon.org, 30 de diciembre de 2009, cdixon.org/2009/12/30/whats-strategic-for-google

28 Joel Spolsky, "Strategy Letter V", Joel on Software, 12 de junio de 2002, www.joelonsoftware.com/2002/06/12/strategy-letter-v/

9. Construir redes con incentivos de tokens

1 Cita ampliamente atribuida a Charlie Munger como en Joshua Brown, "Show me the incentives and I will show you the outcomes", *Reformed Broker*, 26 de agosto de 2018, thereformedbroker.com/2018/08/26/show-me-the-incentives-and-i-will-show-you-the-outcome/

2 David Weinberger, David Searls y Christopher Locke, *El manifiesto Cluetrain: El ocaso de la empresa convencional*, Nueva York, Basic Books, 2000.

3 Fundación Uniswap, "Uniswap Grants Program Retrospective", 20 de junio de 2022, mirror.xyz/kennethng.eth/0WHWvyE4Fzz50aORNg3ixZMlvFjZ7frkqxnY4UIfZxo; Brian Newar, "Uniswap Foundation Proposal Gets Mixed Reaction over $74M Price Tag", CoinTelegraph, 5 de agosto de 2022, cointelegraph.com/news/uniswap-foundation-proposal-gets-mixed-reaction-over-74m-price-tag

4   "What Is Compound in 5 Minutes", *Cryptopedia*, Gemini, 28 de junio
    de 2022, www.gemini.com/en-US/cryptopedia/what-is-compound-and-
    how-does-it-work

5   Daniel Aguayo *et al.*, "MIT Roofnet: Construction of a Community Wire-
    less Network", Laboratorio de Ciencias de Inteligencia Artificial y Com-
    putación de MIT, octubre, 2003, pdos.csail.mit.edu/~biswas/sosp-poster/
    roofnet-abstract.pdf; Marguerite Reardon, "Taking Wi-Fi Power to the
    People", *CNET*, 27 de octubre de 2006, www.cnet.com/home/internet/ta-
    king-wi-fi-power-to-the-people/; Bliss Broyard, "'Welcome to the Mesh,
    Brother': Guerrilla Wi-Fi Comes to New York", *New York Times*, 16 de
    julio de 2021, www.nytimes.com/2021/07/16/nyregion/nyc-mesh-com-
    munity-internet.html

6   Ali Yahya, Guy Wuollet y Eddy Lazzarin, "Investing in Helium", a16z
    crypto, 10 de agosto de 2021, a16zcrypto.com/content/announcement/
    investing-in-helium/

7   C+Charge, "C+Charge Launch Revolutionary Utility Token for EV Char-
    ging Station Management and Payments That Help Organize and Earn
    Carbon Credits for Holders", conumicado de prensa, 22 de abril de 2022,
    www.globenewswire.com/news-release/2022/04/22/2427642/0/en/
    C-Charge-Launch-Revolutionary-Utility-Token-for-EV-Charging-Sta
    tion-Management-and-Payments-That-Help-Organize-and-Earn-Car
    bon-Credits-for-Holders.html; Swarm, "Swarm, Ethereum's Storage Net-
    work, Announces Mainnet Storage Incentives and Web3PC Inception",
    21 de diciembre de 2022, news.bitcoin.com/swarm-ethereums-storage-
    network-announces-mainnet-storage-incentives-and-web3pc-incep-
    tion/; Shashi Raj Pandey, Lam Duc Nguyen y Petar Popovski, "FedToken:
    Tokenized Incentives for Data Contribution in Federated Learning", úl-
    tima modificación el 3 de noviembre de 2022, arxiv.org/abs/2209.09775

8   Adam L. Penenberg, "PS: I Love You. Get Your Free Email at Hotmail",
    TechCrunch, 18 de octubre de 2009, techcrunch.com/2009/10/18/ps-i-
    love-you-get-your-free-email-at-hotmail/

9   Juli Clover, "Apple Reveals the Most Downloaded iOS Apps and Ga-
    mes of 2021", *MacRumors*, 1 de diciembre de 2021, www.macrumors.
    com/2021/12/02/apple-most-downloaded-apps-2021

10 Rita Liao y Catherine Shu, "TikTok's Epic Rise and Stumble", *TechCrunch*,
    16 de noviembre 2020, techcrunch.com/2020/11/26/tiktok-timeline/

[11] Andrew Chen, "How Startups Die from Their Addiction to Paid Marketing", andrewchen.com, consultado el 1 de marzo de 2023 (tuiteado originalmente el 7 de mayo de 2018), andrewchen.com/paid-marketing-addiction/

[12] Abdo Riani, "Are Paid Ads a Good Idea for Early-Stage Startups?", *Forbes*, 2 de abril de 2021, www.forbes.com/sites/abdoriani/2021/04/02/are-paid-ads-a-good-idea-for-early-stage-startups/; Willy Braun, "You Need to Lose Money, but a Negative Gross Margin Is a Really Bad Idea", *daphni chronicles*, Medium, 28 de febrero de 2016, medium.com/daphni-chronicles/you-need-to-lose-money-but-a-negative-gross-margin-is-a-really-bad-idea-82ad12cd6d96; Anirudh Damani, "Negative Gross Margins Can Bury Your Startup", *ShowMeDamani*, 25 de agosto de 2020, www.showmedamani.com/post/negative-gross-margins-can-bury-your-startup

[13] Grace Kay, "The History of Dogecoin, the Cryptocurrency That Surged After Elon Musk Tweeted About It but Started as a Joke on Reddit Years Ago", *Business Insider*, 9 de febrero de 2021, www.businessinsider.com/what-is-dogecoin-2013-12

[14] "Dogecoin", Reddit, 8 de diciembre de 2013, www.reddit.com/r/dogecoin/

[15] Julia Glum, "To Have and to HODL: Welcome to Love in the Age of Cryptocurrency", *Money*, 20 de octubre de 2021, money.com/cryptocurrency-nft-bitcoin-love-relationships/

[16] "Introducing Uniswap V3", Uniswap, 23 de marzo de 2021, uniswap.org/blog/uniswap-v3

[17] Cam Thompson, "DeFi Trading Hub Uniswap Surpasses $1T in Lifetime Volume", *CoinDesk*, 25 de mayo de 2022, www.coindesk.com/business/2022/05/24/defi-trading-hub-uniswap-surpasses-1t-in-lifetime-volume/

[18] Brady Dale, "Uniswap's Retroactive Airdrop Vote Put Free Money on the Campaign Trail", *CoinDesk*, 3 de noviembre de 2020, www.coindesk.com/business/2020/11/03/uniswaps-retroactive-airdrop-vote-put-free-money-on-the-campaign-trail/

[19] Ari Levy y Salvador Rodríguez, "These Airbnb Hosts Earned More Than $15 000 on Thursday After the Company Let Them Buy IPO Shares", CNBC, 10 de diciembre de 2020, www.cnbc.com/2020/12/10/airbnb-hosts-profit-from-ipo-pop-spreading-wealth-beyond-investors.html;

Chaim Gartenberg, "Uber and Lyft Reportedly Giving Some Drivers Cash Bonuses to Use Towards Buying IPO Stock", *Verge*, 28 de febrero de 2019, www.theverge.com/2019/2/28/18244479/uber-lyft-drivers-cash-bonus-stock-ipo-sec-rules

[20] Andrew Hayward, "Flow Blockchain Now 'Controlled by Community', Says Dapper Labs", *Decrypt*, 20 de octubre de 2021, decrypt.co/83957/flow-blockchain-controlled-community-dapper-labs; Lauren Stephanian y Cooper Turley, "Optimizing Your Token Distribution", 4 de enero de 2022, lstephanian.mirror.xyz/kB9Jz_5joqbY0ePO8rU1NNDKhiqvzU6O WyYsbSA-Kcc

10. Tokenómica

[1] Thomas Sowell citado en Mark J. Perry, "Quotations of the Day from Thomas Sowell", Instituto Americano de la Empresa, 1 de abril de 2014, www.aei.org/carpe-diem/quotations-of-the-day-from-thomas-sowell-2/

[2] Laura June, "For Amusement Only: The Life and Death of the American Arcade", *Verge*, 16 de enero de 2013, www.theverge.com/2013/1/16/3740422/the-life-and-death-of-the-american-arcade-for-amusement-only

[3] Kyle Orland, "How EVE Online Builds Emotion out of Its Strict In-Game Economy", *Ars Technica*, 5 de febrero de 2014, arstechnica.com/gaming/2014/02/how-eve-online-builds-emotion-out-of-its-strict-in-game-economy/

[4] Scott Hillis, "Virtual World Hires Real Economist", *Reuters*, 16 de agosto de 2007, www.reuters.com/article/us-videogames-economist-life/virtual-world-hires-real-economist-idUSN0925619220070816

[5] Steve Jobs citado en Brent Schlender, "The Lost Steve Jobs Tapes", *Fast Company*, 17 de abril de 2012, www.fastcompany.com/1826869/lost-steve-jobs-tapes

[6] Sujha Sundararajan, "Billionaire Warren Buffett Calls Bitcoin 'Rat Poison Squared'", *CoinDesk*, 13 de septiembre de 2021, www.coindesk.com/markets/2018/05/07/billionaire-warren-buffett-calls-bitcoin-rat-poison-squared/

[7] Theron Mohamed, "'Big Short' Investor Michael Burry Slams NFTs with a Quote Warning 'Crypto Grifters' Are Selling Them as 'Magic Beans'",

Markets, *Business Insider*, 16 de marzo de 2021, markets.businessinsider. com/currencies/news/big-short-michael-burry-slams-nft-crypto-grifters-magic-beans-2021-3-1030214014

[8] Carlota Pérez, *Revoluciones tecnológicas y capital financiero: La dinámica de las grandes burbujas financieras y las épocas de bonanza*, Northampton, Massachussets, Edward Elgar, 2014.

[9] "Gartner Hype Cycle Research Methodology", Gartner, consultado el 1 de septiembre de 2023, www.gartner.com/en/research/methodologies/gartner-hype-cycle. (Gartner y Hype Cycle son marcas registradas de Gartner, Inc. o de sus afiliados en Estados Unidos y el extranjero, y se usan aquí con permiso. Todos los derechos reservados.)

[10] Doug Henton y Kim Held, "The Dynamics of Silicon Valley: Creative Destruction and the Evolution of the Innovation Habitat", *Social Science Information*, vol. 52, núm. 4, pp. 539-557, 2013, https://journals.sagepub. com/doi/10.1177/0539018413497542

[11] David Mazor, "Lessons from Warren Buffett: In the Short Run the Market Is a Voting Machine, in the Long Run a Weighing Machine", *Mazor's Edge*, 7 de enero de 2023, mazorsedge.com/lessons-from-warren-buffett-in-the-short-run-the-market-is-a-voting-machine-in-the-long-run-a-weighing-machine/

11. Gobernanza de la red

[1] Winston Churchill, discurso en la Cámara de los Comunes, 11 de noviembre de 1947, citado en Richard Langworth, *El ingenio de Churchill: La colección definitiva*, Nueva York, PublicAffairs, 2008, p. 574.

[2] "Current Members and Testimonials", Consorcio de la World Wide Web, consultado el 2 de marzo de 2023, www.w3.org/Consortium/Member/List

[3] "Introduction to the IETF", Grupo de Trabajo de Ingeniería de Internet, consultado el 2 de marzo de 2023, www.ietf.org/

[4] A.L. Russell, "'Rough Consensus and Running Code' and the Internet-OSI Standards War", *Institute of Electrical and Electronics Engineers Annals of the History of Computing*, vol. 28, núm. 3, 2006, https://ieeexplore.ieee. org/document/1677461

5   Richard Cooke, "Wikipedia Is the Last Best Place on the Internet", *Wired*, 17 de febrero de 2020, www.wired.com/story/wikipedia-online-encyclo-pedia-best-place-internet/

6   "History of the Mozilla Project", Mozilla, consultado el 1 de septiembre de 2023, www.mozilla.org/en-US/about/history/

7   Steven Vaughan-Nichols, "Firefox Hits the Jackpot with Almost Billion Dollar Google Deal", *ZDNET*, 22 de diciembre de 2011, www.zdnet.com/article/firefox-hits-the-jackpot-with-almost-billion-dollar-google-deal/

8   Jordan Novet, "Mozilla Acquires Read-It-Later App Pocket, Will Open-Source the Code", *VentureBeat*, 27 de febrero de 2017, venturebeat.com/mobile/mozilla-acquires-read-it-later-app-pocket-will-open-source-the-code/; Paul Sawers, "Mozilla Acquires the Team Behind Pulse, an Automated Status Updater for Slack", *TechCrunch*, 1 de diciembre de 2022, techcrunch.com/2022/12/01/mozilla-acquires-the-team-behind-pulse-an-automated-status-update-tool-for-slack/

9   Devin Coldewey, "OpenAI Shifts from Nonprofit to 'Capped-Profit' to Attract Capital", *TechCrunch*, 11 de marzo de 2019, techcrunch.com/2019/03/11/openai-shifts-from-nonprofit-to-capped-profit-to-attract-capital/

10 Elizabeth Dwoskin, "Elon Musk Wants a Free Speech Utopia. Technologists Clap Back", *Washington Post*, 18 de abril de 2022, www.washingtonpost.com/technology/2022/04/18/musk-twitter-free-speech/

11 Taylor Hatmaker, "Jack Dorsey Says His Biggest Regret Is That Twitter Was a Company at All", *TechCrunch*, 26 de agosto de 2022, techcrunch.com/2022/08/26/jack-dorsey-biggest-regret/

12 "The Friend of a Friend (FOAF) Project", FOAF Project, 2008, web.archive.org/web/20080904205214/http://www.foaf-project.org/projects; Sinclair Target, "Friend of a Friend: The Facebook That Could Have Been", *Two-Bit History*, 5 de enero de 2020, twobithistory.org/2020/01/05/foaf.html#fn:1

13 Erick Schonfeld, "StatusNet (of Identi.ca Fame) Raises $875,000 to Become the WordPress of Microblogging", *TechCrunch*, 27 de octubre de 2009, techcrunch.com/2009/10/27/statusnet-of-identi-ca-fame-raises-875000-to-become-the-wordpress-of-microblogging/

14 George Anadiotis, "Manyverse and Scuttlebutt: A Human-Centric Technology Stack for Social Applications", *ZDNET*, 25 de octubre de 2018,

www.zdnet.com/article/manyverse-and-scuttlebutt-a-human-centric-technology-stack-for-social-applications/

[15] Harry McCracken, "Tim Berners-Lee Is Building the Web's 'Third Layer.' Don't Call It Web3", *Fast Company*, 8 de noviembre de 2022, www.fastcompany.com/90807852/tim-berners-lee-inrupt-solid-pods

[16] Barbara Ortutay, "Bluesky, Championed by Jack Dorsey, Was Supposed to Be Twitter 2.0. Can It Succeed?", *AP*, 6 de junio de 2023, apnews.com/article/bluesky-twitter-jack-dorsey-elon-musk-invite-f2b4fb2fe-fd34f0149cec2d87857c766

[17] Gregory Barber, "Meta's Threads Could Make—or Break—the Fediverse", *Wired*, 18 de julio de 2023, www.wired.com/story/metas-threads-could-make-or-break-the-fediverse/

[18] Stephen Shankland, "I Want to Like Mastodon. The Decentralized Network Isn't Making That Easy", *CNET*, 14 de noviembre de 2022, www.cnet.com/news/social-media/i-want-to-like-mastodon-the-decentralized-network-isnt-making-that-easy/

[19] Sarah Jamie Lewis, "Federation Is the Worst of All Worlds", *Field Notes*, 10 de julio de 2018, fieldnotes.resistant.tech/federation-is-the-worst-of-all-worlds/

[20] Steve Gillmor, "Rest in Peace, rss", *TechCrunch*, 5 de mayo de 2009, techcrunch.com/2009/05/05/rest-in-peace-rss/; Erick Schonfeld, "Twitter's Internal Strategy Laid Bare: To Be 'the Pulse of the Planet'", *TechCrunch*, 16 de julio de 2009, techcrunch.com/2009/07/16/twitters-internal-strategy-laid-bare-to-be-the-pulse-of-the-planet-2/

[21] "HTTPS as a Ranking Signal", *Google Search Central*, 7 de agosto de 2014, developers.google.com/search/blog/2014/08/https-as-ranking-signal; Julia Love, "Google Delays Phasing Out Ad Cookies on Chrome Until 2024", *Bloomberg*, 27 de julio de 2022, www.bloomberg.com/news/articles/2022-07-27/google-delays-phasing-out-ad-cookies-on-chrome-until-2024?leadSource=uverify%20wall; Daisuke Wakabayashi, "Google Dominates Thanks to an Unrivaled View of the Web", *New York Times*, 14 de diciembre de 2020, www.nytimes.com/2020/12/14/technology/how-google-dominates.html

[22] Jo Freeman, "The Tyranny of Structurelessness", 1972, www.jofreeman.com/joreen/tyranny.htm

12. La computadora versus el casino

[1]   Andy Grove citado en Walter Isaacson, "Andrew Grove: Man of the Year", *Time*, 29 de diciembre de 1997, time.com/4267448/andrew-grove-man-of-the-year/

[2]   Andrew R. Chow, "After FTX Implosion, Bahamian Tech Entrepreneurs Try to Pick Up the Pieces", *Time*, 30 de marzo de 2023, time.com/6266711/ftx-bahamas-crypto/; Senador Pat Toomey (Pennsylvania), "Toomey: Misconduct, Not Crypto, to Blame for FTX Collapse", Comité de Banca, Vivienda y Asuntos Urbanos del Senado de Estados Unidos, 14 de diciembre de 2022, www.banking.senate.gov/newsroom/minority/toomey-misconduct-not-crypto-to-blame-for-ftx-collapse

[3]   Jason Brett, "In 2021, Congress Has Introduced 35 Bills Focused on U.S. Crypto Policy", *Forbes*, 27 de diciembre de 2021, www.forbes.com/sites/jasonbrett/2021/12/27/in-2021-congress-has-introduced-35-bills-focused-on-us-crypto-policy/

[4]   Comisión de Bolsa y Valores de Estados Unidos, "Kraken to Discontinue Unregistered Offer and Sale of Crypto Asset Staking-as-a-Service Program and Pay $30 Million to Settle SEC Charges", comunicado de prensa, 9 de febrero de 2023, www.sec.gov/news/press-release/2023-25; Sam Sutton, "Treasury: It's Time for a Crypto Crackdown", *Politico*, 16 de septiembre de 2022, www.politico.com/newsletters/morning-money/2022/09/16/treasury-its-time-for-a-crypto-crackdown-00057144; Jonathan Yerushalmy y Alex Hern, "SEC Crypto Crackdown: US Regulator Sues Binance and Coinbase", *Guardian*, 6 de junio de 2023, www.theguardian.com/technology/2023/jun/06/sec-crypto-crackdown-us-regulator-sues-binance-and-coinbase; Sidhartha Shukla, "The Cryptocurrencies Getting Hit Hardest Under the SEC Crackdown", *Bloomberg*, 13 de junio de 2023, www.bloomberg.com/news/articles/2023-06-13/these-are-the-19-cryptocurrencies-are-securities-the-sec-says

[5]   Paxos, "Paxos Will Halt Minting New BUSD Tokens", 13 de febrero de 2023, paxos.com/2023/02/13/paxos-will-halt-minting-new-busd-tokens/; "New Report Shows 1 Million Tech Jobs at Stake in US Due to Regulatory Uncertainty", Coinbase, 29 de marzo de 2023, www.coinbase.com/blog/new-report-shows-1m-tech-jobs-at-stake-in-us-crypto-policy

[6]   Ashley Belanger, "America's Slow-Moving, Confused Crypto Regulation

Is Driving Industry out of US", *Ars Technica*, 8 de noviembre de 2022, arstechnica.com/tech-policy/2022/11/Americas-slow-moving-confused-crypto-regulation-is-driving-industry-out-of-us/; Jeff Wilser, "US Crypto Firms Eye Overseas Move Amid Regulatory Uncertainty", *Coindesk*, 27 de mayo de 2023, www.coindesk.com/consensus-magazine/2023/03/27/crypto-leaving-us/

[7] "Framework for 'Investment Contract' Analysis of Digital Assets", Comisión de Bolsa y Valores de Estados Unidos, 2019, www.sec.gov/corpfin/framework-investment-contract-analysis-digital-assets

[8] Miles Jennings, "Decentralization for Web3 Builders: Principles, Models, How", a16z crypto, 7 de abril de 2022, a16zcrypto.com/posts/article/web3-decentralization-models-framework-principles-how-to/

[9] "Watch GOP Senator and SEC Chair Spar Over Definition of Bitcoin", *CNET* Highlights, 16 de septiembre de 2022, www.youtube.com/watch?v=3H19OF3lbnA; Miles Jennings y Brian Quintenz, "It's Time to Move Crypto from Chaos to Order", *Fortune*, 15 de julio de 2023, fortune.com/crypto/2023/07/15/its-time-to-move-crypto-from-chaos-to-order/; Andrew St. Laurent, "Despite Ripple, Crypto Projects Still Face Uncertainty and Risks", *Bloomberg Law*, 31 de julio de 2023, news.bloomberglaw.com/us-law-week/despite-ripple-crypto-projects-still-face-uncertainty-and-risks; "Changing Tides or a Ripple in Still Water? Examining the SEC v. Ripple Ruling", Ropes & Gray, 25 de julio de 2023, www.ropesgray.com/en/newsroom/alerts/2023/07/changing-tides-or-a-ripple-in-still-water-examining-the-sec-v-ripple-ruling; Jack Solowey y Jennifer J. Schulp, "We Need Regulatory Clarity to Keep Crypto Exchanges Onshore and DeFi Permissionless", Instituto Cato, 10 de mayo de 2023, www.cato.org/commentary/we-need-regulatory-clarity-keep-crypto-exchanges-onshore-defi-permissionless

[10] *U.S. Securities and Exchange Commission v. W.J. Howey Co. et al.*, 328 Estados Unidos 293, 1946.

[11] "Framework for 'Investment Contract' Analysis of Digital Assets", Comisión de Bolsa y Valores de Estados Unidos, 2019, www.sec.gov/corpfin/framework-investment-contract-analysis-digital-assets

[12] María Gracia Santillana Linares, "How the SEC's Charge That Cryptos Are Securities Could Face an Uphill Battle", *Forbes*, 14 de agosto de 2023, www.forbes.com/sites/digital-assets/2023/08/14/how-the-secs-charge-

that-cryptos-are-securities-could-face-an-uphill-battle/; Jesse Coghlan, "SEC Lawsuits: 68 Cryptocurrencies Are Now Seen as Securities by the SEC", *Cointelegraph*, 6 de junio de 2023, cointelegraph.com/news/sec-la-bels-61-cryptocurrencies-securities-after-binance-suit/

[13] David Pan, "SEC's Gensler Reiterates 'Proof-of-Stake' Crypto Tokens May Be Securities", *Bloomberg*, 15 de marzo de 2023, www.bloomberg.com/news/articles/2023-03-15/sec-s-gary-gensler-signals-tokens-like-ether-are-securities

[14] Jesse Hamilton, "U.S. CFTC Chief Behnam Reinforces View of Ether as Commodity", *CoinDesk*, 28 de marzo de 2023, www.coindesk.com/po-licy/2023/03/28/us-cftc-chief-behnam-reinforces-view-of-ether-as-commodity/; Sandali Handagama, "U.S. Court Calls ETH a Commodity While Tossing Investor Suit Against Uniswap", *CoinDesk*, 31 de agosto de 2023, www.coindesk.com/policy/2023/08/31/us-court-calls-eth-a-com-modity-while-tossing-investor-suit-against-uniswap/

[15] Faryar Shirzad, "The Crypto Securities Market is Waiting to be Unloc-ked. But First We Need Workable Rules", Coinbase, 21 de julio de 2022, www.coinbase.com/blog/the-crypto-securities-market-is-waiting-to-be-unlocked-but-first-we-need-workable-rules; Securities Clarity Act, Cámara de Representantes 4451, Congreso 117, 2021; Token Taxonomy Act, Cámara de Representantes 1628, Congreso 117, 2021.

[16] Allyson Versprille, "House Stablecoin Bill Would Put Two-Year Ban on Te-rra-Like Coins", *Bloomberg*, 20 de septiembre de 2022, www.bloomberg.com/news/articles/2022-09-20/house-stablecoin-bill-would-put-two-year-ban-on-terra-like-coins; Andrew Asmakov, "New York Signs Two-Year Crypto Mining Moratorium into Law", *Decrypt*, 23 de noviembre de 2022, de-crypt.co/115416/new-york-signs-2-year-crypto-mining-moratorium-law

[17] John Micklethwait y Adrian Wooldridge, *La empresa: Historia de una empresa revolucionaria*, Barcelona, Grijalbo Mondadori, 2003; Tyler Ha-lloran, "A Brief History of the Corporate Form and Why It Matters", *Ford-ham Journal of Corporate and Financial Law*, 18 de noviembre de 2018, news.law.fordham.edu/jcfl/2018/11/18/a-brief-history-of-the-corpora-te-form-and-why-it-matters/

[18] Ron Harris, "A New Understanding of the History of Limited Liability: An Invitation for Theoretical Reframing", *Journal of Institutional Econo-mics*, vol. 16, núm. 5, 2020, pp. 643-664, doi:10.1017/S1744137420000181

[19] William W. Cook, "'Watered Stock'—Commissions—'Blue Sky Laws'— Stock Without Par Value", *Michigan Law Review*, vol. 19, núm. 6, 1921, pp. 583-598, doi.org/10.2307/1276746

13. El momento iPhone: desde la incubación hasta el crecimiento

[1] Arthur C. Clarke, prólogo a Ervin Laszlo, *Macroshift: Navigating the Transformation to a Sustainable World*, Oakland, California, Berrett-Koehler, 2001.
[2] Randy Alfred, "Dec. 19, 1974: Build Your Own Computer at Home!", *Wired*, 19 de diciembre de 2011, www.wired.com/2011/12/1219altair-8800-computer-kit-goes-on-sale/
[3] Michael J. Miller, "Project Chess: The Story Behind the Original IBM PC", *PCMag*, 12 de agosto de 2021, www.pcmag.com/news/project-chess-the-story-behind-the-original-ibm-pc
[4] David Shedden, "Today in Media History: Lotus 1-2-3 Was the Killer App of 1983", *Poynter*, 26 de enero de 2015, www.poynter.org/reporting-editing/2015/today-in-media-history-lotus-1-2-3-was-the-killer-app-of-1983/
[5] "Celebrating the NSFNET", NSFNET, 2 de febrero de 2017, nsfnet-legacy.org/
[6] Michael Calore, "April 22, 1993: Mosaic Browser Lights Up Web with Color, Creativity", *Wired*, 22 de abril de 2010, www.wired.com/2010/04/0422mosaic-web-browser/
[7] Warren McCulloch y Walter Pitts, "A Logical Calculus of the Ideas Immanent in Nervous Activity", *Bulletin of Mathematical Biophysics*, vol. 5, 1943, pp. 115-133.
[8] Alan Turing, "Computing Machinery and Intelligence", *Mind*, vol. 59, núm. 236, octubre, 1950, pp. 433-460, phil415.pbworks.com/f/Turing-Computing.pdf
[9] Rashan Dixon, "Unleashing the Power of GPUs for Deep Learning: A Game-Changing Advancement in AI", *DevX*, 6 de julio de 2023, www.devx.com/news/unleashing-the-power-of-gpus-for-deep-learning-a-game-changing-advancement-in-ai/

14. Algunas aplicaciones prometedoras

[1] Kevin Kelly, "1,000 True Fans", *The Technium*, 4 de marzo de 2008, kk.org/thetechnium/1000-true-fans/

[2] "How Much Time Do People Spend on Social Media and Why?", *Forbes India*, 3 de septiembre de 2022, www.forbesindia.com/article/lifes/how-much-time-do-people-spend-on-social-media-and-why/79477/1

[3] Belle Wong y Cassie Bottorff, "Average Salary by State in 2023", *Forbes*, 23 de agosto de 2023, www.forbes.com/advisor/business/average-salary-by-state/

[4] Neal Stephenson, *Snow Crash*, Nueva York, Bantam Spectra, 1992.

[5] Dean Takahashi, "Epic's Tim Sweeney: Be Patient. The Metaverse Will Come. And It Will Be Open", *VentureBeat*, 16 de diciembre de 2016, venturebeat.com/business/epics-tim-sweeney-be-patient-the-metaverse-will-come-and-it-will-be-open/

[6] Daniel Tack, "The Subscription Transition: MMORPGs and Free-to-Play", *Forbes*, 9 de octubre de 2013, www.forbes.com/sites/danieltack/2013/10/09/the-subscription-transition-mmorpgs-and-free-to-play/

[7] Kyle Orland, "The Return of the $70 Video Game Has Been a Long Time Coming", *Ars Technica*, 9 de julio de 2020, arstechnica.com/gaming/2020/07/the-return-of-the-70-video-game-has-been-a-long-time-coming/

[8] Mitchell Clark, "Fortnite Made More Than $9 Billion in Revenue in Its First Two Years", *Verge*, 3 de mayo de 2021, www.theverge.com/2021/5/3/22417447/fortnite-revenue-9-billion-epic-games-apple-antitrust-case; Ian Thomas, "How Free-to-Play and In-Game Purchases Took Over the Video Game Industry", CNBC, 6 de octubre de 2022, www.cnbc.com/2022/10/06/how-free-to-play-and-in-game-purchases-took-over-video-games.html

[9] Vlad Savov, "Valve Is Letting Money Spoil the Fun of Dota 2", *Verge*, 16 de febrero de 2015, www.theverge.com/2015/2/16/8045369/valve-dota-2-in-game-augmentation-pay-to-win

[10] Felix Richter, "Video Games Beat Blockbuster Movies out of the Gate", *Statista*, 6 de noviembre de 2018, www.statista.com/chart/16000/video-game-launch-sales-vs-movie-openings/

[11] Wallace Witkowski, "Videogames Are a Bigger Industry Than Movies

and North American Sports Combined, Thanks to the Pandemic", *Market Watch*, 22 de diciembre de 2020, www.marketwatch.com/story/videoga-mes-are-a-bigger-industry-than-sports-and-movies-combined-thanks-to-the-pandemic-11608654990

[12] Jeffrey Rousseau, "Newzoo: Revenue Across All Video Game Market Segments Fell in 2022", *GamesIndustry.biz*, 30 de mayo de 2023, www.gamesindustry.biz/newzoo-revenue-across-all-video-game-market-seg-ments-fell-in-2022

[13] Jacob Wolf, "Evo: An Oral History of Super Smash Bros. Melee", ESPN, 12 de julio de 2017, www.espn.com/esports/story/_/id/19973997/evolu-tion-championship-series-melee-oral-history-evo

[14] Andy Maxwell, "How Big Music Threatened Startups and Killed Innova-tion", *Torrent Freak*, 9 de julio de 2012, torrentfreak.com/how-big-music-threatened-startups-and-killed-innovation-120709/

[15] David Kravets, "Dec. 7, 1999: RIAA Sues Napster", *Wired*, 7 de diciembre de 2009, www.wired.com/2009/12/1207riaa-sues-napster/; Michael A. Carrier, "Copyright and Innovation: The Untold Story", *Wisconsin Law Re-view*, 2012, pp. 891-962, www.researchgate.net/publication/256023174_Copyright_and_Innovation_The_Untold_Story

[16] Información *Pitchbook*, consultado el 1 de septiembre de 2023.

[17] Yuji Nakamura, "Peak Video Game? Top Analyst Sees Industry Slumping in 2019", *Bloomberg*, 23 de enero de 2019, www.bloomberg.com/news/articles/2019-01-23/peak-video-game-top-analyst-sees-industry-slum-ping-in-2019

[18] Asociación de la Industria Disquera de Estados Unidos, "U.S. Music Revenue Database", 1 de septiembre de 2023, www.riaa.com/u-s-sales-database/. (Nota: La tabla extrapola las cifras de ingresos globales de la música a partir de información sobre Estados Unidos.)

[19] "The State of Music/Web3 Tools for Artists", *Water & Music*, 15 de di-ciembre de 2021, www.waterandmusic.com/the-state-of-music-web3-tools-for-artists/; Marc Hogan, "How NFTs Are Shaping the Way Music Sounds", *Pitchfork*, 23 de mayo de 2022, pitchfork.com/features/article/how-nfts-are-shaping-the-way-music-sounds/

[20] Alyssa Meyers, "A Music Artist Says Apple Music Pays Her 4 Times What Spotify Does per Stream, and It Shows How Wildly Royalty Payments Can Vary Between Services", *Business Insider*, 10 de enero de 2020, www.

businessinsider.com/how-apple-music-and-spotify-pay-music-artist-streaming-royalties-2020-1; "Expressing the sense of Congress that it is the duty of the Federal Government to establish a new royalty program to provide income to featured and non-featured performing artists whose music or audio content is listened to on streaming music services, like Spotify", Cámara del Congreso, resolución 102, Congreso 177, 2022, www.congress.gov/bill/117th-congress/house-concurrent-resolution/102/text

21 "Top 10 Takeaways", *Loud & Clear*, Spotify, loudandclear.byspotify.com/

22 Jon Chapple, "Music Merch Sales Boom Amid Bundling Controversy", *IQ*, 4 de julio de 2019, www.iq-mag.net/2019/07/music-merch-sales-boom-amid-bundling-controversy/

23 "U.S. Video Game Sales Reach Record-Breaking $43.3 Billion in 2018", Asociación de Software de Entretenimiento, 23 de enero de 2019, www.theesa.com/news/u-s-video-game-sales-reach-record-breaking-43-4-billion-in-2018/

24 Andrew R. Chow, "Independent Musicians Are Making Big Money from NFTs. Can They Challenge the Music Industry?", *Time*, 2 de diciembre de 2021, time.com/6124814/music-industry-nft/

25 William Entriken *et al.*, "ERC-721: Non-Fungible Token Standard", Ethereum.org, 24 de enero de 2018, eips.ethereum.org/EIPS/eip-721/

26 Información de Nansen Query, consultado el 21 de septiembre de 2023, nansen.ai/query/; información de Flipside, consultado el 21 de septiembre de 2023, flipsidecrypto.xyz/

27 "Worldwide Advertising Revenues of YouTube as of 1st Quarter 2023", *Statista*, consultado el 21 de septiembre de 2023, statista.com/statistics/289657/youtube-global-quarterly-advertising-revenues/

28 Jennifer Keishin Armstrong, "How Sherlock Holmes Changed the World", BBC, 6 de enero de 2016, www.bbc.com/culture/article/20160106-how-sherlock-holmes-changed-the-world

29 "Why Has Jar Jar Binks Been Banished from the Star Wars Universe?", *Guardian*, 7 de diciembre de 2015, www.theguardian.com/film/shortcuts/2015/dec/07/jar-jar-binks-banished-from-star-wars-the-force-awakens

30 "Victim of Wikipedia: Microsoft to Shut Down Encarta", *Forbes*, 30 de marzo de 2009, www.forbes.com/2009/03/30/microsoft-encarta-wikipedia-technology-paidcontent.html

[31] "Top Website Rankings", Similarweb, consultado el 1 de septiembre de 2023, www.similarweb.com/top-websites/

[32] Alexia Tsotsis, "Inspired by Wikipedia, Quora Aims for Relevancy With Topic Groups and Reorganized Topic Pages", *TechCrunch*, 24 de junio de 2011, techcrunch.com/2011/06/24/inspired-by-wikipedia-quora-aims-for-relevancy-with-topic-groups-and-reorganized-topic-pages/

[33] Cuy Sheffield, "'Fantasy Hollywood'—Crypto and Community-Owned Characters", a16z crypto, 15 de junio de 2021, a16zcrypto.com/posts/article/crypto-and-community-owned-characters/

[34] Steve Bodow, "The Money Shot", *Wired*, 1 de septiembre de 2001, www.wired.com/2001/09/paypal/

[35] Joe McCambley, "The First Ever Banner Ad: Why Did It Work So Well?", *Guardian*, 12 de diciembre de 2013, www.theguardian.com/media-network/media-network-blog/2013/dec/12/first-ever-banner-ad-advertising

[36] Alex Rampell, publicación de Twitter, septiembre, 2018, twitter.com/arampell/status/1042226753253437440

[37] Abubakar Idris y Tawanda Karombo, "Stablecoins Find a Use Case in Africa's Most Volatile Markets", *Rest of World*, 19 de agosto de 2021, restofworld.org/2021/stablecoins-find-a-use-case-in-africas-most-volatile-markets/

[38] Jacquelyn Melinek, "Investors Focus on DeFi as It Remains Resilient to Crypto Market Volatility", *TechCrunch*, 26 de julio de 2022, techcrunch.com/2022/07/26/investors-focus-on-defi-as-it-remains-resilient-to-crypto-market-volatility/

[39] Jennifer Elias, "Google 'Overwhelmingly' Dominates Search Market, Antitrust Committee States", CNBC, 6 de octubre de 2020, www.cnbc.com/2020/10/06/google-overwhelmingly-dominates-search-market-house-committee-finds.html

[40] Paresh Dave, "United States vs Google Vindicates Old Antitrust Gripes from Microsoft", *Reuters*, 21 de octubre de 2020, www.reuters.com/article/us-tech-antitrust-google-microsoft-idCAKBN27625B

[41] Lauren Feiner, "Google Will Pay News Corp for the Right to Showcase Its News Articles", CNBC, 17 de febrero de 2021, www.cnbc.com/2021/02/17/google-and-news-corp-strike-deal-as-australia-pushes-platforms-to-pay-for-news.html

42 Mat Honan, "Jeremy Stoppelman's Long Battle with Google Is Finally Paying Off", *BuzzFeed News*, 5 de noviembre de 2019, www.buzzfeednews.com/article/mathonan/jeremy-stoppelman-yelp

43 John McDuling, "The Former Mouthpiece of Apartheid Is Now One of the World's Most Successful Tech Investors", *Quartz*, 9 de enero de 2014, qz.com/161792/naspers-africas-most-fascinating-company

44 Scott Cleland, "Google's 'Infringenovation' Secrets", *Forbes*, 3 de octubre de 2011, www.forbes.com/sites/scottcleland/2011/10/03/googles-infringenovation-secrets/

45 Blake Brittain, "AI Companies Ask U.S. Court to Dismiss Artists' Copyright Lawsuit", *Reuters*, 19 de abril de 2023, www.reuters.com/legal/ai-companies-ask-us-court-dismiss-artists-copyright-lawsuit-2023-04-19/

46 Umar Shakir, "Reddit's Upcoming API Changes Will Make AI Companies Pony Up", *Verge*, 18 de abril de 2023, www.theverge.com/2023/4/18/23688463/reddit-developer-api-terms-change-monetization-ai

47 Sheera Frenkel y Stuart A. Thompson, "'Not for Machines to Harvest': Data Revolts Break Out Against A.I.", *New York Times*, 15 de julio de 2023, www.nytimes.com/2023/07/15/technology/artificial-intelligence-models-chat-data.html

48 Tate Ryan-Mosley, "Junk Websites Filled with AI-Generated Text Are Pulling in Money from Programmatic Ads", *MIT Technology Review*, 26 de junio de 2023, www.technologyreview.com/2023/06/26/1075504/junk-websites-filled-with-ai-generated-text-are-pulling-in-money-from-programmatic-ads/

49 Gregory Barber, "AI Needs Your Data—and You Should Get Paid for It", *Wired*, 8 de agosto de 2019, www.wired.com/story/ai-needs-data-you-should-get-paid/; Jazmine Ulloa, "Newsom Wants Companies Collecting Personal Data to Share the Wealth with Californians", *Los Angeles Times*, 5 de mayo de 2019, www.latimes.com/politics/la-pol-ca-gavin-newsom-california-data-dividend-20190505-story.html

50 Sue Halpern, "Congress Really Wants to Regulate A.I., but No One Seems to Know How", *New Yorker*, 20 de mayo de 2023, www.newyorker.com/news/daily-comment/congress-really-wants-to-regulate-ai-but-no-one-seems-to-know-how

51 Brian Fung, "Microsoft Leaps into the AI Regulation Debate, Calling for a

New US Agency and Executive Order", CNN, 25 de mayo de 2023, www.
cnn.com/2023/05/25/tech/microsoft-ai-regulation-calls/index.html

[52] Kari Paul, "Letter Signed by Elon Musk Demanding AI Research Pau-
se Sparks Controversy", *Guardian*, 1 de abril de 2023, www.theguardian.
com/technology/2023/mar/31/ai-research-pause-elon-musk-chatgpt

[53] "Blueprint for an AI Bill of Rights", Casa Blanca, octubre, 2022, www.
whitehouse.gov/wp-content/uploads/2022/10/Blueprint-for-an-AI-Bill-
of-Rights.pdf; Billy Perrigo y Anna Gordon, "E.U. Takes a Step Closer
to Passing the World's Most Comprehensive AI Regulation", *Time*, 14 de
junio de 2023, time.com/6287136/eu-ai-regulation/; Comisión Europea,
"Proposal for a Regulation Laying Down Harmonised Rules on Artificial
Intelligence", *Shaping Europe's Digital Future*, 21 de abril de 2021, digital-
strategy.ec.europa.eu/en/library/proposal-regulation-laying-down-har-
monised-rules-artificial-intelligence

Conclusión

[1] Parafraseo de una cita ampliamente atribuida a Antoine de Saint-Exupéry, Quote Investigator, 25 de agosto de 2015, quoteinvestigator.com/
2015/08/25/sea/

ÍNDICE ANALÍTICO

Esta obra se imprimió y encuadernó
en el mes de junio de 2025, en los talleres
de Impregráfica Digital, S.A. de C.V.
Av. Coyoacán 100-D, Col. Del Valle Norte,
C.P. 03103, Benito Juárez, Ciudad de México.